ESCUTE, EXPRESSE E FALE!

ANTÓNIO SACAVÉM
LENY KYRILLOS
MÍLTON JUNG
THOMAS BRIEU

ESCUTE, EXPRESSE E FALE!

DOMINE A COMUNICAÇÃO E SEJA UM LÍDER PODEROSO

EDIÇÃO REVISTA E AMPLIADA

Rocco

EDITORA ROCCO LTDA.
Rua Evaristo da Veiga, 65 – 11º andar
Passeio Corporate – Torre 1
20031-040 – Rio de Janeiro – RJ
Tel.: (21) 3525-2000 – Fax: (21) 3525-2001
rocco@rocco.com.br | www.rocco.com.br

Printed in Brazil/Impresso no Brasil

Preparação de originais
RODRIGO AUSTREGÉSILO

CIP-BRASIL. CATALOGAÇÃO NA PUBLICAÇÃO
SINDICATO NACIONAL DOS EDITORES DE LIVROS, RJ

E73

Escute, expresse e fale! : domine a comunicação e seja um líder poderoso / Mílton Jung ... [et al.]. - 1. ed. - Rio de Janeiro : Rocco, 2025.

"Edição revista e ampliada"
ISBN 978-65-5532-460-0
ISBN 978-65-5595-282-7 (recurso eletrônico)

1. Comunicação na administração. 2. Comunicação interpessoal. 3. Liderança. I. Jung, Mílton.

24-95306 CDD: 658.45
CDU: 005.322:005.57

Meri Gleice Rodrigues de Souza - Bibliotecária - CRB-7/6439

Aos nossos familiares,
aos profissionais que tivemos oportunidade de atender
e a todos que nos ajudaram a construir este conhecimento.

Sumário

1. Pra começo de conversa

Éramos dois. Logo sentimos falta de mais um. E nós três sentamos para uma conversa na qual falamos sobre como melhorar a nossa conversa. Tão bom foi o falatório que sentimos desejo de conversar com mais gente. Foi quando chegou outro; e os quatro se entenderam por apaixonados que são por conversar. Decidimos, então, que queríamos conversar com você — e mais uma dezena, uma centena, quem sabe milhares de pessoas —, e a melhor maneira seria fazer da palavra dita, escrita.

Nosso primeiro encontro poderia ter sido uma Torre de Babel, pois havia uma brasileira, um franco-brasileiro e um português raiz, todos em solo lusitano. Uma que entendia do vocal, um do verbal e o outro do não verbal. Cada um do seu jeito e com seu sotaque explorando ao máximo o conhecimento dos três recursos da comunicação para se fazerem entender. Para que não restasse dúvida, convidaram um jornalista. Sabe como é que é, né? Jornalista é curioso, perguntador, quer sempre saber o porquê e um pouco mais e, mesmo que haja quem o considere maldito, é formado em transformar o dito em bem dito. De repente estávamos sintonizados, falando a mesma língua: a da comunicação.

Mesmo que cada um venha de um lugar ou tenha se especializado em um tipo de conhecimento, há uma crença a nos unir: no poder da comunicação de tornar comuns ideias e pensamentos, aproximar pessoas, diminuir diferenças, produzir diálogos saudáveis e relações sustentáveis. Temos a certeza de que boa parte desse emaranhado de brigas, intolerância e desavenças a que assistimos no mundo — seja nos diálogos internacionais, seja nas conversas locais; seja no escritório da empresa, seja na mesa de jantar — pode ser desembaraçada com uma comunicação eficaz e poderosa. Como aprenderemos neste livro: "A violência começa quando a comunicação fracassa." Ou no sentido afirmativo da sentença e usando o dito popular da época de nossos pais: é conversando que a gente se entende.

Quem começou a conversa foi a Leny Kyrillos, fonoaudióloga pela Universidade Federal de São Paulo, professora, mestre, doutora, comunicadora no rádio, na TV e na escrita — lançou sozinha ou bem acompanhada livros como *Voz e corpo na TV* (Globo, 2003), *Expressividade* (Thieme Revinter, 2004), *Comunicar para liderar* (Contexto, 2015), *Comunicação e liderança* (Contexto, 2019) e *Seja inesquecível* (Gente, 2021). Professora do curso de MBA da XP-IBMEC, já ministrou aulas de Fonoaudiologia, Jornalismo e Especialização em Voz na PUC-SP. É fonoaudióloga da TV Globo-SP e da rádio CBN. Realiza palestras e orienta CEOs, executivos, gestores e diversos outros profissionais que veem na comunicação uma ferramenta essencial para liderar empresas, grupos de trabalho e a própria carreira. É craque em fazer amigos e torná-los melhores.

Entusiasmada pelo saber, Leny cruzou o Atlântico para entender o que tanto António Sacavém sabe sobre macro e microexpressões. Nascido em Portugal, ele também é professor, mestre e doutor. Dá aulas e cursos de Comportamento Organizacional, Liderança e Gestão de Equipes, Negociação e Competências de Comunicação. É professor auxiliar na Universidade Europeia e no IPAM e Professor Convidado no *Leadership Lab* da CATÓLICA-LISBON School of Business and Economics. Ensina inteligência não verbal e emocional a líderes empresariais e governamentais, colabora com investigadores, advogados e juízes na busca da verdade que se esconde por trás de atos e palavras. É autor de diversos artigos científicos e livros sobre o tema, entre eles *A linguagem corporal revela o que as palavras escondem* (Top Books, 2014) e *Aprenda a dizer NÃO sem culpas* (Manuscrito, 2018).

Fascinada com o que ouviu de Thomas Brieu sobre a importância de ouvir, Leny o convidou para o encontro que deu origem a este livro, em Lisboa. Thomas nasceu no Brasil e logo foi para a França, estudou economia na Espanha e, por curioso que pareça, foi escolhido por sua empresa para desenvolver projetos em Portugal, por brasileiro que era, mesmo que mal tenha tido tempo de aprender a língua pátria. Estudou muito, escutou mais ainda. Sua maior escola foram as "insanas" reuniões das quais foi obrigado a participar: saiu PhD em empatia e inteligência emocional. Realiza treinamentos de líderes para algumas das mais importantes organizações multinacionais que atuam no Brasil. Criou um centro de encontros e estudos no interior de São Paulo, no qual o ser humano interage com a mais pura natureza para aprender que ele é o seu próprio meio ambiente. Dedicou-se à comunicação verbal e se descobriu quando pesquisou escutatória e padrões de linguagem cooperativos.

"Todo ponto de vista é a vista de um ponto", ensinou o teólogo brasileiro Leonardo Boff. Então, partindo deste ponto de vista, entendemos que havia a necessidade de impor nosso olhar sobre os três recursos — vocal, verbal e não verbal — ao escrutínio de um jornalista. Foi quando convidamos Mílton Jung, jornalista por formação, comunicador por convicção e escritor por insistência. Desde que concluiu a Faculdade de Comunicação Social da PUC-RS, migrou do rádio para o jornal, daí para a televisão, exercitou-se em revista e na internet, usufruiu do potencial das redes sociais e se estabeleceu no rádio mais uma vez. Palestrante na área de comunicação, já escreveu quatro livros: *Jornalismo de rádio* (Contexto, 2004), *Conte sua história de São Paulo* (Globo, 2008) e *Comunicar para liderar* (Contexto, 2015) — este em parceria de Leny Kyrillos —, baseados na sua profissão; e *É proibido calar! Precisamos falar de ética e cidadania com os nossos filhos* (BestSeller, 2018), inspirado em duas missões: ser pai e ser cidadão.

No primeiro encontro, que teve como palco Sintra, um vilarejo no entorno da capital portuguesa, na virada de 2019 para 2020, fez-se uma conversaria entre Leny, António e Thomas. Apresentaram-se, apresentaram seus temas e conhecimentos, foram apresentados às experiências que cada um vivenciou. O que disseram pautou as entrevistas que o Mílton fez com as personagens da primeira conversa, em um encontro em Portugal e mais dois no Brasil, já às vésperas de o mundo ser paralisado por uma pandemia que expôs nossas fragilidades, angústias e medos; nos afastou de quem amávamos, nos tirou gente querida e nos fez distantes de colegas de trabalho, parceiros de negócio e clientes. Uma distância doída pela proibição do aperto de mão, do carinho no rosto, do beijo na boca e do abraço que consola e concilia. Que acentuou a importância de sabermos nos comunicar.

Este livro, que surgiu do outro lado do Atlântico, após ser lançado no Brasil, retornou a Portugal, onde foi apresentado aos leitores lusitanos com a devida tradução das palavras e expressões. Como você aprenderá nas próximas páginas, para que a comunicação seja eficiente, é preciso adaptá-la e torná-la a mais próxima possível do seu público-alvo. Enquanto viajava de lá para cá e de cá para lá, um outro fenômeno, desta vez tecnológico, impactaria o mundo e preocuparia as nações: a inteligência artificial generativa.

Popularizada pela criação do ChatGPT, da empresa americana OpenAI, a IA gerou impacto imediato em corporações, instituições e indivíduos, oferecendo inúmeras possibilidades, mas também riscos. A comunicação não estaria isenta das transformações proporcionadas pela inteligência artificial generativa. Isso nos levou de volta à mesa de conversas. Nós quatro debatemos o assunto, pesquisamos e refletimos sobre como a IA já influenciava nossos diálogos e nossa forma de produzir conteúdo. Decidimos, então, que seria necessário oferecer ao leitor uma versão renovada e revista, incluindo nossa perspectiva sobre os efeitos da IA na comunicação.

Fomos além e acrescentamos um capítulo dedicado ao 'storytelling'. Nosso objetivo é ressaltar ao leitor que, apesar da tecnologia sedutora que avança sobre nós, não devemos jamais aceitar a falência da interação humana.

Nossa intenção, reforçada nesta nova versão, é que na leitura de *Escute, expresse e fale!*, você se sinta um protagonista, mesmo que no papel de observador (ou leitor), identificando na troca de ideias o esforço que fizemos em praticar aquilo que entendemos ser essencial para que um diálogo se estabeleça.

Nossa intenção é que, na leitura deste livro, você se sinta mais um protagonista, mesmo que no papel de observador (ou leitor), e identifique na troca de ideias o esforço que fizemos em praticar aquilo que entendemos ser essencial para que um diálogo se estabeleça. Investimos em uma "commodity" escassa nesse cenário em que as relações interpessoais são mediadas por plataformas e ferramentas virtuais: a empatia — e isso se iniciou bem antes de uma peste, veio com a transformação digital que a sociedade absorveu. Mesmo diante de um volume enorme de informações emitidas e recebidas, que quintuplicou nas últimas três décadas — talvez até por causa disso —, a qualidade da nossa comunicação piorou porque deixamos de estabelecer vínculos, alerta Mílton. Uma situação que podemos mudar tendo consciência de que é possível envolver as pessoas com o bom uso da voz, o que Leny define como sendo um abraço sonoro. Também dando provas de escuta, acolhendo nosso interlocutor e fazendo com que ele se sinta acolhido, pertencente àquele ambiente, lembra Thomas; o que nos fará compreender o outro em um nível mais profundo e assim compreendermos a nós mesmos, completa António.

Da empatia para a assertividade, daí para o aprimoramento da voz, avançando para o aprendizado das expressões ditas e não ditas, migrando para o funcionamento da nossa mente e entendendo que as gavetas que fazem parte da mobília que temos dentro dela têm de estar mais bem organizadas para que as mensagens relevantes não se percam na confusão de informações e dados.

De conhecer a si próprio e entender o outro. De ser genuíno e generoso. De exemplos vivenciados e experiências desastradas. Este livro é feito de tudo isso e muito mais, e pretende ajudar você a se comunicar de forma eficiente e poderosa nas relações pessoais e profissionais; na maneira de receber tanto os que pensam e agem como nós quanto os que não pensam nem agem como nós — principalmente esses porque se há um sonho que une a nós quatro neste projeto é o de fazer da comunicação a competência que nos capacite a sermos humanos melhores em um mundo melhor.

2. Nossos propósitos

CONTRIBUIR PARA QUE OS OUTROS ENCONTREM O SEU MELHOR

Por António Sacavém

A minha intenção é contribuir para que as pessoas se comuniquem com mais eficácia nessas três vertentes — verbal, não verbal e vocal — e removam o espaço que as separa. É preciso uma atitude consciente para que exista essa comunicação eficaz e que nos aproxime não só do ponto de vista mental, psicológico, mas também emocionalmente. E o componente não verbal é crucial para contagiarmos os outros com as nossas emoções, para entrarmos em contato e criarmos laços afetivos que nos liguem para além das palavras.

Eu sou professor universitário. Anteriormente, estive em um grande grupo empresarial português, tive a oportunidade de ser diretor de negócios, de servir muitas pessoas e equipes. Interesso-me por esse aspecto da comunicação não verbal desde 2001. Nessa época, estava terminando o meu mestrado em Comportamento Organizacional no Instituto Superior de Psicologia Aplicada, e dei de cara com a questão da inteligência emocional. O que me levantou uma série de questões: por exemplo, por que alguns líderes conseguem ter uma comunicação mais próxima das pessoas e outros têm mais dificuldade?

A resposta veio, também, por meio da comunicação não verbal. Após terminar o mestrado, tive oportunidade de aplicar grande parte desses conhecimentos e não apenas explorá-los pela área científica. Vi o impacto, a importância, a eficácia e o poder que há quando temos consciência da nossa linguagem corporal, das expressões faciais e de como isso afeta o outro.

Em 2011, fundei com a minha parceira de negócio e de vida, a Ana, a António Sacavém Communication Academy. Apesar de darmos formações sobre *soft skills*, investimos muito no coach executivo, aquilo que faz a diferença para o nosso negócio. Em Portugal, somos *first movers*, pioneiros, na área das microexpressões faciais e da linguagem corporal. São marcas registradas no país e somos parceiros do Center for Body Language International.

Hoje, minha família é minha prioridade. Essa tomada de consciência surgiu num curso que tive oportunidade de fazer em programação neurolinguística. O professor disse uma coisa interessantíssima: "Não há nada pior do que um pai rico que não sabe se divertir." Não que eu me considerasse um pai "rico" necessariamente, magnata, mas não precisava contar dinheiro. Faltava-me o "divertir", o tempo para estar com meus filhos, com a minha família. Hoje, percebo que estou no caminho que deveria estar, em que cruzo o meu talento com as minhas competências, sempre no registro da melhoria contínua, daí o meu entusiasmo no processo de desenvolvimento deste livro, cocriando com pessoas fantásticas. Aqui, há uma intenção muito clara de dar à luz um projeto que contribua para que os outros tirem mais e o melhor de si a serviço da comunidade e do mundo.

ESTABELECER RELAÇÕES SAUDÁVEIS E FAZER GENTE FELIZ

Por Leny Kyrillos

A ideia de estarmos juntos me veio à cabeça pelo contato que tive individualmente com António Sacavém e Thomas Brieu. Nessa trajetória, que tem tudo a ver com comunicação, eu realmente me apaixonei pelo tema e há bastante tempo venho estudando-o.

Sou fonoaudióloga de formação, percorri toda a carreira acadêmica — especializações, mestrado, doutorado; fui docente durante 25 anos em cursos de graduação e pós-graduação; hoje continuo na pós-graduação em uma instituição em São Paulo e sou uma apaixonada pelo tema. Estou sempre estudando. E trabalho a comunicação como resultado da junção da ciência com a arte.

Parto do princípio de que, quando nos comunicamos, construímos uma percepção. Considero isso importante, especialmente por três razões: primeiro, porque é algo muito rápido — nos primeiros segundos de contato, já gostamos ou desgostamos, confiamos ou desconfiamos; segundo, é algo que acontece de forma muito inconsciente, o que aumenta demais o valor disso para as pessoas porque, como não sabemos exatamente o que está causando a impressão, tendemos a generalizar; e terceiro, no momento em que impactamos o nosso interlocutor, ele reage.

Costumo dizer que a qualidade do retorno que temos na vida depende basicamente da percepção que geramos no nosso interlocutor. Considero isso, por um lado, uma baita responsabilidade porque não dá para falar "o meu chefe estava com má vontade", "ele não gosta de mim" ou coisa parecida porque estou trazendo para mim a responsabilidade. Por outro lado, isso traz uma baita autonomia porque eu começo a identificar que os retornos que quero, de que eu preciso, que eu busco ter na vida dependem basicamente da percepção que eu gero no outro. Entendo que cada um de nós tem uma grande responsabilidade sobre os próprios resultados. Precisamos ter uma noção clara sobre isso para que possamos nos desenvolver.

Penso nisso como um propósito, pois é fundamental estabelecer relações saudáveis, e atrelo totalmente o trabalho que faço no meu dia a dia à conquista de felicidade nas pessoas com quem interajo. Porque eu entendo que, quando nos comunicamos bem, nós somos mais felizes. Geramos menos mal-entendidos, estabelecemos relações mais saudáveis, baseadas no entendimento, na compreensão, na clareza, no propósito e na junção de objetivos.

LEVAR À FRENTE O CONHECIMENTO DA COMUNICAÇÃO

Por Mílton Jung

Sou jornalista de nascença. Quando pequeno, era levado pelas mãos do meu pai à redação da rádio onde trabalhava e com a bênção dele me era permitida a entrada no templo dos "deuses" da voz, o estúdio — na época, local sagrado e intransponível (ou quase). Bem-comportado, e em silêncio, assistia à transmissão do noticiário mais importante do rádio rio-grandense ao lado dele e diante do microfone. Imagine o desejo desse guri em sair falando para o mundo. Meu tio, que preferia a lide dos repórteres de jornal e trabalhava no andar de baixo do prédio da mesma companhia jornalística, às vezes me roubava de meu pai e me levava para assistir às rotativas imprimindo a edição dominical do jornal mais lido do Rio Grande do Sul lá pelos anos de 1970.

Nessa briga em família, o jornalismo foi caminho natural. E motivo de prepotência. A vivência nas redações me fez acreditar que a sala de aula teria pouco a acrescentar e os professores de comunicação tinham ainda muito a aprender. Ledo engano. Ainda bem que alguns insistiram no seu propósito de transformar os alunos em pessoas melhores. Um com um texto incrível, outro com uma criatividade extraordinária e outros mais com provocações que me fizeram perceber o tanto que havia para me desenvolver.

Na profissão, fui operário. Aprendi muito construindo reportagens, programas, projetos e conteúdos. Mais ainda quando entendi que teria o que aprender com cada chefe e novo colega. O jornalismo também me colocou em contato com estudiosos da comunicação. A Leny foi uma delas. E, com ela, passei a me aprofundar no tema que antes de ser uma profissão era paixão. Voltei a estudar e a pesquisar — nada formal —, e logo percebi que a comunicação era uma competência que não cabia apenas ao jornalista; tinha de ser de domínio público — e me propus a levar à frente este conhecimento em palestras, livros e no cotidiano do jornalismo.

Por mais contraditório que possa parecer, no rádio, veículo que privilegia a voz e o verbo, aprendi o poder do corpo: de como por intermédio dele expressamos ideias e indignações; de como a falta de consciência dele enfraquece nossa fala. Uma fala que não se expressa mais na forma de um vozeirão, mas de voz saudável e amigável. Que jamais deve ser transformada em falatório. Foi quando transformei em mantra a ideia de que a comunicação, para ser eficiente, precisa ser simples, direta e objetiva. Também generosa, como me ensinou a Leny.

CRIAR RELAÇÕES SUSTENTÁVEIS

Por Thomas Brieu

Sou um inconformado. Em 1994, estudava economia em Madri, na Espanha, quando, ao ler o livro sobre os limites do crescimento pelo Clube de Roma, caiu uma ficha: a conta da sustentabilidade não fechava. Talvez por ser um pouco antes da hora, me senti muito sozinho e não aceitava tanta indiferença face a fatos tão relevantes e impactantes para nosso modelo civilizatório.

Outra inconformidade: observar o quanto as pessoas, e eu me incluo nelas, não conseguiam expressar o que realmente queriam e sentiam. Muitas vezes faltavam palavras; em outras, faltava ouvir. Ao meu ver, a violência começa quando a comunicação fracassa. Desde então, não me conformo quando vejo que tanto desgaste poderia ser evitado com uma melhor comunicação.

Como não havia muitos cursos sobre sustentabilidade, fui estudar economia e agronomia e percebi mais tarde que elas têm tudo a ver com a comunicação. São ciclos, tudo é uma questão de feedback e retrofeedback, causas e consequências, relações humanas têm tudo a ver com as ciências da vida, o princípio de reciprocidade estudado em biologia vale para as outras áreas do conhecimento: é preciso dar para receber.

Ao sair da faculdade, na minha primeira experiência tudo deu errado. Fui para a África, para uma ONG, querendo trabalhar com desenvolvimento sustentável. Cheguei cheio de boas intenções, querendo cavar poços e plantar árvores, quando me responderam: "Não é disso que precisamos." Eu percebi o quanto eu era arrogante. O francesinho que chegava à África. Quem era eu para saber do que eles precisavam?

Em 1996, aceitei, sem pensar muito, o primeiro emprego que me permitisse evitar o serviço militar, obrigatório naquela época. Aos 22 anos, recebi a missão temerária de montar a filial de uma multinacional francesa de consultoria em inovação e engenharia de alta tecnologia em Lisboa, Portugal. Para isso, me forneceram o que se fazia de melhor em termos de treinamento em *soft skills*, comercial, RH, liderança e, inclusive, de comunicação não verbal. Sou muito grato pelo período que passei nessa empresa porque aprendi a lidar com o ser humano.

A quantidade insana de reuniões que conduzi foi minha grande escola de empatia e inteligência emocional. Graças aos treinamentos que recebi nesse período, consegui montar um esquema de critérios universais sobre comunicação e condução de reunião, ou seja, independentemente das diferenças culturais, fazendo com que se tornasse um laboratório de pesquisa singular — cada conversa foi uma oportunidade para perceber o que fazia com que duas pessoas tivessem vontade de se aproximar, de esconder o que realmente achavam ou ainda de se afastar. Uma oportunidade para mapear os padrões de linguagem associados com cada uma dessas atitudes. Com a ajuda de indicadores, percebi que era possível conduzir as mesmas reuniões com quase a metade do tempo e com mais impacto e resultados.

Muitos anos depois, tive uma crise de propósito e resolvi voltar para aquilo que me deixava inconformado. Hoje, entendo que não tenho como separar sustentabilidade e relações humanas. Eu sou o meu próprio meio ambiente. Como vou cuidar do meio ambiente dos outros reinos — vegetal, mineral, animal — se não sei me relacionar com o meu próprio reino? É aí que entram tão fortemente as habilidades de comunicação.

3. Mehrabian: sem deixar o dito pelo não dito

Vitória Mehrabian estava grávida de sete meses quando a Segunda Guerra Mundial se iniciava, em setembro de 1939 — uma tragédia que ilustra de forma radical a capacidade do ser humano de provocar a destruição em si mesmo quando a comunicação fracassa. Vitória era casada com Vartan, e o casal armênio vivia em Tebriz, uma das capitais históricas do Irã, que acabaria ocupada pelo Exército Vermelho, como parte da invasão anglo-soviética, devido à sua posição estratégica, à importância das reservas de petróleo na região e à intenção de limitar a influência alemã em 1941. Foi palco de uma série de conflitos violentos, tendo sido sede da República Popular do Azerbaijão em 1945 — uma tentativa da União Soviética de manter o controle local, desrespeitando compromissos anteriores, com a intenção de manter o poder econômico e geopolítico. Uma ação frustrada que durou pouco tempo, não chegando a completar um ano, o suficiente para ser considerada a precursora da Guerra Fria.

Nesse clima de medo, violência e insegurança, nasceu e viveu por 18 anos o jovem Albert, filho de Vitória e Vartan. Ao chegar à idade acadêmica, a família mudou-se para os Estados Unidos, onde Albert teria acesso à educação e a uma vida mais estável. Decidiu fazer engenharia, talvez influenciado pela forma como se desenvolvia a economia em Tebriz e no Irã impulsionada pela abundância de petróleo e o crescimento da indústria. Por curioso que seja, as principais obras construídas por Albert foram bem distantes das plantas e planilhas de produção. Dedicado aos estudos e à pesquisa, também se formou bacharel e mestre em ciências pelo MIT — Massachusetts Institute of Technology — e doutor em filosofia pela Clark University. É professor emérito de psicologia na Universidade da Califórnia, em Los Angeles, onde, no fim da década de 1960, desenvolveu experiências sobre como os recursos da comunicação influenciam as nossas relações.

Em 1967, em companhia de colegas da UCLA, Albert Mehrabian conduziu dois trabalhos — ambos disponíveis no *Journal of Consulting Psychology* — com a intenção de entender de que maneira o uso de recursos vocais, verbais e não verbais interfere na consistência da mensagem transmitida. Ou, com o devido pedido de licença para simplificarmos os fatos, como nossas palavras, nossa voz e nosso corpo impactam a pessoa com quem estamos conversando.

Em uma experiência intitulada *"Decoding of Inconsistent Communications"*, desenvolvida com Morton Wiener, interessado em decodificar comunicações inconsistentes, aplicou a teoria do duplo vínculo da esquizofrenia, de Gregory Bateson, que trata da complexidade da comunicação em relação à doença e supõe que o desacordo entre o verbal e o não verbal possa indicar tendências esquizofrênicas. A pesquisa avaliou a interpretação das intenções por trás de palavras pronunciadas em três diferentes tons de voz — neutro, positivo e negativo. Havia duas tarefas propostas: a primeira, ler e relacionar as palavras a uma das três categorias enquanto imagina que cada uma delas poderia ser dita por uma determinada pessoa ou outra; a segunda, ouvir as mesmas palavras e fazer a mesma tarefa determinando se a atitude de uma pessoa em relação a outra era positiva, negativa ou neutra.

Mehrabian identificou, por exemplo, que, quando o significado da palavra contradiz a atitude comunicada a mensagem é julgada segundo a atitude. Quando uma palavra positiva foi acompanhada de uma atitude em tom negativo, por exemplo, a mensagem foi transmitida como negativa. Puxando o traço: o não verbal prevaleceu sobre o verbal.

Em outra experiência, "*Inference of attitudes from nonverbal communication in two channels*", ao lado de Susan Ferris, associou as mensagens a expressões faciais coerentes ou não com seus significados. Atitudes positivas, negativas e neutras foram novamente comunicadas em cada um dos canais analisados por meio de palavras, entonações vocais e imagens de expressões faciais.

Com base no que encontrou nesses trabalhos, Mehrabian cruzou os dados com resultados de outros experimentos semelhantes. Percebeu que se prestava atenção uma vez e meia mais à expressão facial do que no tom da voz. E concluiu que as pessoas comunicaram apenas 7% das informações por palavras; 38% consideraram em um primeiro instante o tom da voz; e 55%, a expressão facial — ou seja, o corpo falou mais alto.

Aos 32 anos de vida, escolado e experimentado, Mehrabian transformou o resultado de suas observações em livro. Em 1971, publicou *Silent Messages*, inglês para *Mensagens silenciosas*, que, com o perdão do trocadilho, causou um tremendo barulho. Mal sabia o professor que, depois de deixar para trás os conflitos bélicos de sua terra natal, se transformaria em protagonista de embates — menos violentos, sem dúvida, nem por isso mais acadêmicos, como gostaria — e seria vítima da inconsistência na comunicação. Mais uma! Logo ele que aprofundou seus estudos no intuito de ajudar as pessoas a se entenderem melhor.

Considerando que estamos falando da década de 1970, quando a velocidade da informação estava aquém desta que nos atropela no século 21, alguns anos foram necessários para que a Regra 7-38-55 fosse disseminada pelo planeta com citações nos mais diversos artigos científicos — e outros nem tanto assim. Em uma simplificação que pouco ajudou no entendimento da importância dos experimentos, logo passamos a assistir a falas, que se diziam baseadas em estudos científicos, destacando que 93% da comunicação humana deriva de elementos não verbais; e colocando a palavra em seu "indevido lugar", como se tivesse pouca importância no processo de comunicação. Como seria difícil entender o que escrevemos para você neste livro, se apenas 7% da interpretação da mensagem coubesse à palavra. Como seria fácil estrangeiros conversarem se os poderes da voz e do corpo suplantassem as diferenças de língua e dialetos.

Em parte, os experimentos de Mehrabian foram distorcidos porque é uma tendência na comunicação trabalhar com informações que possam ser absorvidas com facilidade, que sejam lembradas sem esforço. Nobre missão essa que, aliás, precisamos acentuar para tornar nossas mensagens as mais claras possíveis. Porém, é preciso muito cuidado para que a simplificação não se transforme em desinformação.

Quando Leonardo da Vinci disse que "a simplicidade é o último grau de sofisticação", elevava o desafio de tornar as coisas mais simples. Alertava-nos para quão sofisticados precisávamos ser para alcançarmos a simplicidade. Não o inverso. Na origem, a palavra "sofisticado" nos remete a uma ideia de sabedoria. Ou seja, é preciso saber muito para simplificar bem. Alguém haverá de nos lembrar que também encontraremos *sophistes* com o sentido de adulterar, alterar e modificar com más intenções. Tem razão! Desse termo deriva o vocábulo "sofistas", que denominava os filósofos conhecidos pela capacidade de usar as palavras para distorcer os rumos de um debate. Mas convenhamos, precisavam ter habilidade com as palavras. Tinham de ter sabedoria. Foi no século 19 que a palavra sofisticado passou a ser usada com a ideia de refinamento. A despeito das nuances da palavra, o que nos interessa agora é entender que a busca por uma simplificação na tese de Mehrabian empobreceu o significado de seu trabalho. Distorceu a visão inicial e, inapropriadamente, passou a ser explorada de maneira simplória, que é bem diferente de ser simples.

Por outra parte, a Regra 7-38-55 foi mal interpretada pela superficialidade da leitura — fenômeno que se acentuou ao longo do tempo diante da profusão de mensagens que produzimos. Poucos leram os relatos completos de Mehrabian e seus colegas ou consideraram as condições em que os experimentos foram realizados. Nem sequer se preocuparam em escutar os argumentos do próprio autor quando se viu diante da interpretação que estavam dando aos achados dele. Textos, livros e artigos científicos, em especial, têm sido lidos na diagonal. Olhamos para o alto à esquerda, identificamos o início da frase, do título ou da manchete e, por mais explicações presentes no meio do caminho, saltamos para as linhas no pé da página em busca do ponto final sem apreciar a jornada que a leitura pode proporcionar ao leitor. Se tivermos sorte, encontraremos um resumo, um sumário ou até, quem sabe, uma frase que o editor escolheu para destaque. Nesse passar de olhos, sem pensar nem parar, tornamos o conhecimento fugaz. E apesar dessa fugacidade, acreditamos ter absorvido o conhecimento exposto.

Os que se contentam apenas com números, sem argumento (ou sem as palavras), explicações simplórias impressas em reportagens e artigos ou informações publicadas no espaço de um post de Instagram, tratam a Regra 7-38-55 como uma crença inabalável. A pesquisa e a ciência não são questões de fé, mas de estudos, observações e revisões. Quando o tema é comunicação, considere ainda que falamos de uma ciência social. Não de uma ciência exata, como a matemática em que um mais um é igual a dois. E isso faz uma baita diferença!

Os registros de Mehrabian e as justificativas posteriores fornecem subsídios para a análise dos recursos que impactam a comunicação, especialmente aos que se aprofundaram nos estudos publicados e aplicaram o ceticismo saudável que os cientistas recomendam diante de resultados de pesquisas. Está lá nos trabalhos científicos a informação de que o estudo se baseou na análise de 37 participantes. Um número pequeno de pessoas, portanto. E de menor diversidade, ainda. Todos os selecionados eram mulheres, estudantes de psicologia na UCLA. Havia também um ambiente artificial de comunicação: para que os participantes dissessem qual a percepção que tinham da mensagem emitida em cada uma das situações, foram usadas palavras soltas e isoladas, diferentemente do que ocorre no cotidiano. Todas essas informações estavam explícitas, jamais foram omitidas pelo autor, assim como o objetivo da pesquisa: "... descobrir quão bem as pessoas podem julgar os sentimentos dos outros." (Mehrabian & Ferris, 1967)

Se não bastassem todos os esclarecimentos, diante de mal-entendidos, o próprio Mehrabian veio a público esclarecer que sua pesquisa não pode ser interpretada para desvalorizar o papel da linguagem na comunicação:

> Minhas descobertas são frequentemente mal interpretadas. Por favor, lembre-se de que todas as descobertas sobre comunicações inconsistentes ou redundantes tratam de comunicações de sentimentos e atitudes. Esse é o domínio dentro do qual elas são aplicáveis. Claramente, é absurdo insinuar ou sugerir que a parte verbal de todas as comunicações constitua apenas 7% da mensagem. Suponha que eu queira lhe dizer que a borracha que você está procurando está na segunda gaveta à direita da minha mesa no meu escritório do terceiro andar. Como alguém poderia afirmar que a carga verbal desta mensagem é apenas 7% da mensagem? Em vez disso, e mais precisamente, a parte verbal é quase 100% da mensagem. Novamente, sempre que comunicamos relações abstratas (por exemplo: x = y - o quadrado de z), claramente 100% de toda a comunicação é verbal. (Mehrabian, 1995)

Antes, nosso amigo já havia feito o alerta que está em texto no qual apresenta o livro *Silent Messages*, publicado em seu site:

> Observe que esta e outras equações relativas à importância referente às mensagens verbais e não verbais foram derivadas de experimentos que lidam com comunicações de sentimentos e atitudes (ou seja, gostar ou não gostar). A menos que um comunicador esteja falando sobre seus sentimentos ou atitudes, essas equações não são aplicáveis. Veja também as referências 286 e 305 em *Silent Messages* — estas são as fontes originais de minhas descobertas.

Tudo considerado, devemos entender que o trabalho de Mehrabian e equipe é uma fraude? Não! Um redundante não! Um não com a devida ênfase na voz e acompanhado de movimento de mãos e expressões de rosto sintonizados com esta negativa. Porque é assim que a comunicação é eficiente. É quando existe harmonia entre os três elementos — palavra, corpo e voz — na mensagem transmitida. Essa é a lição deixada por esse estudo clássico da comunicação. Quando temos o verbal, o não verbal e o vocal antenados, harmônicos e coerentes entre si, nos tornamos imbatíveis na comunicação. Todos os sinais que emitimos caminham numa mesma direção e a tendência é que seja para lá que vamos levar as pessoas que captam esses sinais. Essa é a arte de liderar, e sobre isso vamos conversar mais adiante.

A encrenca comunicacional se dá no instante em que verbal não fala com não verbal, ou não verbal não fala com vocal, ou vocal não fala com verbal, ou tudo isso e vice e versa. Quando os recursos são usados de forma dissonante, sem coerência nem consciência. Nesses casos, aí, sim, vamos encontrar diferenças no peso de cada recurso: o corpo vai berrar mais alto do que voz e palavra; é o que vai se destacar na mensagem emitida. Faça o teste agora: ombros caídos, olhos para baixo, pés para dentro, "Sou feliz!" Sério? Por mais que você grite, vamos "ouvir" o seu corpo. Mesmo que se esforce para que a felicidade se apresente no tom da voz, a expressão do rosto é que será "escutada".

Que fique claro, então, que Mehrabian acredita que a Regra 7-38-55 só é aplicável no âmbito da interpretação do afeto ou do estado emocional dos outros, e considerando as condições de seus estudos. Não é dele a interpretação de que essa proporção rege a comunicação em geral.

Então, qual o recurso mais importante?

É um desvio da nossa mente cartesiana buscar resposta a essa pergunta porque expõe o nosso desejo de colocar as coisas uma em cima da outra, quando devemos desenvolver uma visão sistêmica, em que uma coisa não vale sem a outra. Vocal, verbal e não verbal se complementam. Colaboram um com o outro porque, se competirem, o todo perde poder e precisão. Porém, ao analisar o trio de recursos, devemos lembrar que o verbal foi o último a ser desenvolvido pelo ser humano, não surpreendendo que tenha aparecido com uma proporção de influência menor nos estudos de Mehrabian. Não nascemos falando. Ainda bem! Quando éramos bebês, nos expressávamos pelo vocal e o não verbal: chorávamos, contraíamos o rosto e esticávamos as pernas; bocejávamos, sorriamos e fechávamos os olhos. Emitíamos sinais na certeza (ou seria esperança?) de que aquele outro ser, que um dia chamaríamos de mãe, entenderia nosso recado. Muitas vezes tínhamos sucesso. E ela nos oferecia o seio: o alimento que saciaria nossa fome — palavra que só aprenderíamos muitos anos depois.

Dos três, o recurso verbal é o único fruto de aprendizado formal, e necessitamos ter alguém perto de nós para aprender. Se resulta de aprendizado, temos maior controle. Se controlamos, podemos manipular. Se manipulamos, o outro tem a capacidade de desconfiar. Por isso, se conseguimos controlar algo e esse algo parece diferente do que é incontrolável, os demais recursos, com certeza, terão peso maior. Diante de situações extremas, contemos nossas palavras; a voz e o corpo entregam nossos desejos.

Pense naquela reunião de trabalho em que o chefe cobrou maior produtividade de seu time. Imagine o desejo de dizer a ele que, com a demissão de colegas e redução de salários, não dá para entregar o que se pede. Você até pode — e, dependendo da situação, deve — falar para ele o que pensa; mas, por prudência e respeito, vai escolher as palavras que descrevem a situação. Muito mais difícil será conter o olhar de indignação, o contrair dos lábios, o balançar da cabeça e a tensão do corpo. O verbal é o que eu expresso e o não verbal e o vocal são o que eu demonstro. De preferência, expressamos e demonstramos algo na mesma sintonia, que é a busca constante da coerência. Se por alguma razão temos dificuldade de verbalizar algo, não se engane: aquilo que eu não expresso acabo demonstrando.

Os recursos influenciam uns aos outros. Pesquisas das mais diversas fontes demonstram que com o controle das palavras posso mudar minha postura; meu corpo impacta minha mente; e meu padrão vocal mexe no meu corpo. Exemplo? Quando desenvolvemos uma forma inadequada de usar a voz, necessitando de um esforço maior e mais direcionado para a garganta, geramos uma sobrecarga e enrijecemos a musculatura nessa região do corpo. A laringe se posicionará alta no pescoço e a voz ficará mais aguda, especialmente nos momentos extremos, como alegria ou raiva — isso pode transmitir baixo controle e infantilidade. Para compensar essa sobrecarga, no instante em que começamos a falar, é natural levarmos a laringe para a frente — da mesma forma que ocorre quando uma pessoa ouve melhor de um ouvido do que do outro. É intuitivo. Esse momento, automaticamente, gera uma expressão não verbal de prepotência. Sabe aquele colega que tem o "nariz em pé"? Às vezes, é só uma questão de ajuste vocal.

Da mesma forma, o verbal adora carregar o não verbal nas suas jornadas, especialmente quando o discurso é improvisado. Tendemos a repetir movimentos associados à fala porque a área do cérebro responsável pelo improviso é "vizinha de porta" da área motora. É natural que, ao contar algumas histórias, façamos movimentos com as mãos, que são a linguagem mais comum na nossa sociedade. Para evitarmos exageros, e isso acontece quando acreditamos que estamos insistindo em determinados gestos ou usando-os de forma não adequada, buscamos conter as mãos. Das duas uma: como nosso cérebro pede movimento, vamos compensar em outra parte do corpo, geralmente transferindo os gestos das mãos para o sacolejar irritante das pernas; ou, pior, vamos perder a capacidade de improvisar. Perder o fio da meada.

A despeito das influências que vocal, verbal e não verbal tenham um sobre o outro — e voltaremos a falar desse assunto mais adiante —, precisamos ter consciência da existência dos três recursos considerando sempre o meio em que estamos interagindo. Aqui, nesta plataforma de comunicação, o livro, a palavra é rainha, e para reinar absoluta precisa se expressar de tal maneira que não restem dúvidas sobre o que estamos falando — o corpo desaparece, o vocal emudece. Um alerta importante, especialmente porque tem crescido o volume de troca de informação por escrito diante do domínio dos serviços de mensagens, como o WhatsApp. Nas mídias visuais, o corpo enaltece a mensagem — fala mais alto, lembra? Nos produtos sonoros, como o rádio e os podcasts, a voz se eleva. Mas não se engane. Sem os demais recursos muito do que temos a dizer se perde.

Independentemente do espectro que sua mensagem vá ocupar, a lição aprendida é a busca constante da coerência entre o que você é, pensa e quer transmitir. Porque o nosso corpo e a nossa voz são um "livro aberto" para a alma. As ferramentas que a ciência da comunicação nos oferece servem para decodificar a mensagem que recebemos e nos colocar dentro de códigos que sejam entendidos pelos outros. Imaginar que podemos usá-las para esconder nossas verdades é dar início a uma jornada desastrosa nos relacionamentos com o meio em que se vive. A começar pelo fato de que ser coerente é ser transparente com você mesmo — e aqui está o maior desafio para uma comunicação eficiente. Lidar com os seus conflitos internos para liderar os embates externos. Quando está claro o que temos internamente, exportamos transparência e segurança. E como vivemos na interação, reduzimos a distância entre as pessoas diminuindo o espaço de onde ecoa o desentendimento, tornamos a troca de mensagens mais objetiva e sustentável. Na ciência comportamental, é pela observação e compreensão dos diversos recursos da comunicação que reduzimos a subjetividade. Portanto, temos de chamar a atenção para o padrão, não tanto para o movimento do corpo, o tom de voz ou a palavra. É pelo cenário completo. Somos um e devemos ser 100% nós quando nos comunicamos.

Apesar de muitos terem entendido sua mensagem de forma equivocada, Mehrabian também pensa assim!

4. Comunicação é construção

A comunicação constrói percepção. Esteja bem ou não, toda vez que você se comunica oferece diversos elementos ao seu interlocutor que, com as ferramentas próprias, constrói a sua imagem. O quanto esta imagem é fiel ao que você realmente representa ou quer representar dependerá em boa parte daquilo que você se permitir entregar ao outro. Por isso, é fundamental, na trajetória profissional e nas relações pessoais, desenvolvermos a nossa comunicação e nos colocarmos de forma ativa nesse processo. Sermos 100% de nós mesmos, lembra?

Há, porém, diversos desafios nesse caminho. Um deles, extremamente relevante nos tempos atuais, é que vivemos em um mundo repleto de estímulos, ultraconectado, globalizado e com informações chegando a todo momento e de vários modos. O outro é compreender que a comunicação não é apenas o que eu digo, é o que você ouve. Por isso, em qualquer interação, a solução passa por estabelecermos uma comunicação efetiva, na qual aquilo que o outro entende se aproxima ao máximo da nossa intenção inicial. Comunicação que nos conecta, nos permite trocar informações e gerar entendimentos.

Ter consciência de que construímos percepção sempre que nos comunicamos é importante por três fatores:

É um fenômeno muito rápido. Em questão de segundos, o nosso interlocutor gosta ou desgosta, confia ou desconfia de nós;

É algo que acontece de forma absolutamente inconsciente. O outro não sabe bem por que nem como, mas ele registra uma impressão sobre nós;

Assim que impactamos o nosso interlocutor, ele tem algum tipo de reação.

Portanto, a qualidade dos retornos que obtemos depende basicamente dessa impressão gerada na mente do nosso interlocutor. Isso nos traz uma grande responsabilidade porque hoje, com a competência comunicacional tão demandada, não é aceitável terceirizarmos a nossa incompetência. "Eu comecei a minha apresentação e as pessoas dormiram. Acho que estavam cansadas" ou "meu projeto era ótimo, azar foi que peguei o chefe de mau humor" são desculpas que você já deve ter ouvido por aí, ou até foi o próprio autor das frases nesse ou em outros contextos. Desculpas inaceitáveis hoje em dia. Se há pessoas cansadas, nos cabe ser interessantes o suficiente para acordá-las. Se tem mau humor na sala, tenho de identificar essa barreira e desenvolver alguma estratégia que as faça abrir a mente e absorver nossa mensagem. Nós somos responsáveis pela nossa comunicação.

Essa responsabilidade que temos de assumir, por outro lado, nos confere uma grande autonomia porque depende de nós, efetivamente, gerar percepções e resultados que nos sejam favoráveis. Precisamos ser capazes de construir percepções positivas para obtermos os retornos desejados. Nossa busca é por gerarmos retornos colaborativos! Essa é a única forma de obtermos sucesso de alcançarmos metas, de conquistarmos resultados.

A comunicação efetiva passa pela conexão emocional. Nesse mundo repleto de estímulos e informações, há uma forte concorrência pela nossa atenção. Essa competição será ganha pela mensagem que atingir mais facilmente o cérebro do nosso interlocutor. Para isso, é preciso, por exemplo, ir direto ao ponto, ter clareza na forma de transmitir a informação e usar de todos os recursos para assegurar que o outro compreenda a mensagem por meio de uma boa organização do que pretendemos dizer.

Se passa pela conexão emocional, a comunicação só será efetiva se for afetiva, é o que ensina Leny Kyrillos a partir de sua experiência desenvolvida na academia, em consultório e no escritório de alguns dos mais importantes executivos brasileiros. Como entender o humor do seu chefe ou a disposição da sua audiência se não nos dermos o direito de explorar esse conjunto de fenômenos experimentados na forma de emoções e sentimentos? Precisamos exercer a empatia, que tem a ver com a capacidade de nos humanizarmos. A empatia define o tipo de conexão que estabelecemos com o outro. Ela começa com a aceitação de que o outro é diferente de nós, com a abertura para a compreensão daquilo que ele sente, daquilo que o mobiliza. É diferente de sentir pelo outro. Empatia é uma abertura para o acolhimento e para a compreensão. Tem a ver com a forma como embalamos as nossas informações, com a maneira como as transmitimos e, principalmente, com o exercício da escuta ativa, que permite mais apuro na forma direcionada com que organizamos o que o outro precisa ouvir.

De forma ilustrativa, é como se a comunicação se situasse numa linha com dois extremos. Em um deles está a comunicação passiva, na qual a pessoa espera que o outro adivinhe aquilo que ela quer dizer. Uma pessoa passiva no processo de comunicação tem dificuldade de expor o que pensa, o que acredita, o que espera. No outro extremo está o padrão agressivo de comunicação. Uma pessoa com essa característica consegue transmitir claramente aquilo que quer, que pensa, que busca no contato com o interlocutor. Porém, faz isso sem o devido cuidado, sem considerar o outro. Apesar de traduzir bem o que pensa, a maneira como se expressa pode afastar as pessoas. E nós, já falamos isso, temos a crença de que a comunicação só faz sentido se for para aproximar.

Lembra-se da importância de termos retornos colaborativos? Pois é, nesses extremos não alcançamos esse objetivo: no passivo, pela dificuldade do outro entender o que queremos, assim prejudicando a entrega; no agressivo, pelo desrespeito, que causa incômodo, desconforto e desgosto. E gente que se sente assim até entrega, mas apenas o mínimo necessário.

A grande busca é por uma forma de comunicação que esteja no meio do caminho, no seu ponto de equilíbrio: a comunicação assertiva, que se estabelece entre os dois extremos e resulta em retornos colaborativos. Somente conseguimos nos sair bem no dia a dia quando somos capazes de inspirar e motivar os outros a colaborarem. Assertividade empática! É o que precisamos. É a tradução clara daquilo que nos motiva, daquilo que nós buscamos nas relações de comunicação, associada a um cuidado com o outro por meio de uma escuta ativa, que é acolhedora.

Há também uma outra possibilidade: a comunicação passivo-agressiva. Ela se caracteriza pela emissão de sinais dúbios, de concordância e ao mesmo tempo de descontentamento. É como se você pedisse um favor a uma pessoa, e ela respondesse com um "Hu hum", mas de cara fechada e com o corpo de lado... A gente entende a concordância, mas duvida que haverá a entrega! Há sinais específicos de ironia, sarcasmo, deboche. Dos quatro tipos, este é o que oferece mais dificuldade para o estabelecimento de relações saudáveis, já que os sinais emitidos são confusos e desarmônicos.

CONCEITOS ESSENCIAIS

A comunicação humanizada, que transpassa por outros conceitos que tratamos até aqui, como comunicação empática e assertiva ou comunicação efetiva e afetiva, vinha se impondo, especialmente após percebermos os impactos das transformações digitais em nossos relacionamentos. Diversos movimentos tinham se iniciado nos ambientes de trabalho no sentido de oferecer aos colaboradores maior segurança e equilíbrio emocional, e no interesse e necessidade de gerarmos relações mais saudáveis — o que melhora produtividade, reduz o absenteísmo e otimiza custos com saúde. Ao depararmos com a pandemia sanitária, iniciada em 2020, esse processo de mudança acelerou e escalonou de forma exponencial. O aumento da nossa vulnerabilidade, a sensibilidade que se expressou ainda mais e a urgência de sermos acolhidos geraram um desejo maior de nos aproximarmos, de encurtarmos distâncias.

Acolher o outro, ser claro, afetivo e empático no que diz e faz, e dar espaço para que as pessoas com quem você interage estejam presentes e se sintam relevantes são características da comunicação humanizada. É uma comunicação que prioriza a colaboração para que os objetivos sejam alcançados. Para exercitar essas características, vale enfatizar que a comunicação é uma competência que se pode desenvolver e, como tal, resulta de três fatores:

1. Conhecimento — o nosso repertório é o que nos torna relevantes. Precisamos tratar os temas com propriedade. Isso não se restringe apenas à bagagem que carregamos, tem a ver também com a clareza com que transmitimos as nossas mensagens. O conhecimento permite uma gama mais ampla de palavras, uma organização mais estruturada das mensagens e abordagens mais apropriadas de cada tema.

   A gestão do conhecimento é um processo dinâmico, com o qual lidamos durante a vida toda. Evidentemente, precisamos nos aprofundar nos temas que são da nossa área de atuação. Mas é bastante recomendável desenvolvermos algo além, abrirmos os nossos horizontes, bebermos em outras fontes que não sejam apenas aquelas ligadas à nossa profissão.

   Para isso, devemos olhar para as publicações, estudos, pesquisas em outras áreas de conhecimento. Quanto mais ampliarmos o nosso repertório para oferecer conteúdos relevantes, mais atrativa será a nossa comunicação.

2. Habilidade — tem a ver com a capacidade de nos fazermos entender, com a maneira com que nos expressamos. No ambiente de trabalho, por exemplo, sempre há alguém que atrai a atenção das pessoas. Basta começar a falar e as demais se mostram interessadas no que está sendo dito. E há também aquele que ao falar não é capaz de chamar a atenção dos colegas que, quando ouvem, o fazem por educação.

   A boa notícia é que, se houver disposição para aperfeiçoamento, para treinamento, é possível obter um ganho significativo nesse quesito.

3. Atitude — está relacionada com os sinais emitidos no processo de comunicação, não apenas o teor da mensagem, mas o modo como nos expressamos. O que vai construir percepção é justamente a atitude comunicativa, é o comportamento durante a situação de fala. Essa atitude é muito influenciada pelo nosso estado interior. Por exemplo, se estamos nos sentindo receosos de não entregarmos bem a mensagem ou se estamos inseguros em relação aos tópicos que abordamos, é muito provável que a nossa atitude revele esses sentimentos. A tendência é falarmos com uma postura mais fechada de comunicação. É provável que comecemos a desviar o olhar, a diminuir a intensidade da voz, a ter um padrão de emissão de voz mais impreciso e a articular menos as palavras — como se estivéssemos escondendo nosso conteúdo. Todos esses sinais vão indicar o desconforto que estamos sentindo naquela situação.

   Da mesma forma que a habilidade, é possível nos desenvolvermos nesse aspecto e termos bom desempenho em situações de exposição.

* * *

A Dra. Amy Cuddy, psicóloga da Universidade de Harvard, ensina que o nosso estado interior (pensamentos e emoções) afeta a nossa atitude comunicativa; porém, essa é uma via de mão dupla! A nossa atitude também impacta e modifica o nosso estado interior. Esse conceito é libertador porque, diferentemente do nosso estado interior, temos total controle sobre o nosso comportamento, sobre a nossa atitude. Se conscientes, somos capazes de nos colocar em uma postura afirmativa usando os recursos que entendemos serem mais apropriados para aquele momento e em cada situação. Essa atitude fará com que os sinais positivos gerem uma boa impressão na nossa audiência; sinais que vão reverberar no público e retornar para nós, influenciando nosso estado interior. Ou seja, nos apropriamos desse estado positivo e geramos um círculo virtuoso! Tanto nós como o público ganhamos; nossa mensagem acaba sendo potencializada.

Como já vimos, quando nos comunicamos, emitimos diversos sinais: por meio da escolha das palavras, do tom da voz e da postura corporal. São os elementos que oferecemos ao interlocutor para que ele construa sua imagem sobre nós. E quanto mais precisos forem esses elementos, mais parecida com a gente será a imagem construída. Os sinais que emitimos fazem parte dos três recursos sobre os quais conversamos com você:

Verbal — inclui a escolha das palavras (viu como é importante ter um vocabulário mais rico?), a forma de organizar as frases, as mensagens e o uso de determinadas expressões.

Não verbal — são os sinais que se relacionam à imagem, tais como postura corporal, gestos, direcionamento do olhar, expressão facial, vestuário e outros elementos que compõem o nosso visual.

Vocal — refere-se à maneira como falamos; o tom da voz, a velocidade de fala, a articulação das palavras, as ênfases e as pausas.

Quando há harmonia entre os três recursos, a comunicação torna-se assertiva e empática porque demonstra veracidade, autenticidade e se revela genuína. Ao receber esses sinais sintonizados, o cérebro de nosso interlocutor, muitas vezes em postura de alerta, protegendo-se de perigos externos e ocupado com a gestão de uma série de outras informações, torna-se poroso — aqui usando uma expressão cunhada pelo médico psiquiatra e psicoterapeuta Flávio Gikovate —, ou seja, mais permeável a novas ideias e pontos de vista, mesmo que em oposição ou antagonismo às antigas crenças. Teremos alguém mais propenso a escutar e a gerar uma resposta favorável.

5. A voz

A voz é uma das projeções mais fortes de nós mesmos, demonstração clara de quem nós somos, de como pensamos, de como lidamos com as diferentes situações, do momento emocional que vivemos; ela nos "escancara" para o mundo expondo as nossas emoções e nosso estado de humor, nossa reação aos eventos, todo o nosso envolvimento. Nossa voz é única, como nosso DNA, grande sinal de nossa individualidade.

O processo de produção da voz é bastante simples. Usando o ar dos pulmões como combustível, o início do processo se dá com a vibração das pregas vocais, duas estruturas musculares, cobertas por uma camada de mucosa localizadas na laringe — no senso comum, chamamos de cordas vocais, o que nos remete à ideia de sonoridade de um instrumento musical. Bonito, né? O som produzido é bastante débil, fraco, e precisa ser amplificado nas cavidades de ressonância. Uma dessas "caixas de som" que temos no corpo é a cavidade laringofaríngea, que não pode nem deve ser usada isoladamente sob o risco de sobrecarregarmos a região. Lembra do falante de "nariz em pé" que joga o som para a laringe, descrito em capítulo anterior? Além dela, temos as cavidades oral e nasal. Quanto mais equilibrado for o uso dessas cavidades, mais saudável nossa voz soará, com menos esforço e mais eficiência. Após a amplificação, o som é finalmente articulado na boca usando lábios, bochechas, língua e dentes.

Apesar de o mecanismo ser simples, há várias possibilidades de ajustes que podemos realizar para produzir a voz. O que ocorre é que cada um de nós faz uma escolha inconsciente de um determinado ajuste, que passa a nos representar. Essa escolha é influenciada por três dimensões da nossa vida: a física, que tem a ver com a estrutura corporal; a psicoemocional, que tem a ver com a personalidade, o modo de vermos o mundo; e a sociocultural, relativa às pessoas significativas do nosso entorno. Esse trio de dimensões é tão particular para cada um de nós que não existe uma voz igual a outra; ela é tão única quanto a nossa impressão digital.

A partir dessa escolha — reforçamos, uma escolha inconsciente —, passamos a produzir um efeito em nosso corpo quando falamos e um impacto no nosso interlocutor. O sucesso ou insucesso nas relações e nas conquistas tem muito a ver com esse impacto. Por isso é tão importante observar quais são os sinais que emitimos e os resultados que obtemos. Eles sempre são diretamente proporcionais!

Nossa imagem é extremamente importante porque, antes mesmo de abrirmos a boca, ela já constrói percepção. Ao falarmos, a voz impacta grandemente, estando de acordo com essa imagem. Ou não! Quando há concordância, o outro reforça a impressão que teve. Quando há discrepância, ou seja, uma voz muito diferente do que se imagina associada àquela imagem, gera muito estranhamento.

Uma boa voz é aquela que nos faz sentir efetivamente representados pela percepção que constrói. Ela deve ser eficiente do ponto de vista de alcance e ser produzida com conforto, sem nenhum esforço. Mas nem sempre é assim; ao mesmo tempo, sempre podemos melhorar a nossa voz.

A voz é fruto de uma história de vida, e assim se modifica continuamente. É também um comportamento aprendido e, por isso, passível de mudança. Há vários fatores, físicos e emocionais, que podem interferir nas características de nossa voz. Quaisquer desses fatores podem ser melhorados, trabalhados, para que nos sintamos efetivamente representados pela voz que produzimos. Uma voz adequada envolve a todos como um "abraço sonoro" abrindo portas, nos permitindo oportunidades. Uma boa voz é aquela que nos faz sentir efetivamente representados pela percepção que constrói de modo positivo e empático.

Quem se percebe identificado com a imagem que produz se sente mais feliz!

A ESCUTA DA NOSSA VOZ

Psicodinâmica vocal é a descrição do impacto psicológico que a qualidade da nossa voz pode causar em outras pessoas. Trata-se da escuta que a nossa voz gera! Sempre lembrando que a voz que você escuta é diferente da voz que o outro escuta vinda de você — não por acaso, algumas vezes nos causa estranheza ouvir nossa voz em uma gravação. Não estamos aqui avaliando se a voz é boa ou ruim; trata-se de não nos identificarmos com a voz gravada, que é percebida de forma diferente, só pela via auditiva aérea, e, normalmente, enquanto falamos, pelas vias aérea e óssea.

Quando tratamos da qualidade geral da nossa voz, a identificamos como neutra ou desviada. No primeiro caso, construímos percepção de saúde, conforto ao falar, segurança e fluidez. Quando desviada — e logo vem aos nossos ouvidos a ideia da voz rouca —, parecemos sem vitalidade, cansados, tensos. Quando áspera, parecemos rígidos, inflexíveis. A qualidade *soprosa* pode gerar impressão de certa sensualidade, docilidade, suavidade ou fraqueza.

Conforme o parâmetro da qualidade vocal, impactamos nossos interlocutores de formas diferentes:

1. Ressonância — quando escolhemos o ajuste ideal com uso da ressonância de modo bem equilibrado, o efeito no nosso corpo será de conforto absoluto, e, por consequência, o impacto no interlocutor será a percepção de que estamos confortáveis, motivados, entusiasmados.

   Usar a cavidade da garganta como parte principal na ressonância do som sobrecarrega a estrutura e abafa a emissão. Essa fala sem projeção, além de cansar, transmite a impressão de mais seriedade, menor contato, pouca vitalidade e nenhum entusiasmo.

   Se o predomínio da ressonância acontecer na cavidade nasal, a impressão é de antipatia e certa futilidade.

   Se, ao contrário, não for usada a cavidade nasal para falar, a impressão é de maior distância, já que a cavidade nasal é associada simbolicamente à afetividade! Situação complicada e injusta para quem tem rinite, está com gripe ou com algum problema respiratório.

2. Articulação — a maneira como articulamos os sons da fala constrói percepção de nível de segurança. Ao movermos a boca de modo amplo e preciso, geramos credibilidade total e, consequentemente, ganhamos a confiança do nosso interlocutor.

   Quando articulamos "meia boca", o outro nos lê como inseguros, indecisos, desconfortáveis com a situação de exposição.

   A articulação travada, entre os dentes, passa a impressão de agressividade contida.

   Se fizermos movimentos muito exagerados, pareceremos esnobes, arrogantes.

3. Tom da voz — transmite informações sobre o clima do discurso. Tons mais agudos se referem a ambientes alegres, e os graves aos mais sérios, quando em grupos. De maneira

geral, o que define o tom da nossa voz é o tamanho do trato vocal, a estrutura que vai da boca até a laringe.

De acordo com a física acústica, corpos maiores reforçam frequências mais graves, e corpos menores reforçam sons mais agudos, numa analogia bem fácil de entender quando pensamos no som de um violoncelo e no de um violino.

Só que, além do tamanho estrutural do trato vocal, há um tamanho dinâmico, que se modifica a partir de qualquer um dos extremos: lábios em formato de "bico" geram sons mais graves e, quando na posição de "sorriso", produzem sons mais agudos. Já no outro extremo, laringes baixas no pescoço, relaxadas, geram sons mais graves, enquanto que, quando tensas, se posicionam mais altas, diminuindo o tamanho do trato vocal e reforçando emissões mais agudas.

Quando a voz tem tom predominante mais grave, associamos à seriedade, poder, segurança, autoridade. Já as vozes mais agudas podem passar a impressão de certa imaturidade, insegurança, leveza excessiva.

Claro que, dependendo do contexto, a impressão pode ser positiva ou negativa.

Ainda sobre o tom, vozes mais expressivas revelam mais habilidade de modulação, de variação de acordo com o conteúdo, com o momento emocional e até com a intenção do discurso. Um bom domínio da modulação revela disposição à negociação.

4. Intensidade/volume — pode ser forte ou fraco. O que determina o volume é a pressão da coluna aérea subglótica. Em outras palavras, é a força do ar que sobe quando falamos. Quanto maior a pressão, mais forte é o volume.

   O volume da voz constrói percepção de limite. Se for fraco, é como se a pessoa não conseguisse sair de seu limite para alcançar o outro; é típico em pessoas tímidas, inseguras, sem confiança.

Já as que usam intensidade forte tendem a extrapolar o limite do outro, parecendo invasivas.

Quando bem modulada, a intensidade forte enfatiza a informação, e a fraca pode trazer uma ideia de "segredo", de confidencialidade.

5. Velocidade de fala — tem a ver com o nosso ritmo interno. Pessoas que falam rápido são mais ativas, dinâmicas, aceleradas, impacientes. Já as que falam devagar tendem a ser mais reflexivas, pacientes e fleumáticas.

   A fala deve refletir quem somos. E, mais uma vez, o importante é sermos capazes de modular a velocidade de acordo com o tema, o ritmo do discurso e o conteúdo.

6. Uso de ênfase, pausa e duração das vogais — a utilização desses recursos traz mais expressividade à nossa fala. Quem os usa em excesso é caricato. Quem os usa pouco, monótono.

   A ênfase equivale a um grifo, um destaque. O principal critério para a escolha da ênfase é a importância da palavra. Assim, seu principal efeito é a característica de uma fala mais autoral, já que é fruto de uma escolha pessoal. Além disso, a ênfase quebra qualquer risco de a fala parecer monótona.

   A pausa tem várias funções. Pode ser didática, ao separar blocos de significado e facilitando a compreensão; interativa, porque é no momento da pausa que o interlocutor tende a nos responder com movimentos de cabeça ou pequenas interjeições; e tem função expressiva, quando usada em local estratégico, colocando como que um holofote sobre a informação seguinte. Portanto, é um recurso importante que enriquece a nossa fala. Diante disso, cuidado! Tendemos a acreditar que a pausa é um "buraco" a ser preenchido, e muitas vezes ocupamos o silêncio da pausa com sons sem sentido como o "éééé..." ou o "annn...". Sem sentido no discurso, mas com sentido para o interlocutor, pois alteramos assim a impressão de reflexão, provocada quando a utilização é correta, para uma impressão negativa de hesitação, de falta de repertório e de pouco vocabulário.

A duração das vogais constrói percepção de nível de objetividade do discurso. Vogais mais longas passam a impressão de mais subjetividade, mais emoção, e as mais curtas demonstram racionalidade e assertividade.

Vogais durante o tempo que lhes cabe, ênfase nas palavras de referência, velocidade apropriada da fala, pausas com significado no texto, voz no tom correto e no volume apropriado para preencher o espaço entre você e o interlocutor, articulação precisa e ressonância equilibrada formam um conjunto de valores que nos permitirá alcançar um padrão de comunicação qualificado. Nosso ideal é usar esses parâmetros para que a comunicação pareça natural, espontânea, o que somente será possível se soubermos carregar no discurso algumas das nossas caraterísticas pessoais — porque elas nos representam — e ao mesmo tempo desenvolvermos a capacidade de variar os recursos de acordo com o conteúdo. Para tanto, precisamos de um grande nível de envolvimento, estarmos efetivamente presentes na situação de comunicação e mantermos o nosso corpo flexível, com um aparelho fonador sem pontos de tensão, assim ambos podem se adaptar rapidamente e sem esforço ao que está sendo dito.

O CARISMA ACÚSTICO

Dissemos agora há pouco que não estávamos aqui para avaliar se a voz era boa ou ruim, bonita ou feia. E se estivéssemos? Como colocar cada uma das vozes que conhecemos dentro de uma dessas caixinhas? "Empacotando-as" em conceitos que são subjetivos e dependem muito do momento, do discurso e da cultura de cada um de nós? Aqueles apaixonados pela música clássica talvez tenham um viés que os impeça de admirar a voz de um cantor sertanejo; os admiradores dos cantores românticos têm ouvido mais sensível para as vozes anasaladas e alguma repulsa ao grito rouco dos vocalistas de bandas de rock. Até um tempo atrás, vozes roucas, muito alteradas, eram consideradas sensuais, com algum tipo de apelo.

Várias pessoas têm vontade de saber se sua voz é bonita, um conceito subjetivo. Melhor nos preocuparmos se nossa voz é saudável. O Prof. Dr. Paulo Pontes, reconhecido médico pesquisador da área de voz, afirma que a voz saudável é produzida de modo eficiente e sem a presença de esforço. Quando somos capazes de produzir nossa voz de maneira natural, alcançamos o nosso interlocutor como num "abraço sonoro" gostoso e aconchegante.

Podemos também avaliar, de uma forma poderosa, se a voz é interessante ou não pelo tipo de impacto que geramos nas pessoas. Se você consegue ser convincente pela maneira como fala, se gera respostas positivas, se as pessoas ficam interessadas em escutar aquilo que você está dizendo, se faz com que elas fiquem envolvidas, podemos dizer que é uma voz positiva, uma voz boa.

Há um conceito muito interessante relacionado a essa percepção, e bastante objetivo, que é o carisma acústico — um índice que varia de zero a cem pontos e resulta de uma fórmula de avaliação para um tipo de voz. Essa avaliação considera 16 parâmetros.

Entre eles, os mais importantes: o tempo, a melodia, a pausa, o ritmo e o volume. O autor que trabalha com esse conceito é o foneticista dinamarquês Oliver Niebuhr, da Universidade da Dinamarca (University of Southern Denmark). Ele desenvolveu essa fórmula e pontuou as vozes das pessoas.

Olha só que interessante: eles fizeram o estudo considerando seis pessoas falando e seis pessoas em um júri. Eram 12 voluntários. Gravaram essas pessoas lendo um trecho de *Fausto*, de Goethe, e submeteram ao júri, que teria de pontuar se eram vozes que chamavam a atenção ou não. As pessoas deram notas para essas vozes. Niebuhr submeteu o mesmo material a uma avaliação tecnológica do carisma acústico. Os três primeiros lugares foram decididos entre o grupo. O primeiro obteve 64 pontos na avaliação do carisma acústico. E, por acaso, coincidiu com a avaliação de primeiro lugar do grupo de pessoas. Então, verificou-se uma congruência entre o que a tecnologia diz e o que as pessoas percebem! Ou seja, a ciência é bem precisa para avaliar vozes. E como isso acontece?

A voz é uma forma de comunicação muito antiga e há uma conexão direta entre as nossas emoções e a maneira como nós falamos. Falar é resultado da nossa emoção, e gera emoção no nosso interlocutor. É algo muito primitivo. Temos a tendência a essa identificação de uma maneira mais fácil. Eles perceberam que, de todas as características avaliadas, a que mais se destaca como determinante do carisma é o conceito de extensão vocal. Tem a ver com o número de notas que somos capazes de produzir indo da mais grave à mais aguda. Numa condição ideal, a gente deve ter de oito a 12 notas de extensão vocal, ou seja, de uma oitava a uma oitava e meia.

Niebuhr resolveu pesquisar duas vozes de líderes empresariais de relevância internacional e reconhecidos em suas áreas de atuação. A primeira foi a voz de Steve Jobs, da Apple. Ele tinha 24 semitons de extensão, ou seja, uma oitava e meia de extensão vocal. No teste de Oliver, alcançou 93,5 pontos em 100. Uma voz com uma expressividade bastante grande. A segunda voz avaliada foi a de Mark Zuckerberg, do Facebook, que pontuou 52 de 100, muito menos do que Jobs. Um padrão de fala mais monótono!

Para testar o impacto dessas vozes, sintetizaram os sons emitidos pelos dois líderes e transferiram para um GPS usado para orientar as pessoas no trânsito. Todos os motoristas conheciam o caminho que tinham de percorrer, mas obrigatoriamente teriam de acionar o GPS. Algumas das informações gravadas no sistema eram propositalmente erradas. No início do trajeto, a orientação do GPS coincidia com o caminho conhecido dos motoristas. Em determinado momento, as informações direcionavam para outros trajetos.

O que aconteceu?

Diante do comando de voz que tinha os mesmos padrões de Steve Jobs, os motoristas demoravam mais tempo para mudar o caminho e retomar o percurso que conheciam. Para ter ideia desse impacto: 26,7% das pessoas aceitaram as orientações e seguiram o caminho errado. Sabiam que a voz estava conduzindo por um caminho diferente e acreditaram que as instruções do GPS as fariam chegar ao destino mais facilmente, que haveria menos trânsito. Confiaram em "Steve Jobs".

Dos motoristas de carro que usavam o GPS com a voz que reproduzia os padrões de Mark Zuckerberg, metade parou no primeiro erro e seguiu o caminho por conta própria. Ouviu a mensagem e pensou: "Não, isso está errado, não vou seguir por aqui." Desconfiaram de "Mark".

Perceba o potencial de uma voz carismática: ela tem a capacidade de conduzir as pessoas pelos mais diversos caminhos, inclusive caminhos errados. Pode nos levar ao sucesso, mas também pode nos enganar.

Na construção dos argumentos que sustentavam sua pesquisa, o autor Oliver Niebuhr nos ajuda a entender o que caracteriza líderes carismáticos e, para isso, define o carisma como "um estilo de comunicação simbólico, carregado de emoção e baseado em valores, sinalizando qualidades de liderança, como comprometimento, confiança e competência, que afetam as crenças e comportamentos dos seguidores em termos de motivação, inspiração e confiança".

Os líderes carismáticos atuam com paixão, compromisso e pensando em cativar; têm algum envolvimento emocional que também se expressa em seu discurso. Falantes carismáticos transferem seus estados emocionais e atitudes para seus ouvintes por meio de um processo chamado contágio emocional. Confiança e autoconfiança, que não se traduzem em domínio ou autoridade, também fazem parte da personalidade desse líder. Assim como a sua capacidade de transmitir competência na forma de uma entrega estruturada e compreensível.

Do ponto de vista da fala, Niebuhr elenca as características acústicas que foram identificadas nesses líderes. Algumas que exigem medição mais apurada como o nível de frequência fundamental (f0) elevado e níveis mais altos de esforço e intensidade vocal. Outras, mais palpáveis, são uma maior velocidade de fala, período de silêncio mais curto e menos pausas preenchidas. Os carismáticos também dividem sua fala em pedaços menores de informação usando frases prosódicas mais curtas, de preferência com durações inferiores à memória auditiva de seus ouvintes.

O termo carisma surgiu na Grécia antiga, há 2.500 anos. Era considerado um dom atribuído por graça divina, vocação ou predestinação celestial. Hoje, sabemos que se trata de um fenômeno social bem mais amplo! Segundo Heni Ozi Cukier, em seu livro *Inteligência do carisma* (Planeta, 2019), o alcance dessa competência é acessível a todos!

A inteligência do carisma é um conjunto de diferentes competências correspondentes a três níveis: o pessoal, o social e o contextual. Os três podem ser trabalhados por meio de consciência e treino.

O nível pessoal tem a ver com o exercício da inteligência emocional, e sua palavra-chave é brilho: trata-se de desenvolvermos a autenticidade, a paixão pelo que comunicamos, a demonstração clara do nosso caráter, integridade, segurança, confiança e compaixão.

O nível social refere-se às nossas relações, e a palavra que o representa é presença. Aqui, temos que desenvolver a afinidade com o outro, a capacidade de atração, com credibilidade, respeito e admiração. É a característica principal da autoridade e da liderança.

O nível contextual refere-se à leitura do nosso ambiente, e sua palavra-chave é visão. Trata-se da atenção a características como coerência, dinamismo, fluidez, leveza, naturalidade e integração.

Com isso em mente, torna-se mais atingível o desenvolvimento da inteligência do carisma, com reflexo importante na nossa comunicação e na nossa voz!

Sim, a voz é uma ferramenta muito poderosa, especialmente porque provoca no outro uma reação absolutamente intuitiva. Por isso, vale a pena procurarmos identificar que reações provocamos nas pessoas! A conexão com o outro é contagiosa, assim como a comunicação. Quando demonstramos interesse claro de nos aproximarmos, o outro reage conectando-se a nós.

Os resultados de nossa comunicação — não cansaremos de enfatizar — têm a ver com a harmonia e a coerência entre os três grupos de recursos que compõem a expressividade: os verbais, por meio de palavras que expressem a nossa emoção; os não verbais, representados pela postura aberta de comunicação, com o olhar direcionado para o outro, com os gestos naturais e acolhedores, com o tronco inclinado e com a expressão facial leve e sorridente; e os vocais, por meio do tom amistoso, das pausas nos lugares certos, das ênfases, da voz suave que envolve o outro como um "abraço sonoro".

Emoção que se expressa ou se demonstra gera uma conexão imediata.

Para esse grande desafio, temos que ser verdadeiros. Precisamos desenvolver o autoconhecimento, identificar a nossa essência, aquilo que nos representa e nos motiva. Isso é fundamental para nos colocarmos em nossas interações, virtuais ou presenciais, de maneira genuína e humana. Para que consigamos nos conectar efetivamente, nossa verdade tem que ser transparente, temos que ser coerentes e nos colocarmos intencionalmente a serviço do outro.

Como diz Chris Anderson, presidente do TED, "é a dimensão humana que transforma informação em inspiração". Somos nós! É você!

Leny Kyrillos
O que é uma comunicação eficiente e poderosa?

"A comunicação precisa encurtar distâncias, ela precisa aproximar as pessoas. Para mim, uma comunicação é eficiente quando você tem clareza daquilo que quer passar para o outro e quando aquilo que chega ao ouvido de seu interlocutor é o mais próximo possível da sua intenção. Aí você foi eficiente, conseguiu transmitir algo. Comunicação envolve a sua expressão e a compreensão do outro. Essas duas áreas são muito relevantes. Do ponto de vista da expressão, é fundamental que você busque ser claro naquilo que vai transmitir. Quanto mais for capaz de estruturar a sua comunicação, maior a probabilidade de aquilo que o outro entende ser próximo do que você tem de intenção. A compreensão é fundamental; para isso, é muito importante estar aberto para uma escuta ativa realmente daquilo que o outro está trazendo. Essa habilidade traz três consequências muito positivas: primeiro, nos diferencia em relação aos outros, já que são poucos os que se dedicam a escutar; segundo, quando escutamos verdadeiramente, geramos no outro uma disposição maior para o entendimento; e terceiro, conseguimos obter pistas para direcionarmos melhor a nossa fala subsequente de acordo com aquilo de que o outro necessita."

Então ter uma comunicação eficiente depende do outro, não de mim?

"Você depende da compreensão plena do outro porque esse é o seu objetivo. A comunicação é sempre um grande desafio porque a gente sabe que o que sai da sua boca não é exatamente o que chega ao ouvido do outro. A gente tem um caminho do meio, que é permeado por expectativas, por histórias de vida, por aquilo que a pessoa tem de bagagem; e, quanto mais você conhece o seu interlocutor, mais é capaz de entregar melhor. Então, sim, realmente não depende só de você; porém, quanto mais você está atento às demandas, quanto mais conhece como esse processo se dá, mais você consegue se instrumentalizar para trazer para si a autonomia de fazer dar certo."

6. O corpo

A linguagem corporal é um atributo fundamental na comunicação. Assim como a voz é das projeções mais fortes de nós mesmos e a palavra tem o poder de traduzir nossos pensamentos, é por intermédio da linguagem corporal que os outros compreendem o seu sentimento — é de tal maneira significativa que, muitas vezes, revela o que o seu discurso tenta esconder. Como sempre, sendo uma via de mão dupla, se na palavra percebemos qual é a ideia do outro, na comunicação não verbal compreendemos o que o outro sente. Conseguimos antecipar intenções, perceber as emoções e responder com eficácia à comunicação do outro — tanto a verbal como a não verbal.

No não verbal, inexiste a possibilidade de não comunicar algo. É inevitável. Mesmo quando não estamos fazendo nada, o não verbal está lá. Respiramos e o não verbal expressa. E se respiramos em sintonia com o outro, somos capazes de nos comunicar. Ao se vestir, você se comunica. Se ficar nu, também. Barba bem ou malfeita. Testa franzida ou olhos abertos. É o nosso rosto dizendo algo. O rosto de nosso interlocutor dizendo o que sente. Por isso, aprender a decodificar as expressões faciais e a linguagem corporal é muito importante.

A ciência do reconhecimento emocional tem revelado muitas coisas úteis — sobre as quais conversaremos mais adiante. Antes de seguir, porém, vamos dar sequência a uma de nossas missões neste livro. Assim como o senso comum, por erros de interpretação e desconhecimento, disseminou a tese de que a palavra valia pouco no processo de comunicação, precisamos distinguir mitos de verdades da comunicação não verbal.

MITOS DO NÃO VERBAL: NÃO É BEM ASSIM!

Mito 1: coçar o nariz é sinal de mentira

Repare, a ciência diz que não existe o efeito Pinóquio, ou seja, não há um único sinal que, de forma isolada, nos indique que coçar o nariz tenha relação com a mentira. Por isso, somos convidados a observar os padrões do outro: como é que ele está se movimentando? Que gestos a pessoa faz? Que expressões faciais usa? É o todo que vai nos ajudar a compreender o que as pessoas estão sentindo e se isto está em sintonia com o que dizem. Ao mesmo tempo, devemos levar o contexto em consideração.

Por exemplo, imagine que você esteja vendo uma mãe brigando com a sua filha, de forma muito agressiva, perguntando se ela está mentindo. A criança estará manifestando sinais de nervosismo apenas porque tem medo da mãe e não necessariamente porque está mentindo. Então, é muito importante nos tornarmos excelentes observadores do contexto para conseguirmos tirar melhores conclusões. A linguagem corporal de uma pessoa não é feita de forma isolada, mas se insere em uma história de vida e em contexto específico.

Mito 2: desviar o olhar também é sinal de mentira

O desejo de descobrir mentirosos realmente gera muitas mentiras. Essa é mais uma delas. Antes de repeti-la ou para desmenti-la: em diversas culturas, como a asiática, as pessoas não encaram as figuras de autoridade, como os seus chefes. Essa verdade por si só já seria suficiente para causar erros de observação. Mas não é só isso. De 24 trabalhos científicos que estudaram se o olhar nos dava pistas sobre a mentira, 23 concluíram que não.

Os bons mentirosos — e eles existem — até tiram proveito deste mito, e, por isso, devemos ter cuidado redobrado para não nos deixarmos enganar. O que sabemos é que as pessoas extrovertidas tendem a estabelecer mais contato visual e as introvertidas, menos contato visual. Pessoas muito dominantes chegam mesmo a ser intrusivas, pois miram por demasiado tempo e com demasiada intensidade nos olhos dos outros.

Mito 3: braços cruzados é sinal de que estamos na defensiva

É outro dos mitos que escutamos frequentemente. Uma forma de desconstruir essa ideia é convidar a pessoa que assim pensa a ficar em pé e manter os braços cruzados. Depois, desafie-a a posicionar a cabeça para baixo, os ombros caídos para a frente, os pés juntos e com as pontas dos dedos voltadas para dentro. Como ela se sentiria nessa posição? Triste, frustrada, amargurada; sim, na defensiva também. Agora, convide-a a mudar de postura. Os braços se mantêm cruzados; o olhar voltado para a frente e no rosto um sorriso; a cabeça erguida, ligeiramente inclinada para o lado e acenando de forma afirmativa, como se estivesse concordando com o que foi dito; pernas na largura dos ombros e com as pontas dos pés ligeiramente para fora. O que uma pessoa nessa postura está sentindo? Conforto, alegria, boa disposição e receptividade são algumas das respostas mais comuns. Com essa dinâmica, percebe-se que os braços, por si sós, não oferecem informação sobre quase nada.

A pessoa pode estar de braços cruzados e revelar conforto ou desconforto. É no padrão de comportamento que devemos focar nossa atenção. Lembre-se, o seu foco de aqui em diante deve ser no todo e não em uma parte isolada. Em alguns momentos deste livro, por questões didáticas, vamos analisar a linguagem corporal por partes. No entanto, você deve se recordar de que só podemos retirar as melhores conclusões quando observamos o conjunto da obra.

Mito 4: ficar de pernas cruzadas quando se está de pé é sinal de falta de abertura

Joe Navarro, um dos mais proeminentes especialistas internacionais na área de inteligência não verbal, no seu livro *What Every Body Is Saying* (William Morrow & Company, 2008), explica que estar em pé com uma perna à frente da outra na presença de mais pessoas costuma revelar confiança e conforto. Ele esclarece que, quando estamos nessa postura corporal, o nosso equilíbrio fica reduzido. Como há uma parte do nosso cérebro, o sistema límbico, que assume o controle quando enfrentamos situações de perigo, a mente não nos permitiria realizar uma postura que nos enfraquecesse quando nos sentimos ameaçados.

Por isso, em situações de desconforto, tendemos a estar com os pés bem balanceados, de forma que nos possibilite fugir ou atacar, e nunca o contrário. É o que acontece, por exemplo, em um elevador apinhado de pessoas desconhecidas. Nesse caso, veremos que é raro encontrar pessoas com as pernas cruzadas; pois, diante da possibilidade de termos o nosso espaço pessoal invadido por outra pessoa, seria impossível abrir o flanco e assumirmos uma posição de elevado conforto.

Então, lembre-se, quando alguém estiver em pé e com as pernas cruzadas geralmente é sinal de que se sente confortável e não que quer evitar o contato com o outro. Claro, é sempre importante observar o padrão de linguagem corporal antes de tirar qualquer conclusão. O padrão e o contexto são essenciais nesta área do conhecimento!

Mito 5: esfregar as mãos é sinal de nervosismo

As pessoas podem esfregar as mãos quando estão nervosas, mas também quando estão entusiasmadas. É preciso observar o todo. Imagine alguém que esfrega as mãos rapidamente com a face aberta, sorriso nos lábios e corpo inclinado para a frente. Tensão, nervosismo? Pelo contrário, depois de calibrarmos o "baseline" da pessoa, talvez cheguemos à conclusão de que ela está entusiasmada.

Em uma outra situação, acabamos de cumprimentar a pessoa e percebemos que as mãos estão suadas, os ombros contraídos e o maxilar tenso. Em seguida, ela esfrega as mãos vagarosamente como se quisesse limpá-las. Aí podemos compreender que há algum desconforto psicológico.

Existem muitos outros mitos no campo da linguagem corporal, assim como existem em relação ao uso da palavra e da voz, e a intenção é que, à medida que formos tratando do tema, vários deles sejam deixados de lado. Agora, precisamos resolver uma dúvida que acabamos de colocar na sua mente quando falávamos do que significava — ou não — esfregar as mãos: calibrar o "baseline" da pessoa.

"Baseline" é o comportamento padrão de uma pessoa em uma situação específica. Compreendê-lo é importante porque permite que se retirem melhores conclusões a respeito de seus comportamentos. Por isso, somos convidados a calibrar o "baseline" logo nos primeiros minutos de interação. Isso vai nos ajudar a perceber melhor a realidade emocional de cada um, o grau de conforto e desconforto psicológico em que se encontra e a existência de maneirismos, tiques e trejeitos úteis para decodificarmos o nosso interlocutor.

Por exemplo, se uma pessoa tem a mania de contrair o nariz várias vezes nos primeiros minutos que interagimos com ela, criando rugas ao redor do nariz — expressão que está associada ao nojo ou aversão —, mais à frente, quando perguntarmos se ela gosta de nós, e a resposta for sim enquanto revela rugas pelo nariz, não podemos concluir que está mentindo. Por quê? Porque ao calibrarmos o "baseline" dela nos primeiros momentos de conversa, reparamos que aquele movimento é apenas um tique. Na calibragem, limpamos expressões e evitamos interpretações erradas.

IDENTIFIQUE AS EMOÇÕES

As emoções revelam como as outras pessoas se sentem e nos permitem saber se alguém vai nos atacar ou nos apoiar. Isso acontece em conversas com conhecidos, em reuniões de negócios e em audiências públicas. Acontece em todas as relações. Até os animais têm os seus próprios códigos para revelar as suas intenções — agem diante de um inimigo de forma diferente daquela como agem quando estão frente a um elemento de seu grupo, no qual podem confiar ou que demonstra predisposição para cooperar. Os animais sabem distinguir bem quem é amigo e quem é inimigo. Isso acontece graças às suas reações emocionais instintivas.

Ora, as emoções também servem para nos proteger. São gatilhos para a ação. Dificilmente sobreviveríamos em sociedade se não tivéssemos a capacidade de identificar as emoções — a tristeza é como que um pedido de ajuda; a raiva revela que estamos nos preparando para o embate; e por aí vai.

Para entendermos melhor a importância das emoções, vamos lembrar o caso do operário Phineas Gage que sobreviveu a uma explosão. Enquanto trabalhava, uma barra de metal perfurou o cérebro de Phineas, atravessando o olho esquerdo e em seguida saindo pelo lado oposto da cabeça. Incrivelmente, após alguns momentos, ele se levantou e começou a falar. Tudo parecia estar normal, apesar do ferimento grave ao qual foi submetido. Passadas algumas semanas, quando aparentemente se recuperou, Phineas era uma pessoa diferente. Em vez de um trabalhador diligente, educado e empenhado, tornou-se uma pessoa arrogante, mentirosa, com hábitos extravagantes e que se comportava de forma antissocial.

Qual foi a razão da sua mudança de atitude?

Ele deixou de entender o significado das emoções porque sofreu uma lesão em uma área específica do cérebro. E isso teve um impacto negativo na forma como passou a se relacionar com os outros. Phineas já não era capaz de estabelecer relações sociais, o que o excluiu de todo o espectro de relações humanas, inclusive no trabalho.

Compreendermos e respondermos com emoção são fundamentais para que consigamos estabelecer laços afetivos com as pessoas que nos rodeiam. Sem essa competência, é praticamente impossível atingirmos o sucesso que almejamos.

Sem emoções, não seríamos nada além de máquinas!

Se as emoções são assim tão importantes, como é que percebemos o que os outros sentem para além das suas palavras?

Bem, essencialmente por meio da análise do comportamento não verbal.

Por exemplo, quando entramos sozinhos, pela primeira vez, num lugar novo que está cheio de gente, para onde olhamos em primeiro lugar? Para os rostos das pessoas, provavelmente! E sabe por que isso acontece? Porque aprendemos muito cedo a perceber se as pessoas se sentem bem ou se estão furiosas analisando o rosto delas. É um mecanismo de sobrevivência. Quando éramos bebês, e provavelmente já não nos recordaremos disto, distinguíamos as expressões faciais e reagíamos a elas de forma diferente — ou abrindo a boca ou mostrando a língua ou pressionando os lábios um contra o outro. Os bebês reagem também quando são mostradas fotografias de diferentes expressões faciais, como o sorriso ou uma testa enrugada.

Basicamente, as emoções podem se manifestar na face de uma pessoa de duas formas:

Macroexpressão, que envolve toda a face e demora entre meio segundo e quatro segundos para se manifestar. Surge quando não temos motivos para esconder aquilo que sentimos.

Microexpressão, que são contrações rápidas e automáticas dos músculos da face, e acontecem em menos de meio segundo e revelam emoções ocultas. As microexpressões surgem quando queremos ocultar o que sentimos.

Agora que já conhecemos as duas formas essenciais como as expressões se manifestam no rosto, vamos compreender melhor os tipos de expressões faciais básicas. Existem sete expressões que já nascem conosco e costumam ocorrer nas diversas culturas — atenção ao que dissemos: *costumam ocorrer* nas diversas culturas.

Até algum tempo atrás, falávamos em expressões universais; hoje, falamos em tendencialmente universais. Precisamos considerar que os estudos científicos, para explicar de uma forma bem simples, são uma escolha forçada. Ou seja, mostra-se um conjunto de fotografias a uma comunidade qualquer e se pede que as pessoas identifiquem as expressões e as coloquem dentro de caixas que significam tristeza, surpresa, alegria etc. As pessoas escolhem forçadamente. Havendo escolha forçada, a ciência é muito convincente em dizer que existe universalidade ou uma tendência universal. Mas, se não houver as caixas, e mostrar as fotos para grupos da Papua Nova Guiné, do Brasil ou do Japão para que digam que expressões são aquelas, a confusão começa. Um diz que é surpresa, o outro fala em tristeza, e a falta de sintonia se faz. Por isso, dizemos com cautela que as expressões são "tendencialmente universais".

Precisamos perceber que pode ainda haver alguma aculturação. E aqui vai um exemplo bem simples: o pai, quando estava refletindo, colocava as sobrancelhas para baixo — era a forma como manifestava reflexão. Quando criança, o filho tem aquela expressão como uma referência e passa a copiá-la nos momentos de reflexão. Na vida adulta, percebe que as pessoas se afastam toda vez que coloca as sobrancelhas para baixo. O que para a família expressava pensamento, atenção e reflexão, para os demais era raiva.

Há muitos estudos que apontam que, de fato, são sete as expressões que costumam ocorrer em todas as culturas. A psicofisiologia mostra que são as mesmas áreas do cérebro que se ativam quando fazemos as expressões e isso é comum a todos os seres humanos. As pesquisas de cunho mais biológico apontam também para a versão universalista. Mas sempre com abertura para perceber que a pessoa tem as suas idiossincrasias, a sua forma de estar.

Do ponto de vista evolutivo, as sete expressões emocionais básicas são decorrentes da comunicação ancestral dos primatas. Os evolucionistas afirmam que tanto os macacos de hoje como os seres humanos têm um ancestral comum. Há 7 milhões de anos, o continente africano era habitado por um tipo de primata que veio a dar origem tanto ao ser humano como aos chimpanzés. Assim, já compreendemos melhor porque estas expressões faciais básicas nascem conosco.

Podemos perguntar: por que as expressões que os nossos antepassados primatas faziam são importantes hoje?

Imaginemos que queremos comprar um carro. O vendedor diz que o carro tem um motor excelente, tecnologia de ponta, que é superseguro; no entanto, sentimos que algo está errado. Se tivéssemos que decidir, confiaríamos mais nas palavras ou na linguagem corporal do vendedor? Nesse caso, como não estamos confiando no vendedor, suas expressões faciais, linguagem corporal e voz provavelmente vão falar mais alto. De forma mais ou menos consciente, sabemos que continuamos a demonstrar aquilo que sentimos por meio da nossa face.

Então, se estivermos numa negociação e a outra pessoa nos demonstrar uma microexpressão de desprezo, percebemos que a nossa proposta pode não atender às suas expectativas. A outra pessoa comunicou, com as suas expressões faciais, aquilo que não disse em palavras — nem se apercebeu. É por isso que são importantes porque nos dão informações sobre o que a outra pessoa está sentindo.

No caso da microexpressão, podemos dizer que as pessoas querem ocultar aquilo que sentem, ainda que de forma inconsciente. Por isso dizemos que as pessoas estão secretamente alegres, se demonstram alegria na face, ou secretamente tristes, se revelam uma microexpressão de tristeza. No caso da macroexpressão, a pessoa está alegre ou triste e se sente tranquila em demonstrar essa emoção. É o caso da festa de aniversário surpresa que um dia organizaram para você. Possivelmente, você ficou genuinamente feliz e demonstrou com um sorriso também genuíno. Ou não?

AS SETE EXPRESSÕES BÁSICAS

As expressões básicas foram inicialmente descobertas pelo professor Paul Ekman, uma das mais altas referências nesta área; e vamos descrevê-las tendo por base a frase: "A linguagem corporal revela o que as palavras escondem."

1. Alegria

É a emoção mais desejada. Aqui falamos de alegria e de todo um conjunto de emoções positivas, incluindo: aceitação, aprovação, prazer e entusiasmo. Geralmente gostamos de estar rodeados de pessoas que nos fazem sentir bem. Quando sorrimos e fazemos os outros sorrirem, espalhamos um clima positivo à nossa volta. Fazer isso não é fácil, pois o nosso cérebro está programado para ver o que está mal — foi assim que sobrevivemos ao longo do tempo —, e não tanto aquilo que está bem. Por isso, é que só existe uma emoção básica marcadamente positiva entre as sete relacionadas: a alegria. Porém, é possível transformar nossos hábitos à medida que estamos mais conscientes acerca das nossas emoções e das dos outros.

Sorrimos para demonstrar que concordamos, ou que gostamos de alguém, esperando receber, também, um sorriso de volta.

A expressão da alegria é um sinal crucial nas reuniões de negócios porque nos permite saber quando alguém aprova a nossa proposta ou projeto, mas também na nossa vida pessoal para sabermos melhor aonde o nosso parceiro íntimo quer ir jantar.

Na macroexpressão de alegria genuína, a boca fica rasgada de orelha a orelha, as bochechas tornam-se bem visíveis e as pálpebras apertam uma contra a outra formando rugas nos cantos dos olhos. No caso da microexpressão, podemos observar os cantos dos lábios subirem e descerem com simetria, ao mesmo tempo, de forma muito rápida.

2. Desprezo

A palavra desprezo é sinal de superioridade e sarcasmo. Pode ser ilustrada com a ideia do "eu é que sei", ou seja, surge quando estamos em posição de autoridade ou acima do nosso interlocutor. O desprezo é a única emoção assimétrica, pois só um dos cantos da boca é que sobe. Cuidado para não se iludir: quando observamos esta expressão no outro enquanto falamos, geralmente não se trata de um sorriso, mas de um sinal de superioridade.

Essa expressão também pode revelar orgulho — no caso de um jogador que escuta o hino nacional ou de um empresário que fala acerca das suas conquistas. É uma expressão semelhante ao desdém, que é uma mistura de aversão e desprezo.

Quando observamos esta expressão na face do outro no decorrer de uma reunião de negócios, o melhor é passarmos o poder para o outro lado e perguntarmos como pode ser melhorada a proposta de forma justa para ambas as partes.

No plano pessoal, essa é uma das expressões que mais podem prejudicar um relacionamento. Num relacionamento íntimo, por exemplo, quando observamos esta expressão na face da outra pessoa, é um sinal de que é necessário a relação ser reequilibrada rapidamente. Vale chamar o parceiro para uma DR.

3. Nojo/Aversão

Sinaliza recusa, descontentamento... Vemos que a outra pessoa sente nojo quando observamos rugas à volta do nariz. Por exemplo, quando abrimos o nosso refrigerador e cheiramos o queijo rançoso que está lá há mais de seis semanas, provavelmente iremos revelar nojo, ou seja, as rugas em torno do nariz. O nojo é uma reação a um cheiro fedorento e que nos permite fechar, temporariamente, os canais olfatórios contraindo os músculos do nariz. Essa reação surgiu da evolução da espécie, uma vez que alertava os membros de uma tribo de que um alimento podre tinha sido encontrado e que não deveria ser comido.

Atualmente, a expressão de nojo ou aversão acontece, por exemplo, quando não gostamos de alguma coisa que o outro disse ou fez. No caso de uma negociação, se observarmos essa expressão, é melhor aprofundarmos a nossa argumentação sobre essa parte da proposta ou, em alternativa, modificamos a forma como estamos apresentando o produto; caso contrário, corremos o risco de perder o cliente.

4. Raiva

É uma das expressões mais marcadas. Quando observamos alguém com as sobrancelhas para baixo, os olhos arregalados e os lábios pressionados um contra o outro, ele provavelmente está sentindo uma raiva intensa.

A raiva, nas tribos, era um sinal claro de que a outra pessoa se preparava para atacar. Nos dias de hoje, as pessoas geralmente sentem raiva quando algo surge entre elas e o objetivo que querem alcançar. Se queremos manter uma relação amistosa com essa pessoa, temos que alterar algo, nomeadamente, a nossa atitude ou argumentação. Quando observamos a raiva na cara do outro, somos convidados a conceder espaço, a recuarmos, a utilizarmos gestos de palma da mão para cima e a apresentarmos diversas opções. O outro vai perceber que estamos disponíveis para cooperar e negociar.

Quando somos nós próprios que estamos com raiva, o melhor é alterarmos rapidamente essa emoção. A raiva pode nos levar a ter comportamentos demasiadamente agressivos e até violentos, dos quais podemos nos arrepender. Por isso, quando começamos a sentir raiva, somos convidados a interromper de imediato a emoção: mudar o foco da nossa atenção, a nossa linguagem corporal e o padrão de respiração geralmente é o suficiente. Se é um colega que nos desafia, podemos mudar a conversa enquanto pensamos numa situação agradável e descontraímos o corpo e a face acompanhados de uma respiração abdominal. Ao mudarmos o foco, a respiração e a linguagem corporal, a emoção também não vai demorar muito a se transformar.

5. Tristeza

É uma emoção que está próxima de outros sentimentos como a decepção e a desilusão. Uma face triste não é convidativa para uma boa conversa. Algumas pessoas demonstram essa face como padrão habitual, o que significa, provavelmente, que terão sofrido bastante na sua vida e continuam a pensar que o mundo não é o melhor lugar para elas. Pode também indicar que passam por um período de depressão. As pessoas tristes têm menos amigos e uma vida social mais pobre. Por isso, se sentimos tristeza de forma habitual, é tempo de questionarmos a nós mesmos sobre aquilo que queremos fazer de forma diferente para que possamos ter emoções mais habilitadoras. As pessoas dizem que tristeza não paga dívidas. Sábias palavras.

Existem vários sinais básicos que nos dão indicação de que alguém está triste. Os mais comuns são a parte interna das sobrancelhas para cima e os cantos da boca para baixo. Quando vemos tristeza na face do outro, convém propormos uma pausa e perguntarmos à pessoa se quer um café, um chá ou uma água. É uma forma de darmos tempo e espaço à pessoa para se recompor. Procuramos descobrir que palavras a entristeceram e, desta forma, estaremos mais perto de encontrar o que a magoou. A expressão da tristeza nem sempre está relacionada com aquilo que dissemos. A pessoa pode ter-se recordado simplesmente de alguma coisa desagradável, ou ter acabado de receber uma mensagem negativa.

Podemos também partilhar com a pessoa que a sentimos triste; no entanto, pode ser um movimento arriscado, que deve ser realizado com sensibilidade e empatia.

6. Medo

A expressão de medo tem um significado muito importante. A mensagem essencial que transmite é: "Por favor, não me faça mal, estou desprotegido." Na natureza, pode ser por vezes útil para um animal se proteger de uma agressão. Essa expressão transmite ao outro que não é preciso atacar porque estamos indefesos.

Podemos observar o medo na face do outro quando as sobrancelhas se levantam e observamos caos na testa, com rugas verticais e horizontais, e os lábios se rasgam na horizontal.

Atualmente, vemos as pessoas esconderem a expressão de medo mascarando-o com um sorriso, por exemplo. Podemos observar que, no momento em que a pessoa manifesta a expressão de medo, os cantos da boca sobem de imediato como num sorriso.

A outra possibilidade é mascararmos o medo com a surpresa. Quando sentimos receio de responder a uma questão que foi colocada e não queremos demonstrar aos outros, provavelmente vamos mascarar o medo com surpresa. Essa pode ser a resposta típica de um candidato numa entrevista de emprego na tentativa de passar uma boa impressão. Quando observamos medo no rosto da outra pessoa, devemos fazer uma pausa e aprofundar o tema explicando com cuidado os detalhes e como é sempre possível encontrar uma solução adequada.

7. Surpresa

Exprimimos surpresa quando encontramos algo que não estávamos esperando. Por isso, arregalamos os olhos para vermos melhor e abrimos a boca para respirarmos mais profundamente. Quando vemos surpresa na face do outro, é importante aguardarmos a emoção que pode surgir imediatamente:

- Medo, quando tomamos consciência de que aquilo que vemos é assustador;
- Raiva, quando algo se meteu entre nós e um objetivo;
- Nojo, quando aquilo que está para acontecer é desagradável;
- Alegria, quando alguém nos organiza uma festa de aniversário surpresa.

Por isso, já sabemos: quando observamos surpresa na face da outra pessoa, procuramos a emoção seguinte!

A GENTE SENTE, O CORPO REVELA

Desde pequenos, somos convidados a perceber se alguém se aproxima de nós com boas ou más intenções. Sabe como fazemos essa distinção? Essencialmente com base na linguagem não verbal.

Numa certa ocasião, na escola, um rapaz mais velho e mais alto, com um ar de superioridade e num tom de ameaça, pediu o pão que um jovem e franzino colega tinha levado como lanche. Quando o colega se preparava para dividir o pão, percebeu claramente que isso não seria suficiente para satisfazê-lo. E não entregar o pão por inteiro poderia lhe trazer consequências severas. Foi então que recorreu à seguinte estratégia dizendo: "Posso te dar o pão todo, mas metade tem queijo e coentro e a outra metade só tem queijo." O rapaz mais velho respondeu: "Detesto coentro, quero só a parte que tem o queijo, então" — nesse momento ficou claro que ele queria mesmo o pão todo! De verdade, o jovem recorreu à "meia mentira" para se safar, pois o pão tinha de fato queijo, o coentro era fruto da imaginação de uma criança de sete ou oito anos que tentava não ficar sem o seu lanche da manhã. Por garantia, nas semanas seguintes, o jovem passou mesmo a levar coentro no pão, misturado com o queijo-creme que a sua mãe comprava, e impedia qualquer rapaz mais velho de se aventurar no lanche alheio sem que ao tentar separar o coentro ficasse com os dedos todos sujos e pegajosos. Está evidente que o jovem, além de ter criado o melhor lanche "antirroubo" que poderia ter imaginado, ficou adepto de coentro que, ainda hoje, utiliza frequentemente quando cozinha.

Mais do que a estratégia infantil para escapar do que chamamos atualmente de bullying, a história contada, baseada em fatos, reforça a tese de que é a leitura da linguagem corporal que nos permite estar mais preparados para o que vai acontecer, ainda sem a outra pessoa ter pronunciado uma palavra.

Então, vamos partilhar, agora, a linguagem corporal das emoções básicas que vimos anteriormente com base no livro *Inteligência emocional: Aprenda a ser feliz* (Queiroz, 2014).

A ALEGRIA surge, habitualmente, quando alcançamos um objetivo. Serve para nos motivarmos para o futuro. Podemos ver a alegria no corpo das pessoas quando a cabeça está inclinada para o lado; há expansão no corpo (exemplo: peito para fora, braços para fora conquistando espaço) e movimentos para cima que desafiam a gravidade (braços para cima, pé para cima, polegares para cima etc.). Há movimentos que ilustram (sublinhar com o dedo, polarizar etc.); rápidos e com energia; abrir e fechar as mãos; e saltos.

Quando a outra pessoa sente alegria, em paralelo com a expressão facial, vamos observar diversos destes comportamentos, que devemos enquadrar com o contexto no qual a ação acontece e tendo em conta o "baseline".

O DESPREZO é, geralmente, uma consequência de o outro sentir que está um nível acima e querer transmitir superioridade moral. Os movimentos corporais do desprezo são os que estão menos estudados; no entanto, é importante destacar um em especial, que consiste no revirar dos olhos. Geralmente, podemos observar esse comportamento nos adolescentes quando os pais interagem com eles. No desprezo, a pessoa tende a virar-se de lado, inclinar a cabeça e a olhar de cima para baixo, dado que a pessoa está se sentindo o rei do pedaço ou por cima da carne-seca, para explorar duas expressões bem populares!

É habitual observarmos NOJO/AVERSÃO nos outros quando algo cheira mal ou quando existem situações ou ideias ofensivas. O objetivo dessa emoção é ajudar as pessoas a se afastarem daquilo que lhes causa repulsa. Podemos observar aversão quando vemos o corpo e a cabeça se desviarem, as mãos taparem a face e o corpo, as mãos abanarem para os lados à frente do rosto e o corpo se projetar para trás.

Quando observamos a RAIVA no outro analisando a face e o corpo, significa que a pessoa sente que existe um obstáculo à concretização de um objetivo, ou percebe uma injustiça. Os sinais corporais da raiva são: cabeça projetada ligeiramente para baixo, expansão (exemplo: pernas bem afastadas), projeção do corpo e dos braços para a frente, punhos serrados, pés firmemente assentados no chão.

A TRISTEZA é um pedido de ajuda e de recuperação de recursos. Nesse momento, podemos ver a tristeza na face e no corpo da pessoa. Quando alguém sente que perdeu algo, a tristeza emerge. Podemos observar a tristeza no corpo da outra pessoa quando a cabeça está caída para baixo, ou apoiada nas mãos, movimentos quase ausentes ou movimentos lentos.

Sentimos MEDO quando algo ameaça o nosso bem-estar físico ou psicológico. Essa emoção tem o objetivo de evitar a ameaça e reduzir os danos. Podemos observar o medo no corpo dos outros por meio dos seguintes comportamentos: tronco projetado para trás, braços dobrados em frente do corpo, pernas e mãos trêmulas e os ombros tensos projetados para cima.

A SURPRESA surge quando novos objetos e circunstâncias aparecem de forma inesperada. O objetivo é obtermos mais informação sobre o que está acontecendo. A surpresa manifesta-se com os braços estendidos ao lado do corpo, mãos abertas e dedos separados ou mãos tapando a boca com os olhos arregalados.

Agora que conhecemos os sinais das emoções básicas tanto na face como no corpo, temos à nossa disposição um dos recursos mais práticos e eficazes para compreender melhor os outros. Porém, é necessário praticar, praticar e praticar. Uma forma de treinar essas percepções é assistir à televisão, mesmo que sejam 15 minutos por dia, de preferência ver debates políticos e esportivos. Quando observamos pessoas debatendo, existe maior possibilidade de notarmos as expressões faciais e os movimentos corporais mais ativos.

António Sacavém
O que é uma comunicação eficiente e poderosa?

"Esse tema traz a questão da integração dos diversos canais de comunicação. É uma comunicação que envolve congruência entre aquilo que eu digo e o que o meu corpo manifesta. Portanto, quando minha expressão corporal é congruente com a minha fala, a comunicação é mais eficiente. Quando o que eu digo está adequado à pessoa, adequado ao contexto, torna-se ainda mais eficiente. O problema surge quando eu digo uma coisa, mas o meu corpo não acompanha, ou me desmente, ou não há essa congruência entre as palavras e a linguagem corporal. Aí, de fato, a mensagem perde-se, cria confusão e fica pouco eficaz."

Como ser coerente no vocal, verbal e não verbal?

"A mensagem verbal me conecta com o cérebro racional. A comunicação não verbal está ligada ao sistema límbico, não entende a linguagem verbal, mas entende gestos, comportamentos e movimentos. Então, se eu estiver mais consciente do que digo e do que faço, mais congruente eu estou comigo, mais congruência vou trazer à interação e à ligação com o outro. Porque congruência atrai congruência e estresse atrai estresse. Se sentamos num ambiente muito estressante, começamos a ficar estressados. Então, essa congruência é um trabalho para a vida: ser mais próximo da imagem que tenho daquilo que é a minha essência. Nesse movimento é que se transmite de uma forma mais natural, traz-se mais autenticidade e um espírito mais genuíno à comunicação."

7. A palavra

Até aqui nossa conversa foi sobre o que a voz diz em suas diversas dimensões e o que o corpo informa em suas muitas expressões. Falamos de vocal e não verbal. De como esses recursos se realizam e devem ser traduzidos nas relações diárias. Alguém que comece a ler este livro pela metade haverá de pensar: "Sim, porque esses são os recursos que importam, aprendi que 93% da nossa comunicação são voz e corpo!" Se você ainda pensa assim, volte para o início da nossa conversa, atente-se às distorções que os estudos de Mehrabian sofreram e reavalie seu conhecimento antes de seguir em frente. Porque agora é a hora de cuidarmos da palavra. Que de tão significativa na comunicação, não deve ser aprendida com base em vieses que a coloquem em um terceiro e quase imperceptível plano.

Vamos nos dedicar à palavra. Dita e ouvida. Porque aqui há um diferencial no nosso olhar à medida que entendemos que o recurso verbal se faz, como toda comunicação, em mão dupla. Falar e ouvir são fundamentais. Para ser ainda mais preciso com a ideia e a ordem dos fatores: ouvir e falar são fundamentais! Nas nossas interações, a maneira como se escuta já é uma forma de expressão. Além das palavras, comunicamos pela escuta, pelo silêncio, pela qualidade das perguntas que fazemos, pelas anotações que realizamos enquanto o outro nos diz alguma coisa. Se concentramos nosso interesse apenas na palavra que vamos dizer, no discurso que estamos planejando, desperdiçamos o saber que está disponível no outro e tendemos a não entender nem aprender com o nosso interlocutor.

A qualidade da nossa comunicação — que tem de ser efetiva e afetiva para ser poderosa — depende da qualidade das palavras escolhidas, do nosso *storytelling*, da maneira como elaboramos as perguntas, tanto quanto é consequência de algo que aconteceu antes de abrirmos a boca: a qualidade da nossa escuta. O desafio aqui é que precisamos ir na contramão do senso comum porque, se nascemos humanos, não somos bons ouvintes. Essa ideia pode ser assustadora!

Ao longo da nossa evolução, nossa escuta foi orientada apenas para a nossa sobrevivência, para discernir o que é risco e o que é oportunidade. A escuta de ideias complexas por meio da linguagem é algo muito recente para o nosso cérebro. Assim sendo, quando nossa percepção é de risco, acionamos o primeiro nível de organização cerebral, capaz apenas de promover reflexos simples, o que ocorre em répteis e, por isso, é conhecido como cérebro reptiliano — ou instintivo, para parecer mais humano. Nele está nosso instinto de sobrevivência, responsável pelas sensações primárias como fome e sede.

Quando estamos nesse estado emocional reativo e defensivo, estamos tão ensimesmados, cheios de nós mesmos, das nossas emoções, que dificilmente temos espaço mental para escutar plenamente o outro. Mesmo que não tenhamos tantas ameaças à nossa vida como no passado — até onde sabemos, não deparamos com leões, hipopótamos e crocodilos nas ruas com frequência —, qualquer situação que nos remeta a isso em nosso contexto, que possa colocar em risco a nossa autoimagem, a nossa reputação e os nossos planos, acorda um ou mais dos três reflexos reptilianos: atacar, fugir e congelar. O interessante é que cada um deles tem seus próprios padrões de linguagem, e com um pouco de atenção conseguimos identificá-los facilmente. Chegaremos lá!

Se ouvimos pouco, aprendemos pouco — o que explica, em parte, por que nosso vocabulário é tão restrito. O que deve ser ponto de preocupação a todos que pretendam desenvolver uma comunicação eficiente. Sem repertório, torna-se mais difícil precisar o que pensamos e desejamos. Um dos maiores filósofos do século 20, o austríaco Ludwig Wittgenstein, dizia que "os limites de minha linguagem são os limites do meu mundo". Antes de ser libertação, a linguagem é uma prisão. Nosso raciocínio, nossas interações, nossa cultura, nossa visão do mundo são intrinsecamente limitados pelo nosso vocabulário, campo lexical e campo semântico. E mais: a nossa experiência de vida é limitada pela maneira como articulamos e expressamos, por meio de palavras, ideias, conceitos, propósitos ou, simplesmente, sentimentos e desejos. Quando aumentamos as palavras, aumentamos a sutileza como enxergamos o mundo e vemos quanto espaço existe para nos desenvolvermos.

Pergunte à pessoa mais próxima como ela se sente neste momento. E você ouvirá expressões que limitam o campo do conhecimento: "estou bem", "estou mal", "tô legal", "não tá fácil" — são algumas das expressões que surgem. Responda a essa mesma pergunta e, provavelmente, não ampliaremos muito nosso vocabulário. Agora, imagine se decidimos fazer escolhas mais sofisticadas. Provavelmente encontraremos palavras como "perplexo", "surpreso", "inconformado" ou "estupefato". A vida fica mais fácil de ser explicada. Nossa visão de mundo se amplia. Visão que tem a ver com a diversidade do vocabulário.

Há quem diga que a guerra nasce de problemas de comunicação. Verdade! Assim como a violência começa onde as palavras fracassam. A diplomacia internacional tem exemplos incontestes nesse sentido, mas também podemos encontrá-los no nosso cotidiano. Na pessoa que não consegue se expressar e usa a força; na criança que, ainda limitada na sua expressão, perde a paciência e chora; ou no conhecido que não é escutado e recorre à violência.

David Rock, que desenvolveu o conceito da neuroliderança e é autor de livros de sucesso internacional, certifica com seu conhecimento que, quando estamos em um estado de falta de atendimento das nossas necessidades — falamos, mas não somos ouvidos, por exemplo —, recorremos ao modo límbico. O sistema límbico, também citado como cérebro emocional, é um conjunto de estruturas cerebrais que está relacionado a comportamentos emocionais. O sistema límbico é acionado quando estamos diante de alguma ameaça. Como ele é simples e primitivo, nos permite apenas três possibilidades de resposta: lutar, fugir ou congelar. Essas respostas são muito efetivas quando estamos diante de ameaças físicas como um cachorro que corre atrás da gente ou a presença de um bandido armado. A questão é que o nosso cérebro reage igualmente também diante de uma ameaça emocional, por exemplo quando estamos no palco diante de uma plateia. Nesse estado, diz Rock, teremos atitudes que certamente nos levarão ao arrependimento, como termos um "branco" diante das pessoas ou lutando com voz alta e tom agressivo diante do nosso chefe. O objetivo, nessas situações, é migrarmos do límbico para o neocórtex — o cérebro racional —, o que se faz possível por meio da palavra. No instante em que você verbaliza o que está sentindo de modo específico e detalhado, é como se fizesse um processo terapêutico. A fala é terapêutica, ela cura — esse é o princípio da psicoterapia, da psicanálise. Traduzir o que está acontecendo com você em palavras fornece consciência sobre a situação que está sendo enfrentada. Ajuda a nos manter no presente e coloca o neocórtex em evidência.

Baseado em pesquisas da neurociência, e aplicando esse conhecimento à prática da liderança, Rock criou o modelo SCARF, em 2018, para representar os cinco "domínios sociais" que influenciam o nosso comportamento no trabalho. Ou, em outras palavras, um conjunto de necessidades que precisamos ter atendidas na nossa vida profissional. Quando isso ocorre, atuamos tranquilos e no comando pleno da situação, por meio do neocórtex, no que ele denomina SCARF positivo. Já quando uma ou mais dessas necessidades não está atendida, migramos para o domínio do sistema límbico, que Rock chama de SCARF negativo.

Vamos conhecer melhor cada uma dessas letras/necessidades:

O S é de "status" — segundo Rock, temos a necessidade de termos a nossa importância reconhecida, o nosso valor considerado.

O C é de "certeza" — precisamos de uma certa previsibilidade nas nossas ações, no nosso ambiente. Imagine receber uma mensagem do chefe do departamento pedindo que você o procure assim que chegar ao escritório. Na falta de clareza na mensagem, há uma tendência a se pensar no pior: "O que será que eu fiz?", "Deixei de entregar algo?".

O A é de "autonomia" e tem a ver com nossa liberdade de agir, de fazermos escolhas, com o nosso senso de controle sobre os fatos.

O R é de "relação", de "relacionamento" — portanto, a qualidade das relações que vivenciamos; é a sensação de segurança em relação aos outros e em relação às nossas interações.

E o F é de "justiça", que no inglês se escreve "fairness" — e tem a ver com o quão justo ou injusto sentimos que é aquilo que nos propomos a realizar ou temos de retorno no nosso trabalho.

Esse conceito é extremamente útil para, a partir da consciência do que está nos afetando em determinada situação profissional, podermos verbalizar a nossa emoção e assim conquistarmos o controle sobre nosso comportamento. Também é importante para entendermos o que está tirando o outro do sério. Marshall Rosenberg, em seu livro *Comunicação não violenta* (Ágora, 2006), afirma que toda atitude violenta é a expressão trágica de uma necessidade não atendida. Então, vale muito a pena procurarmos identificar o que pode estar faltando para o outro, e assim propormos respostas mais estratégicas.

Para tornar essas definições mais claras, vamos imaginar uma situação constrangedora no local de trabalho. O gerente retorna ao escritório depois das férias e ao entrar na sala percebe uma pessoa desconhecida fazendo parte da equipe. Isso imediatamente atinge o "status" dele: "Como assim? Na sala que eu domino, de repente, tem uma pessoa estranha?" Na sequência, essa constatação atinge a "certeza": "Não tenho mais controle sobre o que decidem por aqui?" Imediatamente surge a sensação de perda de "autonomia" porque alguém contratou um funcionário sem consultá-lo, decidiu em seu lugar. Reações que vão migrar para o "relacionamento", já que o gerente sente que perdeu a confiança na equipe. Essa perda vem acompanhada da sensação de "injustiça". Ao fim desse ciclo, aquele cenário e todos os sentimentos que surgem a partir dele estão concentrados no sistema límbico. Este é um momento impróprio para se tomar uma atitude, que tende a ser agressiva e fora do tom.

A orientação de David Rock é: pare tudo imediatamente. Verbalize o que está acontecendo com você: "Estou sentindo raiva", "estou me sentindo muito incomodado", "eu fui confrontado...", "perdi a confiança nessa turma", "que baita injustiça comigo". O Dr. Rock recomenda que essa conversa seja feita com seu melhor amigo e, se ele não estiver por perto, que você converse com você mesmo, como num monólogo. É uma autopercepção que você desenvolverá e, a partir disso, passa a tomar controle da situação porque essa verbalização aciona o neocórtex, o racional. Nessa mesma linha, quando se desenvolve essa percepção, é possível, inclusive, identificar quando outra pessoa está passando por esse ciclo e reagir a tempo de colocá-la na situação de equilíbrio ajudando a pessoa a resgatar seu status, acolhendo-a e validando o papel dela diante do grupo — considerando a história contada no parágrafo anterior.

Se conseguimos nos curar quando traduzimos o nosso sentimento, a nossa percepção ou demanda em palavras, quanto mais amplo for nosso vocabulário, mais instrumentos teremos à disposição, mais recursos estarão a serviço do entendimento, da aproximação das pessoas. Não significa que entraremos em acordo, mas aumenta nossa capacidade de compreensão; e compreender a atitude do outro, mesmo que não concordemos com ela, mesmo que jamais a aceitemos, reduz o espaço entre os diversos.

O psicólogo Luís Ernesto Meireles, que atua no Brasil, ensinou que, em sociedade, vivemos em meio a três tipos de grupos: aquele que reúne pessoas que pensam e agem como nós, e a esses chamamos de "normais"; o outro, mais amplo, formado por pessoas que ou só agem ou só pensam como nós, a quem damos o nome de "estranhos"; e, finalmente, um amplo grupo de pessoas que nem agem e nem pensam como nós, que tachamos de "insuportáveis". No instante em que decidimos nos relacionar apenas com os "normais" porque pensam, agem e, certamente, falam como nós, mais uma vez desperdiçamos a diversidade do conhecimento e limitamos nosso campo de atuação. Quando aceitamos as diferenças e nos preparamos para dialogar com os demais grupos, abrimos a porta para o infinito, entramos em contato com realidades diversas e nos expomos ao risco de nos surpreendermos com a possibilidade de haver pontos comuns entre nós, os "estranhos" e os "insuportáveis".

Esse deslocamento para dentro dos demais grupos se faz pela comunicação e essencialmente pelo exercício da escuta. Exercício! Escutar é algo que precisamos treinar a todo instante. Precisamos nos preparar! Em seu livro *Fora de série* (Sextante, 2008), o jornalista e escritor Malcolm Gladwell escreve que são necessárias 10 mil horas de prática para que uma pessoa execute determinada atividade com maestria. Quanto tempo do dia você dedica à escuta? Provavelmente, tendemos a despender muito mais esforço preparando-nos para falar. Não se sinta desconfortável por isso. É normal. Somos humanos. Mas temos de exercitar a mudança.

A executiva An Verhulst-Santos, que foi presidente da L'Oréal do Brasil até 2021, disse que um dos aprendizados da pandemia sanitária, que exigiu distanciamento físico dos colaboradores, foi incluir no diálogo corporativo, especialmente nas reuniões, a pergunta: "Como você está?" Parece impensável que antes não se fizesse isso.

A realidade é que na dinâmica do ambiente do trabalho todos são vistos pela persona profissional, a despeito da vida que se tem fora da empresa. Nas reuniões, pastas e planilhas retêm a atenção dos participantes, sem espaço para troca de vivências pessoais. Com os encontros virtuais, impelidos pela quarentena, o colega de trabalho estava inserido no seu ambiente familiar, às vezes com interferência involuntária da família e outros integrantes nem tão próximos assim — quantas foram as cenas indevidas registradas de companheiros, companheiras, filhas e filhos, além de cães e gatos e do entregador batendo à porta?

Descobriu-se que o rapaz do RH ou a moça do TI tinham uma vida além da empresa, e, assim, entendeu-se que o colega que antes sentava ao lado da sua mesa era feito de inteligência, tanto quanto de sentimentos e emoções — e descobrir quais eram esses sentimentos e emoções fazia todo sentido. An Verhulst-Santos disse, no programa *Mundo Corporativo*, da rádio CBN, em 2021:

> Nesse momento, nunca fomos tão perto das nossas equipes, dos nossos parceiros e das nossas consumidoras para ouvir suas necessidades... "Como você está?" virou algo muito importante para conectar.

Não se engane: a pergunta não foi a principal mudança de comportamento. O que realmente levou a uma nova dinâmica nas relações, o que provocou essa conexão foi o espaço criado para ouvir a resposta do outro. O "Como você está?" vinha acompanhando do silêncio para que o colega expressasse seus sentimentos e emoções. Exercitou-se a escuta ao mesmo tempo que se ofereceu oportunidade para que as pessoas ampliassem seu vocabulário: palavras como "metas", "estratégias", "*ebitda*" e "*stakeholders*" ganharam a companhia de outras antes pouco usadas como "amor", "alegria", "tristeza" e "putz, esqueci o fogão aceso".

Para a executiva que está há mais de trinta anos na multinacional francesa de cosméticos, atualmente liderando a empresa no Canadá, a forma de conversar e ouvir o outro foi uma das mudanças de comportamento necessárias para que gestores e colaboradores superassem o desafio imposto pelas restrições sanitárias. Uma mudança que permanecerá influenciando as relações com colegas, parceiros de negócio e clientes. Mesmo porque depois que se aprende a escutar descobre-se um mundo fantástico. Fora de nós e dentro do nosso parceiro de trabalho ou de vida.

Essa prática que convidamos você a exercitar costuma ser chamada pela sua forma mais simples: escuta — palavra que deriva de *auscultare* em latim, nos remetendo à intenção de inclinar a orelha, o que já nos ajuda a entender quão mais avançado é esse ato em relação a um de seus substantivos mais comuns, ouvir. Escutar é ativo, ouvir é passivo. Foi desse princípio que, mais recentemente, se criou a expressão escuta ativa. Uma redundância que se fez necessária diante do burburinho que vivemos com mais pessoas se capacitando e encontrando canais para falar, mais informação circulando e muito mais ruído sendo emitido.

A despeito de escuta e escuta ativa serem expressões que servem para sua estrita finalidade, estarem corretas e serem usadas de forma corriqueira sem causar espanto, preferimos adotar outro termo, cunhado por Rubem Alves, psicanalista, educador e teólogo, em crônica de 1999 de título autoexplicativo: "Escutatória." O trecho mais lido e reproduzido dessa crônica de seis parágrafos e 1.386 palavras é o que introduz o pensamento do autor:

> Sempre vejo anunciados cursos de oratória. Nunca vi anunciado curso de escutatória. Todo mundo quer aprender a falar. Ninguém quer aprender a ouvir. Pensei em oferecer um curso de escutatória. Mas acho que ninguém vai se matricular.

Dali para a frente Rubem Alves, referendando outros pensadores e compartilhando experiências próprias, nos proporciona uma viagem pela arte de escutar, entregando em nossas mãos, no destino final, o que podemos definir como as leis máximas da escutatória. É uma jornada curta e, ao mesmo tempo, profunda sobre o escutar, que o autor considera complicado e sutil. Para ele, parafraseando Alberto Caeiro, heterônimo criado pelo escritor português Fernando Pessoa, "não é bastante ter ouvidos para se ouvir o que é dito. É preciso também que haja silêncio dentro da alma".

E segue:

> ... a gente não aguenta ouvir o que o outro diz sem logo dar um palpite melhor, sem misturar o que ele diz com aquilo que a gente tem a dizer. Como se aquilo que ele diz não fosse digno de descansada consideração e precisasse ser complementado por aquilo que a gente tem a dizer, que é muito melhor.

A escutatória, aprende-se no texto de Rubem Alves, respeita o pensamento do outro e dá o direito ao silêncio como reverência ao que foi dito. Digo, sem falar, que "estou ponderando cuidadosamente o que você falou".

Inspirados pelo mestre, desenvolvemos esse conhecimento e passamos a entender que, claro, a escutatória é feita da preocupação de escutar mais e melhor. Para que isso se concretize, devemos entender que não se escuta apenas com os ouvidos, mas com o corpo inteiro. O comportamento da escuta exige uma postura de abertura, curiosidade e atenção plena. É verbal e não verbal.

Além de calar nossas vozes internas e externas, ainda precisamos abrir um espaço de liberdade para que o outro expresse o que tem para dizer; precisamos fazer com que o outro se sinta escutado com uso das nossas provas de escuta; e precisamos reaprender a conduzir a nossa fala com foco e de maneira a sermos escutados.

Conta-se que Mahatma Gandhi pediu carona ao filho para dar uma aula em uma cidade próxima onde era professor, na África do Sul. Enquanto Gandhi cumpria seu compromisso, o filho levaria o carro para revisão em uma oficina mecânica. Encerrada a aula, o filho não havia voltado. Após uma hora, Gandhi, preocupado, fez contato com a oficina e soube que o carro já havia sido liberado cedo, até porque a oficina estava bem tranquila naquele dia. Não teve outra opção senão esperar, aflito e sob o sol escaldante da África do Sul. Mais de uma hora depois, o filho reapareceu sorridente e em perfeita saúde. Gandhi ficou aliviado e sua reação foi inspirada e inspiradora. Em vez de reclamar ou usar perguntas como "por que você atrasou?" ou "onde você estava?", que colocam o interlocutor no "banco dos acusados", ele fez perguntas simples e poderosas pela sua neutralidade: "o que houve?", "o que aconteceu?". A elas, o filho respondeu: "A oficina estava lotada e só agora consegui me liberar." Gandhi percebeu que o filho estava mentindo e mesmo assim evitou a confrontação: "Tudo bem, pode voltar de carro, eu vou a pé; eu sei que vou demorar três a quatro horas, e esse é o tempo que eu preciso para entender o que eu fiz para que você não me conte a verdade."

Fato ou lenda, a história reflete o comportamento de um homem que assume que também tem responsabilidade pela fala do outro. Assume que não basta estar na escuta, ainda é preciso abrir um espaço de liberdade e confiança para que as pessoas falem sem receio ou preguiça — coragem que poucos temos. Um convite para pensarmos quantas vezes pessoas faltaram com a verdade conosco por medo de nossas reações automáticas, por receio da nossa tendência de rebater e impor a nossa visão. Tinham medo de serem julgadas ou se sentiam constrangidas pela distância imposta e pelo respeito à hierarquia social ou familiar. Fenômeno que ocorre com frequência dentro das empresas, em que executivos se sentem cada vez mais isolados enquanto ascendem profissionalmente. Quanto maior o posto, maior o risco de só ouvir o que se quer ouvir, porque ninguém se atreve a pensar e falar diferente. Todos têm medo de arriscar e tendem a se calar. Ou se ouve só o que agrada ou, pior, se é condenado ao ostracismo do cargo. Quem tem autoridade herda a responsabilidade de abrir um espaço de segurança psicológica para que as pessoas se expressem genuinamente.

Voltando mais uma vez a Rubem Alves e sua crônica da escutatória: "Comunhão é quando a beleza do outro e a beleza da gente se juntam num contraponto." A beleza à qual se refere o escritor é a de escutar o outro a partir do silêncio que fazemos diante da palavra ouvida. É uma pena que geralmente não seja assim que a banda toque. O barulho é trilha sonora dos nossos diálogos, com a tendência de o som emitido por aquele que tem mais poder se sobrepor — e lá vamos nós mais uma vez desperdiçar a riqueza que se expressa quando duas pessoas e duas histórias se encontram.

ESCUTAR MAIS E MELHOR

Diz o provérbio chinês:

> Se dois homens vêm andando por uma estrada, cada um com um pão, e, ao se encontrarem, trocarem os pães, cada um vai embora com um. Se dois homens vêm andando por uma estrada, cada um com uma ideia, e, ao se encontrarem, trocarem as ideias, cada um vai embora com duas.

O que não diz o provérbio, mas deve considerar, é que as ideias, para serem trocadas, exigem escuta plena: silêncio, provas de escuta, perguntas abertas e palavras apropriadas, fatores que enriquecem o diálogo. E nos oferecem uma série de melhorias a partir da observação e escuta de milhares de conversas em reuniões empresariais, negociações, cursos e palestras.

Ganha-se qualidade e bem-estar, como ocorreu em uma organização de call center na qual o programa educacional de escutatória foi aplicado. Nas empresas de atendimento ao cliente, não basta fazer da comunicação uma ferramenta de satisfação das pessoas que são atendidas. Diante da carga de trabalho e pressão que esta relação gera, a comunicação assertiva e não violenta contribui para diminuir o estresse e desenvolver a autoestima dos funcionários, que geralmente são jovens em início de carreira e ainda em processo de amadurecimento profissional.

A escutatória também nos possibilita ganhar tempo. Na implantação do programa em um centro de atendimento que realiza milhares de negociações diariamente, redesenhou-se o planejamento da conversa dos atendentes com os clientes: deixou de ser sobre o que queremos falar e passou a ser sobre o que queremos ouvir do cliente. Com o uso de perguntas abertas e provas de escuta, um dos principais indicadores de desempenho do setor, o TMA (Tempo Médio de Atendimento), quase que contrariando a intuição, diminuiu ou ficou igual. Além dos efeitos colaterais: os atendentes se sentiram mais empoderados e nunca receberam tantos elogios.

O foco também é uma vantagem. Ao se ouvir melhor, direciona-se a conversa de um jeito mais eficaz. Pergunta-se melhor! E a qualidade da pergunta provoca a qualidade do foco. É preciso estar atento de onde vem a conversa e para onde vai, somente assim saberemos fazer a pergunta precisa para que o diálogo não fuja de sua trilha.

Ganha-se engajamento e colaboração. Joanna Barsh, fundadora da McKinsey e pesquisadora na área da liderança, disse em um evento no Brasil, em 2017, que "liderança é escuta radical!". Estudo da Harvard Business Review sobre colaboração sustentável, em 2019, indicou como primeiro pilar: "Ensine as pessoas a escutarem e não a falarem." E por que todos esses pensamentos migram para a escutatória? Porque permite que as pessoas compartilhem propósitos em comum quando trabalham juntas e de forma mais colaborativa.

Ganha-se autoridade com a escuta. Líderes eficientes não tomam decisões precipitadas, fazem o que dizem e dizem o que fazem; sobretudo, acolhem a história do outro. São bons ouvintes para escutar os anseios e aspirações de suas equipes. Entendem que, para que a pessoa escute o seu argumento, é preciso antes ter dado uma prova de escuta. A comunicação obedece a lei da reciprocidade, é preciso dar para receber, fazer com que o outro se sinta escutado para que ele escute de volta. Dean Rusk, secretário de Estado americano de John Kennedy e Lyndon Johnson, reconhecido por suas habilidades de liderança e negociação, ensinou: "A melhor maneira de convencer os outros é com as suas orelhas escutando-os. As pessoas são cem vezes mais convencidas pelas suas próprias palavras do que pelas nossas." Para isso é preciso haver uma escuta atenta, pois o argumento ganha força.

Finalmente, conquistamos a liberdade. Apesar de o senso comum ensinar que, entre ser feliz e ter razão, dê preferência à felicidade, a escutatória revela que é possível ter os dois: a experiência libertadora da assertividade permite acolher sem necessariamente concordar, assumir sem se culpar e se posicionar mantendo a qualidade da relação com o seu interlocutor. Imagine quantas falas, feedbacks, opiniões deixam de ser expressadas pelo nosso receio de prejudicar a relação, pela nossa preguiça em sustentar a nossa posição, ou ainda porque abrimos mão da nossa razão para sermos felizes. Perceber que existe um caminho que o permite ser feliz sem abrir mão do seu ponto de vista é altamente libertador. Quando escuto, escolho conscientemente. E consigo escolher o tópico mais favorável para prosseguir a conversa ou a negociação da maneira mais produtiva. Quando não escuto atentamente, é o meu automático que escolhe, meu cérebro emocional, e não é raro se arrepender daquilo que falamos na precipitação. Uma frase do psiquiatra Viktor Frankl nos lembra que "entre o estímulo e a resposta existe um espaço. Nesse espaço está o nosso poder de escolher a nossa resposta. Em nossa resposta reside o nosso crescimento e nossa liberdade". O estímulo é a fala do nosso interlocutor, o espaço é a inspiração e a pausa que fazemos para escolher a nossa resposta.

ESCUTA-SE MENOS E PIOR

Com tantas conquistas que temos à disposição, a partir da prática da escutatória, uma questão se expressa em alto e bom som: por que, ainda assim, escutamos tão pouco e tão mal? Lamentamos informar: a culpa é sua! Sua, nossa, do ser humano. Nosso hardware para escutar é defasado, pré-histórico, e não dá conta do mundo acelerado de hipercomunicação. Como já escrevemos anteriormente, somos todos naturalmente limitados para escutar uns aos outros. E se repetimos essa afirmação é porque a redundância é um dos recursos disponíveis para que o outro perceba o que temos a dizer. O outro, nesse caso, é você! O nosso conjunto audição-cognição não está preparado para lidar com a complexidade e multiplicidade da linguagem. Para que toda a responsabilidade sobre escutar menos e pior não recaia sobre nós, vamos compartilhar a culpa com um aspecto sistêmico relacionado à degradação da atenção na sociedade contemporânea.

Escutar é complicado porque envolve quatro processos simultâneos que interferem na qualidade de absorver uma mensagem e a neurociência nos lembra que somos monotarefa:

1. A escuta externa cognitiva ou verbal: o que o outro está dizendo;
2. A escuta externa emocional ou não verbal: as emoções e intenções do outro que chegam até nós pelas macro e microexpressões do nosso interlocutor;
3. A escuta interna cognitiva: nosso raciocínio e foco, bem como os argumentos e as justificativas que vamos organizando mentalmente em resposta à fala do outro;
4. A escuta interna emocional: nossas emoções, necessidades e intuições.

Em meio a essa cacofonia de ruídos, internos e externos, escutar mais e melhor é uma escolha que precisamos fazer porque vai exigir trabalho, atenção, foco e resiliência. Precisaremos esvaziar a mente de julgamentos, interpretações pessoais e autodefesa. O problema é que, como organismos vivos, somos resultado de milhões de anos de evolução, durante os quais o cérebro exercitou uma maneira binária de escutar para que pudesse sobreviver, classificando tudo o que se ouve em duas categorias: risco ou oportunidade. Toda vez que se percebe um risco, reagimos por meio de um dos três reflexos: atacar, fugir ou congelar. Falamos sobre isso e prometemos que voltaríamos ao tema porque cada um desses reflexos pode ser reconhecido por intermédio de padrões de linguagem que, embora sejam naturais, não são necessariamente os mais eficientes do ponto de vista da comunicação:

- A tendência natural de querer ter razão (atacar/defender)

O problema não é ter razão, mas a maneira como agimos quando queremos ter razão. A oposição em comunicação acontece cada vez que nos posicionamos antes de levar em consideração a posição do outro. Ou seja, quando não damos provas de escuta antes de nos posicionarmos. Não adianta argumentar quando o outro não escuta; e é preciso ter ingredientes que nos façam falar de maneira assertiva. Lembrando que ter uma comunicação assertiva é ter a habilidade de dizer o que sentimos e queremos a qualquer pessoa, em quaisquer circunstâncias, mantendo a qualidade da relação. Diante dessa tendência, costumamos usar expressões como "entendo" e "compreendo" que não são provas de escuta. Precisamos expressar *o que entendemos e compreendemos*, e, sempre que possível, reusando as palavras exatas do nosso interlocutor.

- A tendência natural de querer pensar pelo outro (congelar)

Há uma certa arrogância em imaginar que possamos entrar na cabeça do outro. É natural agir assim porque somos seres sociais dotados de sensibilidade, empatia e neurônios-espelho. Nosso subconsciente coleciona experiências de tal forma que saiba como reagir de prontidão. E alimenta nossa capacidade de ter intuições, que usamos para saber como o outro se sente e construir o vínculo social. Muitas vezes, corremos o risco de parecer invasivos, de sobrepor a nossa história ou ainda de competir pela dor ou pela emoção do outro. A empatia não é adivinhar o que o outro sente, *é expressar o que se sente* diante da história do outro.

Na maioria das vezes, temos certeza do que queremos e sentimos, mas pouco sabemos sobre os desejos e sentimentos do outro. Esse é um espaço sagrado, reservado a psicólogos, psiquiatras e psicanalistas. Então, em lugar de dizer "imagino o que você está passando" com a intenção de se mostrar solidário ao outro, prefira a forma genuína e verdadeira do "não consigo imaginar o que você está passando".

Ao tentar entrar no mundo alheio, criamos inferências e provocamos desconforto. Muito mais produtivo é esgotar sua escuta, se interessar pelo outro, levantar o mapa mental do seu interlocutor e, só depois, se for necessário, recorrer à sua própria história.

- A tendência natural de se diminuir (fugir)

Há situações em que nos diminuímos porque nos sentimos intimidados pela outra pessoa, seja porque ela está em um nível social ou hierárquico superior, seja porque a admiramos muito. Por outro lado, muitas vezes, até sem perceber, usamos padrões de linguagem que acabam nos diminuindo. Temos a tendência de enaltecer o nosso interlocutor e nos colocarmos abaixo dele acreditando que ganhamos a sua simpatia e esquecendo que a bajulação não compra cooperação. Isso acontece cada vez que entramos no modo de gerenciamento de relação. Quando estamos preocupados com a opinião do outro, com a qualidade da relação, e procuramos que o outro fique com uma boa impressão nossa.

Nessas situações é comum recorrermos a palavras no diminutivo, explorarmos em excesso as justificativas, exagerarmos nos pedidos de desculpas, na bajulação e nos agradecimentos desnecessários.

O uso da impessoalidade também faz parte dessa tendência, que é quando evitamos nomear precisamente o sujeito da ação nas nossas falas, o que provoca uma sensação de indefinição, confusão ou até desconforto pelo prisma de quem ouve. É comum dizermos "você tem de ter uma nota acima de oito no próximo exame", ou ainda "seria importante que você tivesse uma nota acima de oito no próximo exame". Nessas duas afirmações, não está explícito para quem seria importante que o outro tirasse uma nota mais alta ou quem entende que o outro "tem de" tirar uma nota mais alta.

Para que não fique dúvida e haja transparência com o seu interlocutor, prefira algo como "na minha visão é importante que você tire nota acima de oito" ou "eu preciso que você tire uma nota acima de oito". Uma alternativa para manter a clareza é usar fatos combinados ou uma normativa externa. Por exemplo: "para que você seja admitido, você precisa ter uma nota acima de oito."

Dentro desta mesma perspectiva, temos de ter cuidado com o uso da terceira pessoa do plural. Frequentemente, recorremos ao "nós" de maneira falsa. Substituímos a primeira pessoa do singular para atenuar a firmeza do pedido. Os gramáticos chamam de plural majestático, costume que surgiu no passado sobretudo no discurso de soberanos e papas com a intenção de diminuir a distância que os separava do povo ou revelar modéstia ou humildade.

É provável que você já tenha ouvido seu superior dizer "nós precisamos resolver a questão do atraso", apesar dele saber que o atraso é do outro e, possivelmente, não estar se incluindo na busca desta solução. Isso torna a situação mais confusa, pois mistura as responsabilidades. De verdade, o superior queria ter dito "eu preciso que você resolva a questão do atraso". Não o faz por entender que soa firme demais.

É possível, porém, deixar de lado o recurso da impessoalidade sem o risco de a mensagem ser percebida como agressiva. A língua portuguesa é muito rica, nos oferece uma variedade enorme de vocábulos e vale a pena nos apropriarmos deles: "por gentileza, qual a possibilidade de você resolver ..." ou "fiquei curioso, como você vai resolver ...", ou "o que você precisa para resolver... "qual é o seu plano para resolver esta questão do atraso".

A propósito, se a ideia é genuína e o "nós" é verdadeiro, prefira "você e eu" ou "a equipe e eu". Ninguém terá dúvida de que você está plenamente envolvido na busca da solução.

* * *

A identificação dessas três tendências — com diferenças tênues que permitem que determinadas falas esbarrem em uma ou outra, talvez em duas — resultou da observação e escuta de diálogos nos mais diversos ambientes. O que levou, também, a uma percepção de que, em comunicação, a intenção não é suficiente — nunca ouviu o ditado "de boas intenções o inferno está cheio"? Muitas vezes as pessoas têm intenções puras e genuínas e mesmo assim provocam uma reação defensiva ou resistência de seus interlocutores pela maneira que se comunicam. Tendem a não responder àquilo que falamos, e sim ao jeito que falamos.

Ao mapear e sistematizar essas interações, foi possível separar, de um lado, os padrões de linguagens cooperativos — que provocam aproximação e chamaremos de sinais verdes da comunicação — e, do outro, os não produtivos — que provocam resistências e chamaremos de sinais vermelhos da comunicação.

Existe uma conexão íntima entre padrões de linguagem, comunicação, comportamento e qualidade das relações. Há padrões que nos convidam a escutar e outros que nos colocam na defensiva. Essas tendências atrapalham porque o efeito da comunicação, nesses casos, não reflete nossa intenção genuína. Ninguém quer — ao menos é no que acreditamos —, conscientemente, atropelar o outro, mostrar que o outro está errado cada vez que tiver uma opinião diferente, ou, ainda, se diminuir; entretanto, é exatamente isso que ocorre incessantemente na comunicação, como resultado de nossa programação para a sobrevivência.

As tendências vermelhas se manifestam sobretudo quando estamos em uma espécie de modo automático: estamos ouvindo, mas não escutando. Para que a comunicação produtiva ocorra, precisamos identificar essas tendências em nossos comportamentos e atitudes e trabalhar para que elas não sejam repetidas.

Isso pede uma mudança de posturas física e mental e um esforço consciente até desenvolver um novo automático.

O fato de usarmos esses padrões de linguagem não significa que sejamos prepotentes, submissos ou que não nos preocupamos com o outro. Aqui, não nos referimos à intenção ou à qualificação da pessoa que fala e, sim, à percepção gerada no interlocutor quando ouviu determinado padrão de linguagem, o impacto sutil que possa acarretar à pessoa que escuta.

Tais padrões são ancorados na nossa personalidade, influenciam a nossa visão de mundo e a forma como nos relacionamos com o outro. Cada um deles corresponde a caminhos neurais que foram trilhados ao longo de anos em nosso cérebro, quase sempre de modo automático.

Jacques Lacan, psicanalista francês, disse que existe uma estrutura, um aparelho linguístico responsável por intermediar toda a nossa relação com o mundo que explica a nossa propensão em cair nesse efeito de repetir padrões, de narrativa em abismo, tão comum aos seres falantes que somos. Quando decidimos ajustar os nossos padrões de linguagem, optamos por uma nova relação com o mundo. Liberdade!

RESPEITE A CURVA DAS EMOÇÕES

Entender a nós mesmos é fundamental para que possamos entender o outro. A escutar e ser escutado pelo outro. Um dos caminhos é percorrer a curva das emoções que podemos identificar em nós mesmos quando alguém ou algo diz "não" aos nossos desejos e necessidades. Ou somos confrontados por um tom de voz hostil ou uma postura agressiva diante da nossa ideia. Muitos conhecem esse percurso nos ensinamentos sobre o luto, apesar de ele se fazer presente em situações bem menos complexas do nosso cotidiano. Desenvolver a capacidade de escutar em que estágio da curva das emoções está nosso interlocutor nos ajudará a saber quando ele realmente está nos ouvindo.

A curva começa com a negação (em um gráfico estaria à esquerda e no ponto mais alto do trajeto que se inicia em posição descendente). Quantas pessoas das que vivem no seu entorno, antes mesmo de pensarem na resposta para a pergunta que foi feita, iniciam a frase com um "não"? A negação é uma reação totalmente natural e humana, e ter consciência disso nos ajuda a perceber que o primeiro "não" nem sempre será definitivo, além de ser um caminho para não encarar a adversidade de forma pessoal.

Raiva ou revolta surgem na sequência, resultado do inconformismo com a situação, e podem se expressar de forma violenta ou até silenciosa, com mudança de assunto ou a fuga do local.

O medo ou a tristeza se manifestam quando a pessoa começa a enxergar o cenário considerando a nova informação. E em seguida vem a barganha com a apresentação de exigências, tentativas de chantagens afetivas ou reais, na busca de culpados — que são sempre os outros. A destacar que, até este momento, a conversa é praticamente um monólogo porque a pessoa está tão cheia de suas próprias emoções que mal tem espaço para escutar.

O ponto mais baixo desta curva é o de inflexão, quando há risco de colapso, de a pessoa cair em prantos e sentir-se impotente. Até que acontece um insight — é quando se deixa de olhar para o passado e começamos o processo de aceitação e resignação.

A curva começa a subir novamente em uma etapa que se caracteriza por uma fase de perguntas — qualquer uma que você tenha feito até então nem sequer foi considerada —, de apropriação do que ocorreu e, por fim, de engajamento em uma nova ação.

Escutar o não dito não é apenas escutar a curva de emoção do outro, também é perceber a nossa própria curva de emoção. Já dissemos e repetimos: quando duas pessoas se encontram, são duas histórias — e não raro também duas curvas que colidem uma com a outra.

Entre as lições que "ouvir" a curva das emoções nos ensina, está a ideia de que o primeiro "não" é natural, nem sempre definitivo. Deve-se respeitar o tempo psicológico do nosso interlocutor porque o nosso interlocutor não escuta enquanto está do lado esquerdo da curva. Nessa circunstância, não adianta insistir, argumentar e, vale lembrar, o bom senso da escutatória: "não fale enquanto o outro não escuta!"

Imagine que a pessoa acabou de se casar, fez alto investimento para a compra de uma casa, está se adaptando à nova fase da vida e recebe o convite da empresa para trabalhar em um cargo em outra cidade:

> Negação: "Não acredito! Isso não pode estar acontecendo agora!"
> Raiva: "Quem são vocês para decidir a vida dos outros; sem nem me consultar! Mal acabei de me casar e de me mudar! Isso não se faz!"
> Medo ou tristeza: "Meu casamento não vai resistir. E a casa que compramos?"
> Barganha: "Só vou se triplicarem meu salário e me derem passagens para voltar para casa todo fim de semana!"

Embora estejamos com muita vontade de argumentar, ainda não é o momento. É aconselhado respeitar o tempo psicológico que o outro precisa para lidar com a nova informação. Do lado esquerdo da curva, os padrões de linguagem mais indicados são aqueles de acolhimento, de forma neutra, reusando as palavras exatas do outro, evitando se posicionar. Por exemplo:

> "Realmente, você acabou de se casar e mudar para a sua casa nova, é uma mudança grande e inesperada";
> "Realmente, não consultamos você, sinto muito, foi um processo de decisão estratégico e sigiloso na empresa";
> "Sinto muito. Realmente é difícil de acreditar";

> "É natural que se preocupe, ainda mais por ser a primeira vez que você recebe uma proposta de transferência";
> "Faz sentido pedir compensações, porém o que está me pedindo não é viável. Tenho outros argumentos que vão despertar o seu interesse..."

Um dos sinais mais confiáveis de que o outro está no modo escuta é quando ele faz uma pergunta. Quando isso acontece, temos a garantia, mesmo que seja durante poucos segundos, de que ele vai escutar a nossa resposta. Cabe-nos formular respostas atraentes para que ele siga na escuta. Se a pergunta não vier, é perfeitamente legítimo provocá-la:

> "E se eu disser a você que tenho três bons motivos para que se interesse por essa nova oportunidade?"
> Ou ainda:
> "O que você acha de escutar os detalhes desta oportunidade antes de responder qualquer coisa?"

Os motivos ou os detalhes anunciados só devem ser nomeados se a pessoa perguntar quais são. Se ela não morder a isca, é porque ainda não chegou ao lado direito da curva das emoções. É tempo de retroceder para as posturas de silêncio e acolhimento e não entregar seus argumentos e justificativas. Quando a pessoa transpõe o ponto de inflexão costumam aparecer perguntas sobre o futuro:

> "Por que escolheram essa cidade?"
> "É para fazer o quê, exatamente?"
> "A quem vou responder?"
> "Qual será a minha equipe?"

Com a prática, conseguimos perceber a movimentação de nosso interlocutor ao longo da curva. Aproveite e celebre com algumas palavras cada vez que ele passa o ponto de inflexão, até para mostrar que estamos atentos:

"Que bom! Sinto que estamos evoluindo nessa conversa";
"Percebo que estamos nos aproximando";
"Sinto que a distância entre nós está diminuindo!"

Quando agimos assim, ajudamos o outro a não retroceder em seu movimento.

ESCUTE COM O CORPO INTEIRO

Acabamos de ler que não basta ficar de boca fechada para escutar, e também não escutamos apenas com as orelhas. Escutamos com o corpo inteiro por intermédio de todos nossos sentidos. Para escutar mais e melhor, é preciso unir a potência que o verbal e o não verbal nos proporcionam na comunicação. Além de palavras de acolhimento, precisamos ter uma postura acolhedora, aberta, inclinada em direção ao outro oferecendo a ideia da ausculta, que é a ação que o médico realiza para escutar os sons internos do corpo. Mas não precisamos de um estetoscópio para isso. No lugar, devemos ter o olhar conectado com o nosso interlocutor — sem ser intimidatório; o rosto sinalizando foco no que está sendo dito; e o corpo em harmonia com a nossa intenção. Um corpo que estará sintonizado com o do seu interlocutor, se sua escuta for verdadeira, genuína, reproduzindo os seus movimentos, quase como uma dança sincronizada.

Nem é preciso dizer que nada disso se realiza se seu olhar estiver contaminado pela atratividade da tela de um celular. Não há como ouvir com qualidade se a mente está sendo estimulada por luzes, cores, imagens e os efeitos sedutores das redes sociais.

Calar a voz interna dos julgamentos dará espaço à história do outro, concorde ou não com o que esteja sendo dito. Diante da dificuldade desse exercício de esvaziamento temporário do ego, temos ao menos a possibilidade de desacelerar os pensamentos, que não deixam de ir e vir, mas sobre os quais podemos ter algum controle. Nas pesquisas de comunicação produtiva, essa desaceleração dos pensamentos é o caminho para se chegar mais rápido ao resultado.

É fato que na hora de escutar mais e melhor não podemos contar com a nossa memória de trabalho, que é muito limitada. Por esse motivo, a sugestão é externalizar, fora do corpo e da mente, por meio de uma das práticas mais incríveis para o exercício da escutatória: anotar! Quando registramos, com caneta e papel, o que nos é dito, terceirizamos nossa memória e nos protegemos de uma função típica do cérebro, o descarte de informações. Um estudo da pesquisadora americana Naomi Baron, professora emérita de Linguística da American University, que comprovou a maior capacidade de memorizar informações entre leitores de livros impressos em relação à dos leitores de livros digitais, reforça que as sensações táteis ajudam nossa memória a reter informações porque tornam mais fácil para o hipocampo construir um mapa de conhecimento. Hipocampo é uma estrutura localizada nos lobos temporais do cérebro humano, considerada a principal sede da memória e importante componente do sistema límbico.

Já que anotar é preciso, anote certo: comece por registrar as primeiras palavras, independentemente de saber aonde a pessoa quer chegar. Temos a tendência de descartar essas primeiras informações. Ou de onde você acha que vem o constrangimento de nunca lembrarmos o nome ou o sobrenome das pessoas para as quais fomos apresentados? Reproduza em suas notas as palavras exatas do outro, e não a sua interpretação. Use sua escuta cirúrgica, pegue sua caneta e, como se fosse um bisturi, separe as ideias uma por linha. Anote, inclusive, suas próprias ideias — ajudarão no seu momento de fala.

Anotar não apenas lhe dará conteúdo para sua prova de escuta, mas também será uma prova de escuta explícita que você estará oferecendo ao seu interlocutor.

DÊ PROVAS DE ESCUTA

No caso dos atendentes que melhoraram seu desempenho e avaliação com o desenvolvimento da escutatória; na lição que aprendemos com o ditado chinês que leva dois homens a trocarem pensamentos; ou na inspiração provocada por Rubem Alves. Em todas essas histórias que compartilhamos com você, lembramos um conceito que é essencial na construção de um diálogo saudável: a prova de escuta. Assim como à mulher de César, Pompeia, não bastava ser honesta, haveria de parecer honesta — é o que está escrito no provérbio popular —, na escuta, não basta escutar, tem de parecer que está escutando. Dar provas!

A prova da escuta é que faz a diferença entre o caminho da confiança e da cooperação ou o do embate e da oposição. Quando falamos de oposição, não estamos nos referindo a não se posicionar contra o outro; o problema é fazer isso sem antes ter acolhido a fala do outro. A oposição (tendência natural a querer ter razão) acontece cada vez que me posiciono, que me justifico, que sobreponho a minha história antes de levar outras em consideração, ou seja, antes de dar provas de escuta sobre a história do outro.

Um diálogo em oposição:

— Eu já sabia que você não gosta de mim!
— Não é verdade! Eu gosto de você! (oposição)

Um diálogo em prova de escuta com interesse pela história:

— Eu já sabia que você não gosta de mim!
— Puxa, o que te leva a achar que não gosto de você? (sinal verde)

Um diálogo em prova de escuta com posicionamento:

— Eu já sabia que você não gosta de mim!

— Sinto muito que você possa achar que não gosto de você; por outro lado, esse assunto não tem nada a ver com o amor que tenho por você. (sinal verde)

Não existe uma maneira certa de responder, são infinitas possibilidades que permitem sair da oposição. Agora, todas compartilham o mesmo padrão. Considerando que a oposição acontece a cada vez que nos posicionamos sem antes acolher e apreciar a visão de alguém, basta respeitar o ponto de vista do outro para romper com o padrão de oposição. O desafio é acolher a fala do outro sem necessariamente concordar ou cair nas armadilhas da empatia antes de se posicionar.

Alejandro Jodorowsky, cineasta, ator e psicólogo, disse que "entre o que eu penso, o que quero dizer, o que digo e o que você ouve (...), o que você quer ouvir e o que você acha que entendeu, há um abismo". E há mesmo! E um abismo enorme o suficiente para ser preenchido por toda a angústia que toma o coração daquele que disse algo e aguarda a prova de escuta para descobrir se o dito foi compreendido. Um espaço que tendemos a preencher com palavras bem-intencionadas e mal avaliadas. Prova de escuta não é dizer que você entendeu ou compreendeu o outro (sinais vermelhos); é dizer aquilo que você entendeu (sinais verdes).

Dar provas de escuta não se trata de adivinhar ou compreender completamente o que o outro quer dizer, é apenas devolver para o nosso interlocutor o que as palavras dele provocaram em nós, e, baseado nisso, ele mesmo vai decidir se foi compreendido ou se precisa ajustar algum aspecto da comunicação.

Você escutou, anotou e está pronto para oferecer com palavras a oportunidade de um diálogo produtivo baseado nas técnicas da escutatória. Não! Ainda não! Antes de começar a falar, há um movimento vital: inspire! Como escutar requer uma suspensão do nosso raciocínio, é ao inspirar que você o retoma e evita oferecer uma resposta de bate-pronto, instintiva, visceral e imprópria.

O inspirar antes de responder nos trará vários benefícios:

- Desacelerar e sair do modo automático fazendo o upload da mensagem do cérebro límbico para o córtex pré-frontal;
- Chamar atenção do outro como efeito do minissuspense provocado pela pausa;
- Começar a falar com os pulmões cheios de ar;
- Sobretudo, ter uma resposta inspirada e inspiradora!

Outro recurso que impressiona — e que só é possível porque você praticou a escutatória durante o diálogo — é quando, diante de uma série de mensagens diferentes que precisam ser abordadas, você aciona o elevador do tempo. Com as anotações bem-feitas e as ideias identificadas pela escuta cirúrgica, você é capaz de reusar as palavras de seu interlocutor separando a fala dele em tópicos e atendendo a cada um sem tirar nem pôr. Quando você reusa as palavras exatas, é como se o pegasse pela mão e o levasse no tempo e na emoção de quando pronunciou as palavras e expôs seu pensamento.

Use as seguintes frases, acompanhadas pelas palavras exatas do seu interlocutor, convidando-o a subir no elevador do tempo:

"Quando você falou..."

"Quando você me disse..."

"Em relação a..."

"Realmente faz sentido que você ache que..."

"É natural que você diga que... "

Ao iniciar a fala "pisando" nas palavras do outro, repetindo algo que foi exposto, o outro se sente ouvido e valorizado, tendendo a adotar uma posição mais favorável à interação. Quando reutilizamos as palavras, especialmente se tiverem sido ditas há algum tempo, em uma reunião da qual você participou, em uma entrevista ou palestra, por exemplo, transportamos a pessoa de volta ao tempo e à emoção que havia sentido quando proferiu aquela mensagem. É uma forma de usar o recurso do *rapport,* que ocorre quando os corpos dos interlocutores se espelham à medida que estão sintonizados. O elevador do tempo é um espelhamento verbal que cria essa relação e, diferentemente do *rapport,* não verbal, tem a vantagem de funcionar também nas conversas remotas e assíncronas. Agora, para dar prova de escuta, não basta reusar as palavras do outro, ainda é necessário dizer o que elas fizeram em nós. O elevador do tempo é muito eficiente para desarmar nossos interlocutores, demonstrar atenção plena e respeito, produzir uma onda imediata de empatia e introduzir as provas de escuta.

LIMPE AS GAVETAS DA MEMÓRIA

Sintonizar voz, corpo e palavra potencializa nossa mensagem. Sintonizar voz, corpo e palavra com o nosso interlocutor potencializa nossas relações. O fato é que tanto uma como outra tarefa exigem esforço descomunal diante deste cenário hiperconectado no qual somos cercados por um volume impressionante de estímulos, informações e provocações — muitas vezes produzidos com o único interesse de reter nossa atenção. A nossa e a do outro. Aquele cuja atenção gostaríamos de atrair — sim, também somos espécies de caçadores de atenção.

Ou seja, da mesma forma que somos colocados a todo instante em estado de alerta para o que de novíssimo estará sendo oferecido em substituição ao novo, nosso interlocutor também estará. É preciso ter consciência de como funcionam nossos mecanismos atencionais porque a comunicação que produzimos competirá com todas as demais fontes de informação. Se não formos suficientemente interessantes, falaremos com as paredes — pior, com alguém que não se digna a tirar os olhos da tela do celular.

Os cientistas colocaram no papel a quantidade de informação que circula no mundo, seja analógica ou digital. Martin Hilbert, pesquisador da comunicação, com sua equipe da Universidade do Sul da Califórnia, chegou ao incrível número de 295 exabytes de dados ou 295.000.000.000.000.000.000 de bytes de informação. Número publicado na revista *Science* em 2007.

Para as coisas ficarem do tamanho da nossa imaginação, o jornalista Richard Alleyne, com base nos estudos de Hilbert, usou a analogia do jornal. Em 2007, todo dia uma pessoa comum produzia seis jornais de até 85 páginas com informações em comparação com apenas duas páginas e meia em 1986. Em troca, recebíamos todos os dias 175 jornais cheios de informação, quase cinco vezes mais do que em 1986. Perceba que falamos no passado porque lá se vão 15 anos desde o cálculo de Hilbert, tempo suficiente para surgir mais uma leva de canais de informação. Para lembrar: o WhatsApp é de 2009, dois anos depois.

Em outra base de cálculo, o Instituto Gartner mostrou que, em 2020, 40 trilhões de gigabytes de dados estavam disponíveis no mundo. Isso significa 2,2 milhões de terabytes de novos dados gerados todos os dias. Ainda bem que essa carga pesada é armazenada e processada em computadores — não há por que nos preocuparmos. Fiquemos com aquilo que nos cabe no cérebro.

Daniel Levitin, neurocientista americano, escreve em *A mente organizada* (Objetiva, 2015) que a capacidade de processamento da mente consciente é de 120 bits por segundo, uma banda não muito larga se considerarmos que, para compreendermos alguém que esteja falando conosco, precisamos processar 60 bits de informação por segundo. Se duas pessoas falarem ao mesmo tempo, ocorre um congestionamento. O autor conclui que não é de admirar que o mundo esteja cheio de incompreensão; pois, apesar de estarmos cercados por 7,9 bilhões de pessoas, mal damos conta de duas de uma só vez.

Ainda que estejamos convencidos de escutar o outro de maneira consciente e com foco, encontraremos obstáculos fisiológicos no meio do caminho. Nossa memória de curto prazo está limitada a cerca de trinta segundos. A não ser que tenhamos algum treinamento específico, somos incapazes de nos lembrar com fidelidade de mais do que alguns trechos do que o outro acabou de nos dizer.

Ao mesmo tempo, a neurociência demonstrou que, por maior que seja nosso esforço, jamais conseguiremos armazenar todas as informações que gostaríamos — ainda bem, porque não daríamos conta de administrá-las. Eis o motivo de, ao longo da vida, termos aprendido a terceirizá-las contando com a colaboração de um companheiro próximo ou companheira — "amor, quando foi que nós viajamos pela primeira vez para a Europa?". Guardamos o número do telefone no celular, permitimos que o Waze nos guie até a casa de um amigo, fazemos uma busca no Google e anotamos no post-it pendurado na porta da geladeira. Estratégias de sobrevivência porque não haveria mente capaz de guardar todos esses dados.

Em 1956, o psicólogo americano George Armitage Miller, que fez contribuições significativas para a psicologia e as neurociências cognitivas, especialista em linguagem e psicolinguística, escreveu um artigo sobre os limites da nossa capacidade de processar informações que, se tivesse sido publicado nos dias atuais, chamaríamos de disruptivo. A começar porque na época ainda prevalecia a ideia de que a mente não podia ser estudada cientificamente, pois não seria observável. Miller não apenas observou, e muito bem, o que acontecia dentro da nossa cabeça como se transformou em autor de uma lei que leva o seu nome. Com base em seus estudos, identificou que nossa memória de curto prazo consegue lidar com sete informações de uma só vez. Ainda nos ofereceu uma margem de erro de dois para cima e dois para baixo. De onde, então, surgiu a Lei de Miller e "o mágico número sete mais ou menos dois" (nome do estudo produzido pelo psicólogo).

É como se a memória fosse um móvel com sete gavetas que enchemos rapidamente de coisas, algumas úteis e outras nem tanto. No caso, nossas gavetas mentais são preenchidas com letras, palavras, dígitos e mais um catatau de sinais perceptíveis pela mente humana, que Miller chamou de *chunks*, ou pedaços de informação. Conforme as gavetas enchem, somos levados a descartar as quinquilharias para que possamos seguir armazenando — mesmo que por pouquíssimo tempo — mais outro catatau de coisas.

Para piorar os sintomas, provavelmente quando estivermos em um processo de comunicação, as gavetas do nosso interlocutor já estarão parcialmente ocupadas por suas próprias coisas — angústias, metas e argumentos — e porque o outro pensa cinco vezes mais rápido do que nós falamos. Então, cada palavra ou informação que você emite pode fazer disparar algum outro pensamento que não seja diretamente ligado ao tema em questão — e o nosso interlocutor começa a encher suas gavetas com planos de futuro: "Qual meu próximo compromisso?", "não posso esquecer de passar na lavanderia", "isso que ele falou é legal e talvez eu publique no meu próximo livro; aliás, preciso falar com o editor porque o prazo de entrega já venceu".

Devemos considerar, ainda, que com o passar do tempo existe a percepção de que o tamanho das nossas gavetas mentais está diminuindo — algo que carece de um estudo científico, mas que pode ser considerado em virtude da dificuldade que a maioria de nós tem de absorver e armazenar a informação que é transmitida em grande quantidade e em alta velocidade. Imagine que um anúncio de publicidade, na época em que Miller desenvolveu seu conhecimento, tinha duração de até um minuto e meio; atualmente, os publicitários precisam conquistar sua atenção nos primeiros quatro segundos, antes que você clique em "pular esse anúncio".

Estejam do mesmo tamanho, estejam menores, estejam cheias ou com espaço à disposição, precisamos criar estratégias para ocupar da maneira mais proveitosa as nossas gavetas mentais e as de nossos interlocutores. Uma das formas de organizar a mobília, sem jogar fora as coisas mais relevantes, é trocá-las de lugar tirando-as do armário da memória de curto e as armazenando no da memória de longo prazo.

De acordo com a neurociência, são três os gatilhos que levam as memórias para o armário apropriado, poupando-as do descarte:

1. Emoções: quanto maior a emoção provocada pelas palavras do nosso interlocutor, maior a probabilidade de nos lembrarmos dela. Ao mesmo tempo, escutamos mais as emoções provocadas pelas palavras dele do que a importância ou relevância delas. Do ponto de vista da escutatória, porém, há um problema aí. Os fatos ou informações importantes para o outro nem sempre são os que desencadeiam as emoções mais fortes em nós. Até porque, para decidir se é relevante, a informação precisa chegar até o córtex pré-frontal, onde residem o raciocínio e as capacidades de decisão e discernimento. O problema é que a informação passa primeiro pelo crivo do cérebro emocional e corre o risco de ser descartada no meio do caminho porque concorre de forma desigual com alguns elementos que captam a atenção em nosso cotidiano, tais como sexualidade, conflitos, ameaças e informações egocêntricas. Não surpreende que esses elementos acabem sendo destacados pelo mercado desregulado da informação, que, na sua liberalidade, revela nossas compulsões e desejos para ganhar a nossa atenção.

2. Âncoras: retemos memórias que podemos ligar a uma âncora, mais frequentemente a um local — pode ser uma música ou um cheiro também. A nossa memória é geolocalizada. Nos lembramos do lugar onde encontramos uma pessoa pela primeira vez, onde estávamos quando recebemos uma notícia importante ou escutamos uma música que nos marcou.
3. Narrativas: nossa memória armazena informações em formato de histórias com começo, meio e fim; conflitos, vilões e mocinhos. Esse mecanismo se estruturou paralelamente ao desenvolvimento da linguagem e se revelou tão poderoso na nossa evolução que, quando falta um pedaço da história, nosso cérebro logo se encarrega de inventar fragmentos para recompor o cenário geral.

O grande aprendizado da escutatória é saber esvaziar nossas gavetas e entender como abrir as gavetas mentais do outro antes de oferecer ou receber o conteúdo planejado. Já conversamos sobre o defeito de fábrica que temos, provocado por um ego acentuado, que nos enche de nós mesmos, impedindo que criemos espaço para escutar o outro.

Por exemplo, chegamos a uma reunião de trabalho com nossos argumentos delineados, prontos para serem jogados à mesa no exato momento em que o outro começar a apresentar sua estratégia — aquela que já havíamos previsto com base nas experiências anteriores —, e convictos de nossas escolhas e decisões. Nem sequer nos damos a oportunidade de sermos surpreendidos pelo que será apresentado. Egocêntricos e arrogantes, não deixamos espaço nas nossas gavetas para acolher a história que está por vir. Em consequência, também não nos damos ao trabalho de abrir a gaveta do outro: nos acostumamos a dizer as coisas cedo demais, quando nosso interlocutor não está pronto para escutar.

Aqui vale relembrar que a comunicação obedece à lei da reciprocidade — é preciso dar para receber. Para o outro nos escutar e abrir suas gavetas, a chave mais eficiente que temos são as provas de escuta, verbais e não verbais. Expressar interesse com o olhar voltado para seu interlocutor, sinalizar compreensão, fazer perguntas em busca de esclarecimento — antes de questionar suas ideias —, considerar a visão do outro, anotar as mensagens — sempre que possível —, parafrasear e verbalizar o que você entendeu.

Com o esvaziamento das suas gavetas, pois você se deu a oportunidade de guardar em outro lugar seu conteúdo egocêntrico, abrindo espaço para as coisas que seriam colocadas lá dentro pelo outro; e a permissão para que o outro fizesse o mesmo, a partir de suas provas de escuta, podemos dar um passo além nesse processo. Ou, mantendo a analogia da mobília, ainda é possível criar novas gavetas na mente alheia. Acredite! A chave mestra é fazer perguntas e frases que ativem a curiosidade pontuando argumentos e ideias:

> "E se eu disser três razões que podem fazer você rever sua posição?"
> "O que você acha de ouvir dois fatos antes de tomar uma decisão?"

Ao falar que temos um, dois, três argumentos novos, estamos convidando o outro a abrir uma, duas, três gavetas. Imagine fazer isso utilizando o recurso das nossas mãos sinalizando o primeiro, o segundo e o terceiro. E dando ênfase sempre que iniciarmos um novo argumento. Além de mais espaço na mobília, ainda transmitimos a sensação de segurança e profissionalismo, pois é sinal de que estruturamos as informações e estamos genuinamente interessados que o outro entenda nossa mensagem.

E se você ainda quer mais um bom argumento para desenvolver sua capacidade de comunicação, lá vai: liderar é comunicar! Então, para liderar uma empresa, um grupo de trabalho ou a sua própria carreira, comunique-se!

Thomas Brieu
O que é uma comunicação eficiente e poderosa?

"A palavra 'eficiente' tem um duplo sentido que, às vezes, pode assustar. Porque associamos eficiência com produtividade, com resultado, com lucro. Falar de comunicação eficiente pode soar como uma comunicação de trabalho, que precisa ser mais profissional e produtiva. Para mim, não é isso. A comunicação eficiente é aquela que tem o resultado, não só o resultado quantitativo, mas também o qualitativo. A comunicação eficiente é aquela que faz com que os interlocutores se escutem e se falem de igual para igual conseguindo expressar seus pontos de vista e divergências sem cair na armadilha do querer ter razão, fazendo com que as duas histórias se complementem uma a outra para formar uma terceira, construída a quatro mãos. Quando falamos com alguém, de alguma maneira esperamos que o outro diga ou faça algo como resultado. Eu falo porque espero algo do outro. Nem que seja, às vezes, ser escutado, isso pode ser um objetivo. Consequentemente, uma comunicação eficiente é aquela na qual as pessoas expressam seus quereres e sentires, suas necessidades e emoções, de forma assertiva, empática e sem receio. Porque é o nosso medo que nos leva a fazer rodeios. O que seria uma comunicação ineficiente? Seria aquela que não diz o que eu espero do outro, isso é a definição da manipulação. A comunicação ineficiente, muitas vezes, chama-se comunicação manipuladora, são micromanipulações que nascem do "não dito", quando as pessoas não revelam suas intenções de forma clara, fazendo com que a relação se desgaste. Agora, haja escuta interna para identificar e expressar de forma precisa nossos quereres e saberes."

O que é uma escutatória eficiente?

"Uma escuta atenta, presente, na qual eu dou um espaço para o outro subir no palco comigo. Quando eu falo, tenho uma tendência de subir no palco e esqueço que eu coloco o outro como plateia. A escuta é 'ó, vem comigo para o palco, vamos cocriar uma história'. Colocar o outro no palco de igual para igual sem se apagar ou diminuir. É mais do que uma escuta benevolente ou incondicional, é buscar um resultado, provocar uma ação, convidar um novo comportamento buscando a solução na cabeça do outro em primeiro lugar."

8. Líder humanizado

"De todos os talentos concedidos aos homens, nenhum é tão precioso como a graça da oratória. Quem dela desfruta possui um poder mais duradouro do que o de um grande rei", disse um jovem de 22 anos muito tempo antes de se transformar em um dos políticos mais poderosos do mundo e ser consagrado pela resistência que impediu a vitória do nazismo na Segunda Guerra Mundial. Winston Churchill, que em dois períodos, no total de nove anos, ocupou o cargo de primeiro-ministro britânico, sabia desde cedo o valor da retórica para a sobrevivência dos líderes.

O biógrafo Erik Larson, em *O esplêndido e o vil* (Intrínseca, 2020), baseado em documentos, registros e escritas oficiais, descreve como Churchill uniu os britânicos no pior momento da guerra e diante da descrença de seus aliados políticos, que questionavam sua capacidade de liderar o país e a si mesmo — alguns o consideravam um lunático, descontrolado e apreciador em demasia de álcool para alguém com tamanha responsabilidade. Ao menos nesse último caso, tinham razão. Em toda a sua estadia no número 10 da Downing Street, ouvia com frequência as reclamações de Clementine, sua esposa, devido à preferência excessiva em consumir uísque, champanhe, vinho e conhaque. Com a perspicácia dos bons argumentadores, ele costumava lembrá-la de que "tiro mais do álcool do que o álcool tira de mim".

O copo cheio tanto quanto o charuto foram seus companheiros nos momentos dedicados à escrita. Churchill tinha apreço pelo texto, valorizava as palavras, escrevia e reescrevia cada frase a ser proferida em seus discursos. Sua dedicação à comunicação não se resumia às mensagens públicas. Impunha aos seus auxiliares, colegas de partido e membros do governo a exigência de uma gramática apurada nos relatórios e nos comunicados internos. As expressões tinham de ser simples: "aeródromo" deveria ser substituído por "campo de pouso", por exemplo. E os memorandos tinham de ser breves: "É preguiça não resumir seus pensamentos", dizia o líder britânico.

Churchill usava linguagem emotiva e fazia uso de metáforas; instigava a imaginação dos cidadãos, levando-os para o centro das ações; investia na repetição de fonemas e na redundância de palavras e expressões com o intuito de deixá-las marcadas na memória dos ouvintes. Não era adepto do improviso: de próprio punho escrevia seus discursos. E ensaiava em voz alta como forma de enfrentar o nervosismo de falar em público — mesmo os grandes oradores temem esse momento, mas são capazes de enfrentá-lo.

Para Larson, essa comunicação exata e exigente criou um novo sentido de responsabilidade pelos acontecimentos. Foi com base nessa competência que, em junho de 1940, a despeito da língua presa (anquiloglossia, em termos médicos), Churchill proferiu o mais marcante dos discursos da história mundial, quando comprometeu-se na defesa do Reino Unido, de forma corajosa e transparente, sem vender ilusão aos britânicos: "I have nothing to offer but blood, toil, tears and sweat." (Não tenho nada a oferecer senão sangue, trabalho, lágrimas e suor.)

A história, em seus mais diversos momentos, foi marcada por homens e mulheres capazes de enfrentar situações críticas porque investiram em uma comunicação poderosa. Na pandemia do coronavírus, não foi diferente. Um exemplo que saltou aos olhos do mundo foi o da primeira-ministra da Nova Zelândia, Jacinda Ardern. Uma jovem e rara liderança política neste cenário em que os homens ainda tendem a ocupar os postos mais altos de comando de suas nações. Na época com 39 anos, com a sua comunicação assertiva e empática, Jacinda conseguiu adesão dos cidadãos às medidas necessárias para combater a covid-19 no país — o bloqueio mais rigoroso do mundo até então. Em julho de 2020, o diretor-geral da OMS (Organização Mundial da Saúde), Tedros Adhanom, disse que o país havia oferecido uma resposta "bem-sucedida" à população e mostrado que a covid-19 podia ser superada. Até novembro de 2022, cerca de 2 mil pessoas haviam morrido da doença na Nova Zelândia, uma das menores taxas de mortalidade do mundo.

No primeiro discurso aos neozelandeses, em que convocava o país a paralisar momentaneamente suas atividades, fechar suas fronteiras e as famílias a permanecerem em casa de quarentena, Jacinda dava o devido valor ao desafio, ao drama e ao sentimento dos cidadãos diante do risco que enfrentavam. A sinceridade estava sintonizada com as palavras, o tom da voz e os gestos. E era coerente com sua forma de governar desde que assumira o cargo de primeira-ministra dois anos antes.

Nos diálogos com o público, Jacinda sempre demonstrou estar ciente do sentimento e da emoção que impactam o outro. Nessa demonstração clara de empatia, buscou palavras e histórias para demonstrar que aquela era uma luta coletiva, a qual estava pronta a liderar ao lado dos cidadãos. Trouxe à lembrança os antepassados neozelandeses e as batalhas pela construção do país — ou seja, mexeu com o imaginário da nação. Aos que tinham dúvidas sobre como se comportar frente à pandemia, provocou a consciência e o espírito de vigilância ao convidá-los a aplicar um princípio simples: aja como se estivesse com covid-19.

Não faltou à oradora o cuidado de pontuar as medidas uma a uma — com todo o arsenal disponível nos recursos verbais, não verbais e vocais —, levando o público a atentar-se às regras a serem cumpridas; nem deixou de oferecer, com o devido destaque, a frase de efeito, aquela que será repetida na história: "... to be calm, be kind, stay at home." (... ter calma, ser gentil e ficar em casa.)

Para medir o poder de persuasão da comunicação de uma líder, não bastassem os próprios resultados da Nova Zelândia contra a covid-19, recorremos à frase dita por um cidadão comum, seu público-alvo; no caso, um brasileiro que morava havia oito anos no país e foi entrevistado em reportagem da Rede Globo: "Sou capaz de fazer qualquer coisa que ela me peça." Um exemplo de como a comunicação assertiva e empática gera reações favoráveis.

A lamentar que, apesar de os recursos da comunicação serem conhecidos e estarem disponíveis, ainda se exercite pouco essa capacidade — e não apenas nas esferas governamentais.

Após ouvir 1.300 analistas, coordenadores, gestores, supervisores, gerentes e diretores, a consultoria de recursos humanos DMRH identificou que 47,9% dos profissionais brasileiros estavam insatisfeitos com a qualidade da comunicação no trabalho. Metade dos entrevistados reclamou da falta de clareza dos executivos de sua empresa, o que indica que o maior problema está nos gestores — ou porque sonegam as informações que deveriam transmitir a seus analistas, por medo de que estes saibam usá-las melhor do que eles; ou porque não acreditam que a comunicação seja uma atividade importante. Dos entrevistados, 60% disseram não saber quais são suas metas — trabalham sem ter ciência de aonde a empresa e seus líderes querem que eles cheguem. Falta um ambiente de confiança mútua na empresa em que trabalham para 54,9% dos profissionais.

As falhas de comunicação afetam no relacionamento, na produtividade e na saúde mental dos colaboradores — e ocorrem em todas as línguas. Mais da metade dos 403 executivos americanos ouvidos pela revista britânica *The Economist* disseram que barreiras de comunicação contribuíram para o aumento do estresse (52%). Instruções pouco claras dos superiores, reuniões inúteis e outras situações de descontrole impactaram os negócios como atraso ou falha na conclusão de projetos (44%), baixo moral da equipe (31%), metas de desempenho perdidas (25%) e vendas perdidas (18%) — algumas no valor de centenas de milhares de dólares.

Aqui cabe um alerta que torna tudo ainda mais complexo: a despeito de terem usado metodologias diferentes, o que impede que se faça uma comparação precisa, as pesquisas no Brasil (2007) e nos Estados Unidos (2017) ocorreram em períodos diferentes e ambas antes da pandemia, que levou boa parte das equipes para o trabalho à distância e proporcionou novos desafios comunicacionais.

São dados impactantes que chamam a atenção para a importância de repensarmos como estamos liderando as nossas equipes. E como faremos com as transformações tecnológicas e na dinâmica do trabalho.

Cada vez mais é desafiador nós nos relacionarmos. Na vida, de uma forma geral, com as pessoas ao nosso redor; e no trabalho, com quem convivemos intensamente e em situação de pressão — o que acaba tendo uma influência muito grande, até por conta das consequências que podemos sofrer.

Portanto, a busca pelo autoconhecimento é fundamental. Por meio dele, percebemos como funcionamos, e assim podemos ter atitudes mais proativas de controle e de consciência do momento que estamos vivendo — até para pensar de uma forma mais estratégica sobre como devemos agir.

Nós precisamos identificar as nossas emoções e ganhar consciência do que estamos sentindo. Lembra o caminho proposto por David Rock de autorregularmos as nossas emoções do sistema límbico para a ativação do neocórtex? Do cérebro primitivo para o cérebro racional? Quando somos capazes de dar nomes à emoção que sentimos, ou seja, verbalizamos esse sentimento, imediatamente iniciamos esse movimento que nos levará ao autocontrole. A análise do neocórtex vai nos permitir lidar melhor com a situação — a liderar melhor a situação. Isso é essencial porque hoje somos extremamente exigidos, especialmente em relação à nossa inteligência emocional.

Existem pesquisas muito sólidas que mostram essa verdade. A psicóloga organizacional americana Tasha Eurich liderou um estudo no qual foram ouvidas 5 mil pessoas no meio corporativo e identificou que apenas 10% a 15% acreditam se conhecerem bem — têm a noção clara de quem são. No mundo do trabalho, com todas as suas peculiaridades bastante conhecidas e desafios modernos, no mínimo, para se relacionar bem com o outro, é preciso se dar bem consigo mesmo. A pessoa que se conhece melhor rende mais, proporciona bem-estar e favorece relações mais saudáveis.

Como podemos fazer isso? Temos duas sugestões:

1. Faça as perguntas certas, tais como "o que me motiva normalmente?"; "o que faz com que eu me sinta bem quando acordo e penso que tenho que ir para o meu trabalho?". Em seguida, inverta as perguntas: "o que me desestimula?"; "o que faz com que eu me sinta mal?"; "me sinto angustiado?"; "me sinto com raiva?"; "tenho medo?". É importante buscar essa identificação.

   Por exemplo, sentir desânimo quando acordamos para trabalhar é um sinal de alerta. E precisamos nos questionar se existem fatores externos ao trabalho que estão nos deixando sem vitalidade, desmotivados na vida. Pode ser um problema de saúde, uma preocupação pontual, uma dificuldade com algum familiar ou um incômodo por perdas registradas. Qualquer situação pessoal vai interferir no nosso nível de energia. E vamos ter de entender que isso é algo associado a uma questão específica.

Se nada disso acontece, então focamos as perguntas no ambiente de trabalho onde algo pode estar nos desgastando, desde a pouca sintonia com os propósitos da empresa até a falta de vontade de alguns colegas: "O que está fazendo com que eu me sinta mal com esse tipo de sentimento que é negativo?" Precisamos nos questionar a respeito disso.

2. Peça feedback para as pessoas próximas. Muitas vezes, um amigo ou um colega pode nos pontuar, nos mostrar algum detalhe, algum comportamento, alguma atitude que vai nos ajudar. Mais do que nunca, você terá de estar disposto a escutar o outro porque, quando perguntamos, temos de estar preparados para o que vamos ouvir.

Com esses dois passos, vale a pena reunir todas as informações, fazer uma espécie de combo do que sentimos e do que ouvimos das pessoas; e, a partir disso, tomarmos algumas decisões. Assim, seremos capazes de identificar pontos de melhoria. Devemos buscar apoio por meio de algum recurso. Há pessoas que preferem a terapia profissional; outras que escolhem um hobby ou uma atividade física, que muitas vezes pode ajudar a reorganizar as coisas; e aquelas que vão procurar a meditação. Talvez haja até quem se decida por todos esses caminhos.

Outro recurso que auxilia nesse processo de reconciliação é entender que o autoconhecimento é um processo contínuo, até porque nós nos modificamos tanto quanto os cenários à nossa volta. Devemos nos reciclar. De tempos em tempos, parar e observar as emoções, procurar nomeá-las e verbalizá-las para ganhar uma condição melhor. É inegável: relações saudáveis no trabalho nos ajudam a ter bons resultados e a alcançar o bem-estar fora das paredes do escritório. Os líderes, de uma forma geral, identificam isso claramente e devem ter esse elemento como meta. Os resultados na empresa, em casa e na vida são muito melhores quando as relações são saudáveis e humanas.

LÍDER NÃO LIDERA EMPRESAS

No dia em que os funcionários se levantaram de suas cadeiras e foram todos embora para casa, forçados a cumprir uma quarentena por tempo indeterminado, os prédios se esvaziaram, o pátio do estacionamento ficou deserto, as portas trancadas e as salas de reuniões serviram apenas para acumular pó. A sede, a fachada e o endereço postal deixaram de ser o ponto a atrair profissionais, parceiros de negócio e clientes. A empresa dividiu-se em tantos pedaços quantos funcionários havia na folha de pagamento, e cada um deles levou uma parcela da história da organização para dentro de casa.

Essa realidade, em março de 2020, logo foi percebida por uma consultoria que se consagrou internacionalmente na avaliação de clima organizacional, que, diante da queda drástica no faturamento, promoveu uma reunião on-line com seus colaboradores e, em conjunto com eles, decidiu fechar definitivamente o escritório que até então era a referência dos trabalhadores em São Paulo. "Uma das decisões que nós tomamos foi a de demitir o prédio em vez de demitir pessoas. Porque sem as pessoas, o GPTW não existiria mais", disse Ruy Shiozawa, CEO do Great Place To Work, em entrevista ao programa *Mundo Corporativo*, da rádio CBN.

Empresas só existem se as pessoas existirem. Portanto, o líder não lidera uma empresa, lidera pessoas. Diante dessa verdade, faz todo sentido pensar na pergunta que Luciano Alves Meira, estudioso no tema da liderança corporativa, propõe aos gestores: "O que tem mais valor: o cumprimento das metas ou o crescimento das pessoas?" É claro que metas têm de ser traçadas e buscadas, resultados têm de ser entregues. Cobrá-los é papel do líder. Mas quem as cumpre? Quem entrega o resultado? São as pessoas. Então não dá mais para exercer uma liderança em que elas não sejam consideradas, em que não se olhe para o ser humano com toda a sua potencialidade.

No livro *A segunda simplicidade: bem-estar e produtividade na era da sabedoria* (Vida Integral, 2021), Luciano Meira afirma que vivemos três eras de produtividade, a começar pela Revolução Industrial, quando a ideia era fazer mais, o interesse era na quantidade, e o foco no aprimoramento dos processos. No fim do século passado, vivemos a era do conhecimento, em que a busca era por fazer melhor, o foco voltou-se à qualidade, e a inovação foi a "bola da vez". Hoje, na visão do autor, vivemos a era da sabedoria: a intenção é sermos melhores e nos aprimorarmos como seres humanos, pensarmos no desenvolvimento integral explorando de forma saudável o potencial dos líderes e colaboradores, e buscarmos a "espiritualidade pós-moderna".

O conceito defendido pelo consultor nada tem a ver com religião. Faz referência ao crescimento espiritual das pessoas, com o aperfeiçoamento de características de benevolência, de cuidado com o outro e de empatia. Porque se cada um se sente bem naquilo que faz da forma como é, isso cria um ambiente na vida, e mais especificamente nas empresas, onde as pessoas se sentem atendidas. Um ambiente sem ameaças, em que se substitui a preocupação em se proteger dos ataques e da concorrência pela de produzir e crescer como ser humano.

Sabemos que há uma realidade objetiva, é claro, da entrega, do racional e do concreto. E nós, como humanos, temos uma realidade que é subjetiva, que tem a ver com os nossos sentimentos, emoções e anseios. Lá atrás, as empresas se voltaram muito para essa questão objetiva, baseada nos nossos instintos mais primitivos. Precisávamos sobreviver, precisávamos muito dessa objetividade. Hoje, estamos numa condição bastante diferente e há que se ter uma compensação desse lado subjetivo da nossa realidade, dessa atenção à emoção, aos sentimentos, aos propósitos das pessoas, àquilo que motiva efetivamente.

Nós somos seres completos. Aquilo que vivenciamos na nossa casa, os nossos medos, os nossos receios, as situações experimentadas no dia a dia também vão impregnar a nossa realização profissional. Então, ao contrário, há que se considerar, há que se cuidar desse ser humano de uma forma integral. Até porque, se suprimirmos um sentimento, fingirmos que não é com a gente, esse sentimento cresce e começa a nos incomodar. Não adianta botar debaixo do tapete. Nós temos de respeitar, viver esse sentimento para poder entender e superar. Se há uma preocupação com alguém da nossa família, com alguém em casa, não dá para fingir que não é com a gente. O líder sensível deve buscar identificar o bem-estar do seu funcionário, as condições de que ele precisa, para que possa realmente ter uma entrega mais efetiva. E esse funcionário, agradecido até por esse cuidado, cresce e se desenvolve, entrega muito mais do que seria esperado dele. Se faz humano na plenitude.

Leny Kyrillos
O que é um bom líder?

"Um bom líder é aquele que consegue inspirar o seu público, motivar o seu grupo de liderados para ter, da parte deles, uma relação de colaboração. A grande busca é você estabelecer relações de comunicação que gerem colaboração como resposta, como retorno. Quando o líder tem a clareza dos propósitos, dos objetivos, dos valores, ele consegue transmitir para o seu grupo aquilo que o motiva e gera nessas pessoas um comportamento, uma reação de colaboração, que é o momento em que todo mundo vai procurar dar o melhor de si, vai se empenhar ao máximo para alcançar os resultados que são da equipe e não só do líder propriamente.

Quando isso não acontece, quando existe, por exemplo, uma forma de comunicação de um líder com seus liderados de cima para baixo ou de uma forma impositiva, que mostre mais poder do que autoridade, mais crachá do que conquista mesmo, o que acaba acontecendo? Os liderados vão ficar o tempo todo na defensiva atuando de maneira a se protegerem e, como resposta, fazendo o mínimo necessário para dar ao líder a impressão de que estão se entregando. Então, é uma resposta muito menor do que seria desejável. Simon Sinek (Alta Books, 2019), em seu livro *Líderes se servem por último*, nos ensina o conceito do círculo de segurança. Segundo ele, 'quando o líder é efetivo, ele consegue fazer com que os seus liderados se sintam confortáveis, num círculo de segurança, prontos a agirem da melhor forma, com maior nível de investimento de colaboração, de busca por respostas'. Nessa condição, os liderados secretam os 'hormônios do bem': ocitocina, endorfina, dopamina e serotonina. Nesse estado, há maior abertura para as interações, maior motivação para realizar coisas e para trabalhar em equipe. Já quando o líder é incapaz de gerar essa sensação de segurança, os liderados vão se concentrar em se proteger, secretando adrenalina e cortisol, hormônios do estresse; nesse estado, podem ter reações inadequadas, impulsividade ou letargia, dificuldade nos julgamentos, escolhas inapropriadas. Veja como o trabalho do líder é impactante!"

SER LÍDER É SER HUMANO

O perfil de liderança tem mudado muito nas últimas décadas. A máxima do "manda quem pode, obedece quem tem juízo", que vigorou por tempos, era uma forma de pensar que remetia à figura de um ser maior, com poder sobre os outros e capacidade de impor aquilo que bem quisesse, mesmo que fosse algo ruim. Aquele que detinha o poder exigia, e o outro, que tinha juízo, obedecia. Com os anos, foi-se percebendo que o modelo, também conhecido por comando e controle, não gerava os resultados esperados. Pior: criava um clima tóxico, que não apenas incomodava, mas também adoecia as pessoas.

Convém destacar que existe uma diferença muito grande entre poder e autoridade. O poder é aquilo que o crachá oferece. Se está no seu crachá que você é o chefe, você tem poder sobre a outra pessoa. Entretanto, o poder sozinho vai gerar respostas mínimas em relação àquilo que se almeja. Na mente de quem recebeu a incumbência, predominarão pensamentos sabotadores: a pessoa não sabe por que está fazendo o serviço, não participou da decisão e não se sente valorizada. Não, não e não! Com esse tipo de estímulo ou desestímulo, será entregue o mínimo necessário. Hoje, a força do crachá é insuficiente para gerar respeito. Ser líder é uma conquista, tem menos a ver com hierarquia e muito mais a ver com a capacidade de inspirar e motivar as pessoas a fazer mais e melhor.

O líder é um influenciador que estimula as pessoas a terem atitudes deflagradoras de respostas positivas. Efetivamente, líder é aquele que inspira, que motiva os liderados a fazerem o que é necessário e de boa vontade por si mesmos, sem a necessidade de fiscalização e de cobrança. Quando quem está numa posição de poder manda de cima para baixo, o encarregado vai entregar. Não necessariamente o seu melhor. Vai produzir muito menos do que poderia, pois não tem motivação e não compra a ideia proposta. Os líderes — aqueles que exercem a liderança de fato, sem necessidade de expor o crachá no peito ou o nome da placa na porta — têm consciência dessa realidade.

A autoridade é uma conquista pessoal. E o primeiro grande passo nessa direção é tornar-se um bom ser humano, buscar o autodesenvolvimento, observar a si mesmo identificando as características positivas e também as negativas. Esse autoconhecimento nos permite colocar o que há de melhor em nós a serviço das pessoas.

O segundo passo nessa jornada do líder é conhecer o outro. Isso significa se abrir, ser transparente e saber escutar. Às vezes, no relacionamento chefe-empregado ou líder-liderado, existe o receio à intimidade: "Se sou chefe, não me aproximo porque, se estou próximo, perco a autonomia, perco a isenção." Bobagem! Quanto mais o líder conhece o outro, quanto mais demonstra interesse pelo outro, melhor, pois será capaz de estimular o liderado, que, por sua vez, ficará mais inclinado a dar as respostas desejadas.

Uma pesquisa que ouviu a opinião de 454 profissionais de comunicação corporativa em 2021 mostrou que 63% deles estavam satisfeitos com o clima organizacional e 83% apontaram como um dos motivos para essa satisfação o fato de terem liberdade para discutir com os seus superiores assuntos profissionais relativos à área em que atuam e à organização do trabalho. Ter opiniões, ideias e sugestões levadas em consideração pelo líder foi motivo de satisfação para 75% dos entrevistados, segundo levantamento da Aberje — Associação Brasileira de Comunicação Empresarial.

O terceiro passo é buscar uma comunicação efetiva. No contato com diversos líderes no Brasil e em Portugal nos campos em que atuamos por meio de entrevistas, consultorias, palestras e relacionamentos profissionais, há um bom tempo percebemos essa busca por uma forma diferente de liderança. Algo que se expressou ao longo do maior desafio que as empresas enfrentaram desde a Segunda Guerra Mundial, que foi a pandemia da covid-19. Nunca, desde aqueles anos de terror, o mundo todo ficou paralisado e de joelhos diante de uma ameaça, que neste caso era sanitária.

Um levantamento global do LinkedIn publicado em julho de 2020 constatou que as habilidades de natureza socioemocionais — ou as *soft skills*, como preferem os consultores — são maioria entre as dez mais valorizadas por empregadores. A análise de 12 milhões de vagas disponíveis na plataforma de emprego e relacionamento profissional identificou que a competência comunicacional está em alta no mercado. Na ordem de preferência, as mais desejadas foram: comunicação, gestão de negócios, resolução de problemas, ciência de dados, gestão de tecnologia e armazenamento de dados, suporte técnico, liderança, gerenciamento de projetos, aprendizado on-line, aprendizagem e desenvolvimento de funcionários.

Falamos disso no início do livro e vamos repetir aqui para caso você tenha esquecido; vai que suas gavetas mentais estavam cheias no momento em que leu: quando nos comunicamos, geramos percepção e reação. Todos nós somos seres sociais. Fomos feitos para viver com outras pessoas e não a despeito delas. Temos um cérebro formatado para a vida relacional. Por isso, na prática, é essencial adotarmos uma linguagem que mostre essa conexão para que haja associação de pessoas, de ideias e de objetivos.

É imperioso ter a noção de que o que está chegando para o outro é o mais próximo possível da nossa intenção inicial. Somos diferentes e partimos de nossos valores e de nossos conceitos para entendermos aquilo que o outro está apresentando. Por isso, é recomendável o líder perguntar a si mesmo: "Será que estou sendo claro nos meus contatos?"; "Será que estou conseguindo atingir as pessoas do jeito que imagino ser o ideal?". Ter uma postura aberta, no sentido de permitir uma interação verdadeira, é fundamental para o exercício da liderança e para a conquista dessa autoridade que almejamos. Caso contrário, teremos, novamente, que nos basear no frágil e tóxico poder do crachá.

Um estudo feito nos Estados Unidos mostra com muita clareza a influência do líder no processo de condução da equipe. Existem lugares no país que são afetados por nevascas. Muitas vezes, as condições do clima são bastante complicadas. Há um combinado tácito de que, na existência de alguma dificuldade de a pessoa se locomover, ela pode faltar ao trabalho sem precisar se justificar. No entanto, os pesquisadores notaram que, mesmo nesse ambiente hostil, alguns profissionais compareciam para cumprir o expediente. Davam um jeito de chegar ao trabalho. Ou dormiam na casa de alguém que ficasse mais próximo. Ou pediam ajuda aos vizinhos para tirar a neve em volta do carro. A pesquisa aferiu que a maioria dessas pessoas dizia agir assim para não decepcionar o líder. Elas queriam entregar a parte delas porque o líder tinha essa expectativa em relação a elas. O resultado mostra o quanto a ascendência do líder pode mobilizar as pessoas de forma positiva.

Essa ascendência, em grande medida, se dá pela capacidade do líder de se comunicar de maneira efetiva. Como comentado anteriormente, existem os padrões passivo e agressivo de comunicação. Inspirados pelos ensinamentos aristotélicos que nos mostram que a ação ética requer um equilíbrio, ou seja, que é necessário fazer o uso do meio-termo evitando o excesso e a falta, que caracterizam o vício, na comunicação temos de conduzir nossa prática no caminho do meio, no equilíbrio entre esses extremos. Quando o líder alcança esse objetivo, a comunicação ganha assertividade.

O líder assertivo é capaz de verbalizar, de explicar claramente o que espera do outro e de demonstrar a atitude desejada. Faz isso embalando a sua comunicação de maneira a expressar cuidado e respeito com o interlocutor. Um exemplo do que estamos conversando com você: existe diferença entre falar "faça isso agora!" e "eu preciso que você faça isso agora por esse motivo".

É a mesma ordem, só que, em vez de um jeito impositivo, autoritário, foi usado o recurso verbal de mais proximidade e o vocal de um tom mais amistoso. É um cuidado para que o liderado se sinta valorizado e, assim, fique mais engajado e inclinado a fazer melhores entregas.

Uma reflexão interessante na relação entre líderes e liderados é levantada pela escritora americana Susan Cain. No livro *O poder dos quietos* (Agir, 2017), ela aponta as características das pessoas mais introvertidas. Ao observar equipes de líderes extrovertidos e de líderes introvertidos, Cain constatou que as lideradas por indivíduos mais introvertidos obtinham resultados melhores e mais criativos do que as equipes lideradas por perfis mais extrovertidos. Um achado surpreendente.

A autora explica que os líderes extrovertidos tendem a ser extremamente admirados, tidos como modelo. Segundo ela, um líder extrovertido tem tanto poder de persuasão que os liderados ficam predispostos a acolher a orientação como a única possível. Já numa equipe chefiada por um líder introvertido, os liderados se sentem com espaço para se expressarem mais. O líder mais introvertido tende a permitir essa abertura e assim facilita o surgimento de ideias e de novas formas de responder às demandas. Vale refletir sobre isso.

Seja qual for o perfil do líder, ele deve sempre buscar a assertividade empática. Transmitir as mensagens de forma clara, direta e objetiva. E, nessa interação, demonstrar a vontade de interagir. De gerar conexão!

A pessoa assertiva é a que tem a clareza daquilo que quer comunicar e consegue fazê-lo a partir do uso harmônico e coerente dos recursos verbais, não verbais e vocais. A empática é a que consegue entender o que se passa com o outro. Tem a capacidade de se abrir para o sentimento, para a necessidade do outro. Portanto, assertividade exige uma decisão muito clara dos objetivos nas diferentes situações de comunicação, ao passo que a empatia é um movimento na direção do outro. É um esvaziar-se de si para olhar o outro e procurar identificar as necessidades, os valores, as motivações dele. Ao juntar essas duas qualidades, obtém-se um padrão de comunicação realmente eficaz.

Nos momentos de crise como os vividos por Winston Churchill, na Segunda Guerra Mundial, ou por Jacinda Ardern, na pandemia, os líderes precisam de uma grande adesão, pois desafios gigantescos aparecem para se somar àqueles que já existiam no cotidiano. Para ficarmos com os fatos mais recentes, a observação dos atributos requeridos por governantes, na esfera pública, e por gestores, na esfera privada, durante a crise sanitária nos fez enxergar a assertividade como atributo cada vez mais demandado, especialmente porque as pessoas ficaram distanciadas umas das outras. Coube ao líder mostrar o que era mais relevante naquela circunstância, apontar caminhos, direcionar os comportamentos e orquestrar as ações. Não havia espaço para dúvidas. Nem haverá, já que a expectativa é de que o trabalho em casa ou híbrido passe a ser realizado por um número cada vez maior de pessoas.

Nesse mesmo cenário crítico, a empatia precisou ser ainda mais praticada, especialmente com pessoas fragilizadas diante das incertezas. Quando o líder demonstra uma preocupação com o outro, um olhar de cuidado, as pessoas se sentem acolhidas, com espaço para se colocarem e, consequentemente, motivadas a seguirem na direção determinada. Quando observamos os líderes bem-sucedidos, é possível identificar que assertividade e empatia andam lado a lado.

Tanto na vida pessoal quanto na profissional, a nossa grande busca é estabelecermos contatos em que tenhamos a colaboração do outro. No trabalho, isso é óbvio. Na vida pessoal, esse aspecto faz toda a diferença também. Quando conseguimos atuar dessa maneira, mesmo que seja uma situação desafiadora, uma conversa difícil, nós encurtamos distâncias, geramos conexão e obtemos retornos mais gratificantes.

SEJA UM LÍDER INCLUSIVO

Nossa proposta de uma comunicação humanizada é a de adotarmos um comportamento inclusivo, em que haja esforço e boa vontade para compreendermos o ponto de vista do outro, a fim de cultivarmos melhores relações. Manter uma postura fechada, restrita ao círculo dos que pensam de modo semelhante, acirra os ânimos e acentua essa polarização em que vivemos, além de impedir nossa capacidade de reflexão e o exercício da inteligência, como nos ensinou o psicólogo Luís Ernesto Meireles.

Não é à toa que o mundo corporativo busca cada vez mais a diversidade, que é legítima e extremamente importante. Um dos princípios é de que ninguém, nenhum grupo social, nenhum gênero, nenhuma raça, nenhuma etnia tem supremacia e lugar cativo no mercado de trabalho. O outro, mais pragmático, é que pessoas diferentes trarão outros olhares e percepções, que seguramente vão se somar às já existentes e tornar o ambiente mais propício a inovações, a um pensamento mais plural, arejado e construtivo. Ações inclusivas influenciam diretamente o clima organizacional e geram um sentimento de pertencimento nos funcionários, facilitando a descoberta e a retenção de talentos. Na pesquisa de opinião realizada pela Aberje, que mediu o clima organizacional nas empresas, trabalhar em um departamento que trata as pessoas igualmente e de forma respeitosa independentemente de suas diferenças é motivo de satisfação para 88% dos profissionais.

A diversidade dos colaboradores gera satisfação, melhora a produtividade e aproxima as soluções da empresa à diversidade de seus clientes, com impacto nos resultados financeiros.

As empresas com diversidade de gênero em suas equipes executivas são 21% mais propensas a ter uma rentabilidade acima da média do que as outras; e, quando se amplia o olhar para a diversidade étnica, a probabilidade de lucrar mais sobe para 33%, de acordo com estudo da McKinsey (2018), consultoria empresarial americana com presença global. Em outro relatório, a consultoria de líderes CECP — Chief Executives for Corporate Purpose (2018) — identifica que as organizações diversificadas e inclusivas têm até 70% a mais de chances de conquistar novos mercados do que suas concorrentes diretas.

Quanto mais se investe na diversidade, mais diversa a empresa é. A Bloomberg, que atua na área de comunicação e é líder global em dados comerciais e financeiros, mantém um índice em que analisa o desempenho das empresas listadas em bolsa e manifestam compromisso com a equidade de gênero. Na edição de 2021, concluiu que empresas lideradas por mulheres têm mais mulheres em cargos de gerência sênior do que empresas comandas por homens. O avanço também ocorre quando se medem os salários das equipes, com as organizações sob as mãos das CEOs tendo mais colaboradoras entre os 10% mais bem remunerados.

Um exemplo desse fenômeno em que diversidade gera diversidade é o do Grupo Sabin Medicina Diagnóstica, fundado por duas empresárias em 1984 em Brasília. Hoje, com atuação nacional e em expansão, a presidência está sob responsabilidade de uma mulher, e, dos 6,3 mil colaboradores, 77% são mulheres, que também ocupam 74% dos postos de liderança. A presidente, Lídia Abdalla, que está no cargo desde 2014, ensina que o investimento em equipes heterogêneas do ponto de vista de gênero, etnia e geracional, o respeito às diferenças e o reconhecimento da capacidade de cada um são a principal estratégia para o engajamento dos colaboradores: "Deixem as pessoas serem da forma que são e respeite-as de verdade; isso produz o engajamento e um senso de dono do negócio que é impressionante", disse em entrevista ao programa *Mundo Corporativo*, da rádio CBN, em fevereiro de 2022.

Nesse processo que muitas empresas começam a experimentar, à medida que são pressionadas, seja por movimentos sociais que pregam a equidade e a diversidade, seja pelos resultados que suas concorrentes alcançam, a comunicação inclusiva é instrumento que precisa fazer parte da estratégia corporativa. "Não basta convidar para a festa, tem de tirar para dançar" é máxima que se popularizou entre as instituições que promovem a pluralidade de público no mundo corporativo. Ditado que alerta para o fato de que muitas organizações ainda não entenderam como funciona o processo, pois resumem suas ações à criação de vagas específicas para mulheres, negros e pessoas com deficiência, por exemplo — muitas vezes apenas para atender à legislação ou a opinião pública.

A comunicação interna é o agente transformador dessa cultura que deve ter o engajamento dos líderes e a adesão dos colaboradores. A criação de metas e ações afirmativas, a identificação de pontos de atrito, o uso da linguagem apropriada que elimina expressões preconceituosas e o letramento — que ajuda a desconstruir formas de pensar e agir que foram naturalizadas e se transformam em barreiras entre os diversos — são algumas das medidas obrigatórias para que possamos avançar no tema.

Quando estabelecemos uma relação de comunicação inclusiva, precisamos trazer a intenção genuína de nos conectarmos ao outro para que esse processo comece, de fato, a se estabelecer. Quanto mais nos abrirmos para compreender quem é o outro, como ele funciona nas interações, melhores serão nossas atitudes comunicativas no sentido de obtermos uma resposta colaborativa. Curiosamente, investe-se na comunicação para que a empresa seja verdadeiramente inclusiva, e esta inclusão, se for verdadeira, traz benefícios a todos na organização. Porque se somos diversos, as opiniões também o são. E se assim forem, o esforço pela compreensão do que o outro pensa, diz e faz tem de ser maior. Olha aí de novo a história dos "normais", dos "estranhos" e dos "insuportáveis".

Nessa perspectiva, a transparência nas decisões é vital. Porque aos que lideram caberá a função de fazer escolhas que não atenderão a todas as expectativas, especialmente se considerarmos que serão decisões adotadas diante de uma equipe diversa, por conseguinte, heterogênea e complexa.

Foi Paul Jaeger, um dos sócios e headhunter de C-levels, da consultoria Russel Reynolds em Paris, quem nos disse, em um evento corporativo, que o líder ideal é aquele que conjuga paradoxos. Esse é o critério que usa quando está em busca de um profissional para assumir o cargo de CEO: "Nós temos toda uma ciência para perceber se a pessoa é, ao mesmo tempo, competitiva e cooperativa, introvertida e extrovertida, inovadora e conservadora, corajosa e vulnerável."

As organizações inclusivas necessitam de gestores que saibam transitar nos extremos e conjugar as diferenças aproveitando o que há de melhor em cada uma das opiniões, ideias e demandas. Se pensarmos que conjugar é colocar um verbo em ação, o líder conjuga e coloca na ação esses paradoxos de maneira que toda a equipe entenda as razões da decisão tomada, mesmo aqueles que tenham sido vencidos na discussão ou convencidos.

O publicitário Alvaro Fernando, autor do livro *Comunicação e persuasão: o poder do diálogo* (DVS Editora, 2016), nos traz uma expressão muito feliz para lidarmos bem com essa questão: "mochila de opiniões." Ele diz que nós temos a tendência de achar que a nossa opinião somos nós. Na verdade, as nossas opiniões são "coisas" que carregamos. Quando uma opinião que temos é contestada, é aquilo que carregamos que está sendo contestado, não nós! É saudável que, de tempos em tempos, façamos uma reciclagem do que pensamos, do que acreditamos e de como nos comportamos, nos abrindo para observarmos as opiniões, crenças e comportamentos de outras pessoas. Pode ser que a gente mude de opinião, pode ser que modifiquemos parte dela ou, simplesmente, tomemos a decisão de que devemos mantê-la integralmente. O que não é interessante é fazer da opinião uma crença apenas por apego, para não dar o "braço a torcer". Ao agirmos assim, deixamos de ter o "cérebro poroso", ensinado por Gikovate, que é a capacidade de estarmos abertos para absorver outras referências que vêm do mundo, diferentes das nossas.

A outra pessoa, já que é de fato outra pessoa, tem referências distintas das nossas. Não existe uma única verdade, existem várias maneiras de ver as situações. As pessoas são diferentes e reconhecer e acolher estas diferenças com tolerância, além de nos tornarem mais humanos, nos permitem seguir em pleno desenvolvimento.

Para que a comunicação seja inclusiva — desculpe-nos se pareceremos repetitivos, mas queremos muito que você entenda isso —, a escutatória é essencial. Como agregar sem saber o que o outro pensa? Apenas por observação? Por experiências passadas? "Eu sei como funciona!": isso não é comunicar, é arrogar! Arrogante é aquele que já sabe, que não tem o que aprender e, por isso, é incapaz de absorver as diferenças. Para o arrogante, existem dois modos de agir: "O meu e o errado, você escolhe!" Sim, escutar é preciso, em especial para aqueles que ocupam posições de liderança, pois possibilitará boas escolhas em relação à maneira de se comunicar.

O líder eficaz é aquele que consegue escutar a equipe. Se ele tiver essa capacidade, provavelmente vai conhecer melhor as pessoas, identificar o que as motiva, o que as inspira e quais são suas necessidades. Vai gerar os "círculos de segurança", ensinados por Simon Sinek — condição que se baseia nos princípios de confiança e cooperação, que só é possível se os liderados se sentirem apoiados e confortáveis. Lembre-se, para Sinek, a liderança tem uma relação forte com a questão da biologia. As pessoas que se sentem acolhidas e seguras no trabalho, pela presença de um líder que favorece esse tipo de ambiente, secretam os "hormônios do bem", e com isso trabalham melhor em equipe, têm boa vontade e tendem a entregar aquilo que se espera delas.

Quando não há essa sensação do círculo de segurança, os liderados consomem energias para se defenderem de um ambiente hostil, tóxico. Isso vai impactar nos resultados da empresa. As respostas serão inferiores ao que poderiam ser e, por vezes, inadequadas. Por isso, é fundamental que o líder busque criar esse clima positivo entre os seus liderados.

O bem e o mal contaminam o clima da organização. Foi o que constatou a psicóloga organizacional americana Susan David no livro *Agilidade emocional* (Pensamento-Cultrix, 2018). Ela descreve uma pesquisa realizada com enfermeiras de um hospital que foram convidadas a fazer um diário em que registravam a disposição de ânimo delas individualmente, as inconveniências do trabalho e o clima emocional geral da equipe. Após três semanas, percebeu-se que a disposição de ânimo de qualquer uma das profissionais, fosse boa ou ruim, era significativamente prevista pela disposição de ânimo das outras enfermeiras da equipe. Um contágio que se realizava mesmo quando o ânimo da equipe não tinha relação com o trabalho e mesmo que a enfermeira tivesse passado apenas algumas horas do dia com as outras. Uma disposição que, com o tempo, pode se espalhar pela empresa e contribuir para a cultura local como um todo, conclui a psicóloga.

O conceito de inteligência emocional oferece uma janela para uma mentalidade mais inclusiva entre líderes e seguidores, como ensina a educadora e escritora americana Juanita Coleman-Merritt. A pesquisadora afirma que a inclusão e o respeito pela diversidade devem ser adotados em todas as áreas do ambiente de trabalho. A inteligência emocional pode apoiar o desenvolvimento de uma liderança inclusiva em diversas dimensões:

1. Desenvolvendo a empatia: pessoas empáticas são capazes de se colocar no lugar dos outros e entender o que eles estão enfrentando. Além disso, estão dispostas a apoiá-los na resolução de um desafio. A empatia é uma competência crucial

para lidar de forma eficaz com as diferenças e ajudar na construção de relacionamentos mais saudáveis e maduros;

2. Apoiando uma atitude construtiva: o pensamento construtivo é particularmente importante para os líderes nas organizações. Ajuda-os a criar soluções em que todos ganham; a gerar ideias criativas; a resolver discordâncias; a influenciar a colaboração e a desenvolver a confiança. Pessoas emocionalmente inteligentes têm maior autoconsciência e controle sobre os seus impulsos, o que as ajuda a abrir espaço para uma resposta consciente, edificada numa relação equilibrada entre a razão e a emoção;
3. Transformando os pré-julgamentos: os pré-julgamentos podem ajudar-nos a decidir rapidamente, mas têm potencial para nos levar ao erro quando lidamos com situações sociais complexas. O conhecimento do mecanismo do preconceito inconsciente, por si só, pode não ser suficiente para reduzir esse viés pernicioso no local de trabalho. A inteligência emocional pode mitigar o impacto destas tendências inconscientes, melhorando a autoconsciência, a assertividade, a adaptabilidade e o controle dos impulsos;
4. Incentivando o *mindfulness*: uma equipe diversificada, com pessoas de diversas origens sociais e diferenças de gênero, étnicas, de orientação sexual e de culturas, pode criar situações sociais positivas e, também, negativas. Compreendermos a nossa paisagem interior, como líderes, é vital para respondermos com presença aos diversos desafios provenientes de interações complexas. O *mindfulness*, ou a prática da atenção plena, pode ser um recurso que nos ajuda a viver mais plenamente cada momento presente, de forma consciente, e com um nível reduzido de julgamento. A atenção plena conduz a uma maior capacidade de aceitação e gestão das emoções. Abre portas a um comportamento equilibrado, transformando um registro

reativo, tipo "piloto automático", num comportamento mais compassivo e consciente. E, assim, dá forma a relações mais saudáveis e habilitadoras;

5. Criando uma cultura inclusiva: a inteligência emocional proporciona um conjunto de recursos de gestão das emoções e dos relacionamentos que facilitam a criação de liderança e culturas inclusivas. A pesquisa demonstrou que a inteligência emocional é um indicador de competência multicultural. Pessoas que exibem "bom senso emocional" são essenciais para desenvolver equipes inclusivas.

A liderança inclusiva está, portanto, relacionada com a inteligência emocional do líder. São conceitos que andam de mãos dadas. Uma liderança inclusiva permite que as pessoas sintam-se livres para trazer o seu "eu autêntico" para o trabalho, confere às pessoas o empoderamento necessário para assumir riscos e assegura aos colaboradores que existe equidade e justiça, e que terão oportunidades de desenvolvimento profissional.

CUIDADO, LÍDER TÓXICO!

> Se havia algo que funcionava perfeitamente nas empresas X, do empresário brasileiro Eike Batista, com seus estouros de orçamento e atrasos nas obras, era a indústria do boato. Dificuldades de relacionamento e divergências sobre como resolver os problemas haviam criado, ao longo do tempo, grupos de interesse e picuinhas políticas que travavam uma guerra surda pelo poder, a ponto de o pessoal da gerência comparar a situação ao reality show *Big Brother* — um estava sempre querendo eliminar o outro da casa.

A descrição feita pela jornalista Malu Gaspar, no livro *Tudo ou nada* (Record, 2014), sobre o clima organizacional em uma das muitas empresas abertas e falidas por Batista é a imagem apropriada de gestões que estimulam a divergência entre executivos, a base de circulação de boatos e intrigas, com a intenção de gerar uma competitividade que, entendem, possa resultar em ações ousadas e lucrativas para o grupo. No caso do Grupo X, não deu certo!

A tendência é que dê cada vez menos certo para as empresas que insistem nesse modelo, de forma que as relações de trabalho se modernizam com novas demandas surgindo nas organizações, maior transparência nos comportamentos e controle mais próximo da sociedade. A liderança tóxica tem tido um papel de destaque no âmbito da investigação científica nas últimas décadas. Observam-se os modos de ação de seus líderes e há uma tentativa de traçar perfis psicológicos para compreender atitudes que se caracterizam como maléficas, apesar de por muito tempo terem feito a felicidade dos acionistas com resultados financeiros. Acionistas felizes à custa da saúde mental dos colaboradores. João Paulo Pacifico, empresário e autor do livro *Seja líder como o mundo precisa* (HarperCollins, 2022), escreve:

> Lideranças tóxicas causam danos à equipe, pois não conseguem ver o potencial das pessoas, enxergam somente os pontos fracos. Elas têm perfil abusivo, são autoritárias e podem ser agressivas e arrogantes, não ouvem críticas, querem sempre que sua opinião prevaleça e exercem pressão constante sobre a equipe, dificultando ainda mais o desenvolvimento dos colaboradores. Essas lideranças possuem mentalidade fixa, ou seja, focam resultados, não o esforço.

Para identificar o comportamento dos executivos, Pacifico (2022) desenvolveu o Diagrama de Gaia, que leva o nome da empresa do setor financeiro da qual é o CEO e fundador, composto por quadrantes que têm em sua linha vertical o líder mercenário, na parte mais baixa, e o ativista, no alto; e em sua linha horizontal, de um lado o comportamento tóxico e de outro o humano.

O pior cenário nas empresas é quando há na posição de comando um líder mercenário — disposto a conquistar qualquer coisa a qualquer preço — propondo atitudes tóxicas — obrigando liderados ou parceiros de negócio a aceitarem condições ultrajantes, que neguem seus valores e propósitos. Aqueles que pensam no bem-estar de seu time, clientes e parceiros, e defendem valores que vão muito além do lucro, se posicionam no lado oposto do quadrante e tendem a oferecer maior capacidade de desenvolvimento das pessoas com impactos positivos das suas ações na sociedade. Aos que aplicam a fórmula proposta pelo diagrama para avaliar liderança e comportamento, e se enxergam mais próximos dos extremos negativos do diagrama, Pacifico tem uma mensagem de esperança: o diagrama é um guia de evolução, não um retrato definitivo. Dá para evoluir!

Diversos estudos sobre liderança tóxica nas organizações apontam uma tendência à perda de empatia, comportamentos narcisistas, cruéis e egocêntricos. Tais comportamentos são apresentados por líderes destrutivos e que violam as normas das instituições em decorrência de autoestima exacerbada e centralização nos próprios interesses. Isso remete a traços ou transtornos de personalidade, tais como o transtorno de personalidade antissocial (anteriormente chamado de psicopatia) ou transtorno narcisista.

A toxicidade é, em primeiro lugar, gerada pela cultura existente no local de trabalho. Será que é normal as pessoas usarem uma narrativa demasiado agressiva e rude enquanto interagem? Ou existe a possibilidade de se criar uma cultura de respeito e inclusão, na qual a narrativa é mais nutritiva e responsável?

As pessoas geralmente não são tóxicas. No entanto, todos nós temos algum tipo de inclinação negativa. Como líderes, somos convidados a transformar essa negatividade em poder pessoal. Estarmos mais conscientes da nossa toxicidade e de como ela se manifesta habitualmente não só pode impedir-nos de liderar em um ambiente de negatividade, mas também pode ajudar a prevenir a dor de quem está ao nosso redor. Existem outros fatores externos para além da cultura, como o estresse intenso ou a percepção de ameaça, que têm o potencial de gerar comportamentos tóxicos por parte do líder.

O tema tem sido, também, particularmente analisado por cientistas e veículos de comunicação em virtude da ascensão ao poder, na esfera pública, de líderes tidos como maléficos ou tóxicos. Por exemplo: o jornal britânico *Independent* reproduziu, em agosto de 2020, uma entrevista do psiquiatra da Yale, Bandy X. Lee, com o Dr. John Zinner, da Escola de Medicina da Universidade George Washington, sobre a saúde mental do então presidente dos Estados Unidos, Donald Trump. A manchete é autoexplicativa: "Trump has a narcissistic personality disorder, says leading psychoanalyst" ou, em tradução livre, "Trump tem transtorno de personalidade narcisista, diz psicanalista".

Um estudo recente comparou os traços de personalidade e os estilos utilizados na campanha política por Trump, assim como os de outros 21 líderes mundiais considerados populistas. Concluíram que Donald Trump, quando comparado com outras figuras políticas narcisistas e agressivas, que apreciam o confronto, se destaca como um extremo entre os extremados. Sabemos ainda que a produção de mentiras por parte dos líderes é alta. Baseada na codificação de quatrocentas mentiras contadas pelo presidente Trump, a investigadora na área da detecção da mentira Bella DePaulo concluiu que nós — isso mesmo, nós seres humanos, que aqui estamos lendo este texto com olhar crítico e julgador em relação aos outros — geralmente dizemos duas vezes mais mentiras em benefício próprio do que mentiras em benefício dos outros.

Contudo, no caso do presidente Trump, a pesquisadora descobriu que ele pode dizer sete vezes mais mentiras em seu benefício do que em benefício dos outros. Em relação às consideradas cruéis, que têm o objetivo de prejudicar terceiros, as pessoas dizem 2% a 3% deste tipo de mentiras. Porém, no caso do presidente Trump, as mentiras cruéis ascendem aos 50%. Comparativamente com as pessoas comuns, que produzem 25% de mentiras bondosas, o presidente Trump produz apenas 10% — sim, nós também mentimos para o bem, eventualmente.

Depois do susto de descobrir que somos mentirosos, vamos seguir no que nos interessa. A questão aqui é a seguinte: o que pode levar as pessoas a seguirem líderes tóxicos e por que eles existem nas organizações?

A percepção de incerteza relativamente ao que se é pode conduzir as pessoas a auxiliarem líderes tóxicos que vendam a ilusão de que tudo está sob controle utilizando de uma comunicação atrativa e de elevado impacto emocional. Sermos inseguros de nós próprios pode nos levar a valorizar um *storytelling* de liderança muito básico, dramático e exclusivo, que crie a percepção de que é possível estabelecermos relações no mundo de hoje, cada vez mais volátil, incerto, complexo e ambíguo, por meio de uma dinâmica "nós contra eles".

A invenção de um inimigo externo, que forje a percepção de que os hábitos de vida das pessoas estão ameaçados, acaba por ser uma estratégia vulgarmente usada pelos líderes com uma forte tendência para a toxicidade. As lideranças tóxicas veem a estratégia de criar um inimigo externo como algo indispensável para prossecução dos seus objetivos, e não se cansam de lançar mão dela nos mais diversos contextos ao longo da história da humanidade. A história do inimigo externo, contada de múltiplas formas e com a participação de personagens de diversas origens, funciona como um anestésico que leva as pessoas a perderem a perspectiva, a empobrecerem o seu mapa mental, a escutarem com abertura apenas aquilo que é a narrativa da sua tribo, e, finalmente, amordaça o desejo das pessoas descobrirem e viverem o seu propósito pessoal com autenticidade e proatividade.

Com base em análises desenvolvidas em diferentes estudos, e sem nos atrevermos a fazer uma avaliação psicológica de cada modo de liderança encontrado nos ambientes de trabalho, traçaremos aqui as características dos líderes tóxicos que podem se encaixar no que é conhecido por "tríade do mal": o psicopata, o narcisista e o maquiavélico.

Vamos começar pelo psicopata, que, no campo da psicologia, poderia ser identificado pelo transtorno de personalidade antissocial. Aqui, encontramos os líderes que envolvem um conjunto de traços como o charme, o engano, a manipulação, a mentira, o bullying e a crueldade que resultam numa liderança egoísta e malevolente. Os CEOs com uma tendência para a psicopatia podem ter um efeito nocivo sobre as pessoas, as equipes e as organizações. Nem todo CEO ou executivo no espectro da psicopatia mostra sinais óbvios. Algumas pessoas podem ter traços mais suaves, e, mesmo entre os mais graves, muitos psicopatas destacam-se por conseguirem evitar ser detectados.

A liderança psicopata está ligada a comportamentos dominantes, impulsivos e, por vezes, cruéis. Esses líderes sentem uma baixa empatia afetiva e somática pelas pessoas, apesar de conseguirem decifrá-las com eficácia para poder usá-las e manipulá-las. O CEO psicopata tende a ser altamente orientado para uma subida rápida na hierarquia da organização; a ser eficaz em ambientes de elevada pressão; a ser inflexível com as pessoas; a ser pouco ético e oportunista. Um trabalho conduzido por Clive R. Boddy, especialista em marketing e estudioso dos efeitos dos psicopatas corporativos, descobriu que o líder psicopata pode ser responsável pela saída de pessoas qualificadas, pela diminuição do nível de compromisso, pela redução da criatividade e da inovação, e pela perda de receita.

Indivíduos psicopatas tendem a exibir algumas características associadas à liderança eficaz, como o carisma, a persuasão e a criatividade. Os psicopatas podem muitas vezes ser muito bem-sucedidos por esse motivo porque conseguem confundir os seus seguidores. Porém, no médio e longo prazos, começa a ser evidente uma anormal falta de empatia e de inteligência moral.

Quando avaliamos os prejuízos financeiros, psicológicos e sociais causados pela psicopatia corporativa, e se adiciona o fato de as novas gerações quererem colaborar e apoiar empresas nas quais se vejam sintonizadas com os valores, não é difícil antecipar que a psicopatia possa tornar-se cada vez mais dispendiosa para as organizações. Embora existam diversas formas de as empresas reduzirem a incidência de uma liderança psicopata nas suas equipes, a primeira coisa a fazer é o reconhecimento de que se está diante de um problema grave e parar de glorificar alguns dos traços nos quais os psicopatas se destacam.

Um segundo tipo de líder tóxico caracterizamos como o narcisista. Ele é percebido como alguém que tem um sentimento elevado de vaidade, requer admiração desmesurada, tem ausência de empatia e tende a ser explorador, manipulador e presunçoso. Na psicologia, seria diagnosticado com transtorno narcisista.

Os líderes narcisistas são egocêntricos e têm a crença de que são superiores aos demais. Muitas vezes, sentem que não recebem a admiração e o crédito que merecem, e podem parecer consumidos pelo ressentimento. Isso pode assumir a forma de petulância, agressão, reclamações públicas desequilibradas e abuso em relação a seus colaboradores. Os CEOs narcisistas envolvem, frequentemente, as suas empresas em litígios onerosos.

Na visão de mundo do narcisista, os outros seres humanos devem ser auxiliares subalternos ou inimigos. Tipicamente, procuram posições de poder nas quais possam ser aplaudidos e demonstrar a sua supremacia. Tendem a conquistar cargos de poder porque parecem o protótipo de liderança, apesar de se tratar apenas de um jogo de aparências.

Em uma revisão de diversos estudos conduzida em 2015, os narcisistas aparecem como líderes fundamentalmente porque são mais extrovertidos. O narcisismo não parece ter relação com a eficácia do líder, ou seja, não é mais ou menos eficaz do que um outro líder apenas porque tem esse traço da personalidade mais proeminente.

Os líderes narcisistas tendem a amplificar as suas conquistas de liderança. No cenário corporativo, se revelam como enganadores, egoístas e praticantes de bullying. São eticamente voláteis, pois não temem adulterar informações financeiras, manipulam as políticas organizacionais para atingir os objetivos esperados e não conseguem obter melhores níveis de desempenho financeiro nas organizações que lideram. São, portanto, mais propensos a se envolver em fraudes e outros tipos de crimes do colarinho-branco, a manipular os resultados financeiros e a procurar de forma abusiva a evasão fiscal.

Quando os narcisistas obtêm algum sucesso, isso reforça a crença deles de que sabem mais do que os outros, e sentem ainda mais legitimidade para ignorar os conselhos dos especialistas a favor dos seus próprios instintos. Uma vez no poder, os narcisistas consolidam sua posição despedindo aqueles que os desafiam, dando lugar a uma praga de bajuladores, oportunistas e outros que se movem, com frequência, pelo interesse próprio e não demonstram ter escrúpulos. O resultado é a emergência de uma cultura individualista em que o trabalho de equipe é apenas uma miragem e o baixo nível de integridade é o padrão.

Outra falha de caráter dos líderes narcisistas prende-se com a quantidade e a qualidade das mentiras que são capazes de dizer. Mentem bem, mentem mais e têm mais facilidade em detectar mentiras.

Finalmente, chegamos ao terceiro tipo de liderança tóxica: o maquiavelismo, termo derivado do estadista e teórico político italiano Nicolau Maquiavel, autor da obra *O príncipe*, uma das mais citadas em ciências políticas e que sugere, para resumir, que, para se alcançar certos fins, a utilização de meios imorais é justificável. Mesmo que o autor jamais tenha escrito a frase que resume sua análise sobre o modo de se fazer política, ao líder maquiavélico não interessa o processo com que se obtém um ganho pessoal ou um objetivo empresarial; desde que se alcance o objetivo, qualquer caminho (mesmo o mais maléfico) é bom. Esse tipo de líder tem uma forte necessidade de dinheiro, poder e competição.

Para atingirem os seus objetivos, os CEOs com tendências maquiavélicas demonstram um falso desrespeito pela moralidade (são moralistas, apesar de darem a entender que não são), são peritos em mascarar o que realmente os move e não demonstram remorso pelo mal que fazem aos outros. Os líderes maquiavélicos acreditam que não é possível progredir sem "percorrer atalhos", que é uma demonstração de inteligência desconfiar das pessoas na generalidade e, também, que a diferença entre a maioria dos criminosos e as outras pessoas é que os criminosos são estúpidos o suficiente para serem apanhados. Essa mentalidade permite-lhes dar corpo, sem misericórdia aparente, a comportamentos opressivos e exploradores. A liderança maquiavélica está associada a um baixo desempenho no trabalho e a comportamentos contraproducentes.

Como vimos até aqui, os três ingredientes da tríade do mal estão ligados a comportamentos negativos no trabalho, como o abuso, o roubo etc.; no entanto, o mais detrator é a psicopatia. O principal problema das lideranças maléficas é que, quando a pessoa no topo da organização se ancora num padrão de comportamentos tóxicos, o clima antiético espalha-se pela organização e, ao longo do tempo, é legitimado.

Percebemos melhor como opera a liderança maléfica na prática depois de assistirmos à série televisiva *Billions*. A dinâmica de competição negativa que caracteriza a relação dos principais protagonistas — o investidor Axelrod e o promotor de justiça Rhoades —, assim como a relação dos líderes com as equipes, altamente transacional e manipuladora, sinaliza tendências narcisistas, maquiavélicas e psicopatas. Sugestão: se ainda não viu essa série, coloque urgentemente na sua lista de tarefas.

As lideranças tóxicas não têm gênero e podem ser observadas tanto em homens como em mulheres, porém existem algumas diferenças na percepção dos sinais emitidos. Atenção: estamos falando de como as pessoas percebem o comportamento de líderes masculinos e femininos; e se fazemos esse destaque é porque se sabe historicamente, que características semelhantes entre homens e mulheres tendem a ser lidas de forma diferente. Em 2019, três pesquisadores realizaram uma ampla revisão de estudos em dados de 92 amostras independentes e concluíram que as tendências psicopatas nos homens parecem trazer algum grau de eficácia à liderança e os ajudam a emergir como líderes — ainda que as associações sejam fracas —, mas não os ajudam a liderar de forma transformacional inspirando a mudança e a evolução das pessoas e das organizações. Por outro lado, as tendências psicopatas nas mulheres não trazem eficácia à sua liderança, não apoiam uma liderança transformacional e não ajudam na construção de percepções de liderança — ou a chegar a um cargo de liderança. Ainda que as tendências psicopatas nos homens possam estar associadas à eficácia da liderança de curto prazo, a que preço é alcançada? Alto, como bem sabemos.

A não ser que a organização entenda de forma consciente que os perfis que compõem a tríade do mal se adaptem ao tipo de liderança que querem implantada diante de suas equipes — a despeito dos riscos a que estarão expostas —, é possível recorrer a instrumentos que identifiquem previamente os sinais de que profissionais em ascensão têm tendências a impor um estilo de liderança tóxica.

Uma pesquisa da Gallup descobriu que as empresas falham 82% das vezes na promoção de pessoas altamente talentosas para cargos de gestão e liderança. A promoção de pessoas emocionalmente inteligentes, competentes e com elevados índices na escala de caráter convida as organizações a focarem critérios de escolha robustos e à prova de distorções cognitivas e estereótipos. Essa é uma das formas como se pode investir na excelência e diminuir progressivamente as lideranças maléficas nas organizações.

Tendo por base uma revisão da literatura científica dos últimos cem anos, estes são os quatro elementos-chaves que as organizações devem focar:

1. Experiência passada e conquistas obtidas;
2. Avaliações múltiplas (por exemplo, personalidade, expressões cognitivas, tendências maléficas — tríade do mal, escala de caráter etc.);
3. Entrevistas múltiplas;
4. Observação do candidato no decorrer da ação.

A maioria dos líderes do futuro já está trabalhando na empresa que os promoverá. É necessário escolhê-los bem, de forma a construir uma experiência positiva e habilitadora para as pessoas. Num contexto de elevada incerteza, é primordial definir políticas de longo prazo de promoção do bem-estar das pessoas. A saúde mental está na ordem do dia e o bem-estar tornou-se uma prioridade.

O cenário corporativo já vinha sendo impactado por um conjunto de fatores que cabia inicialmente no acrônimo VUCA, de origem inglesa e composto por quatro características que se destacavam na sociedade: volatilidade (*volatility*), incerteza (*uncertainty*), complexidade (*complexity*) e ambiguidade (*ambiguity*). A expressão foi usada pela primeira vez ainda nos anos 1980 pelo exército americano para caracterizar diversos cenários possíveis de guerra. Como geralmente ocorre com os ensinamentos das escolas militares, seu conteúdo, estratégias e jargões migram para o mundo empresarial — e, nesse caso, fazia sentido, já que que esse também era pressionado por mudanças cada vez mais aceleradas e complexas. O problema é que, no instante em que esses sistemas complexos deixaram de evoluir da mesma forma ou reagiram entre si de maneira caótica, foi preciso buscar outros conceitos para que todas as transformações assistidas fossem devidamente caracterizadas. Sem que os indícios que definiam a visão anterior deixassem de ser intrínsecos à nossa vida, mudou-se a sigla. Em 2018, o futurista americano Jamais Cascio, entendendo a obsolescência ou os limites do mundo VUCA, apresentou-nos uma realidade frágil, ansiosa, não linear e incompreensível ou, na língua inglesa, que dá sentido a esse novo acrônimo, *brittle, anxious, nonlinear* e *incomprehensible*. Assim, o VUCA tornou-se BANI, que é uma forma de enquadrar um mundo de caos, e, no exercício de sua função, Cascio antecipava-se ao que estaria para acontecer em seguida com a pandemia que potencializou essa realidade.

Sendo assim, é fundamental a existência de lideranças que devolvam a esperança às pessoas, que incentivem o desenvolvimento do bem-estar, que reforcem o engajamento e estimulem a produtividade e o crescimento. Para que isso aconteça, é necessário encontrar líderes emocionalmente inteligentes, que inspirem as pessoas a exprimirem o seu potencial e a dar o melhor de si.

CONHEÇA O ANTÍDOTO PARA A TRÍADE DO MAL

De acordo com investigação recente, a inteligência emocional é um antídoto contra a tríade do mal. Mas, obviamente, nem tanto assim. Ao longo dos anos, houve um aumento no número de pesquisas explorando o que poderia ser considerado o lado sombrio da inteligência emocional. Suspeitou-se que líderes emocionalmente inteligentes pudessem usar sua capacidade para influenciar alvos estratégicos, manipular as emoções de seus colegas e promover seu bem-estar à custa dos outros. A desconfiança preocupante levou uma série de outros autores a analisar os argumentos que poderiam sustentar essa tese, que, se confirmada, aumentaria a margem de erro dos métodos de avaliação dos profissionais capacitados a postos de liderança. Aumentaria o risco de as organizações promoverem líderes tóxicos.

Em 2019, os cientistas Chao Miao, Ronald Humphrey e Shanshan se debruçaram em uma série de tabelas e pesquisaram uma quantidade enorme de dados disponíveis sobre o tema para concluir que os líderes emocionalmente inteligentes têm menos tendências maléficas e, quanto maior for essa inteligência, menor é a probabilidade para a psicopatia e menor é o seu nível de maquiavelismo. Para além disso, como demonstraram outros estudiosos, a inteligência emocional está relacionada com a eficácia da liderança, com a obtenção de um cargo elevado e faz com que as pessoas se sintam mais satisfeitas no trabalho.

Daniel Goleman foi o grande impulsionador do conceito da inteligência emocional tendo por base o icônico artigo dos professores Peter Salovey e John Mayer, de 1990, intitulado "Emotional Intelligence". Psicólogo e jornalista científico, Goleman escreveu *Trabalhando com a inteligência emocional* (Objetiva, 1999), livro no qual diz que, de acordo com um estudo realizado em mais de quinhentas empresas no mundo inteiro, a inteligência emocional revelou ser duas vezes mais importante do que o quociente de inteligência (o QI) para prever o desempenho das pessoas nas organizações. Goleman ainda afirma que a inteligência emocional explica 90% das diferenças entre os líderes no caminho da excelência e os restantes com conhecimento técnico e quociente de inteligência semelhantes.

De acordo com o autor, a inteligência emocional é a capacidade que desenvolvemos para compreender e gerir nossas emoções, assim como reconhecermos e influenciarmos as emoções das pessoas à nossa volta. A partir de dados obtidos pela Talentsmart, uma organização que tem pesquisado sobre a inteligência emocional, concluiu-se que as pessoas com QIs médios podem ter mais sucesso profissional do que aquelas com QIs mais elevados em 70% das vezes. Essa anomalia abalou profundamente a mentalidade que muitas pessoas tinham até então de que o QI era a principal fonte de sucesso nas organizações.

A inteligência emocional explora um recurso fundamental do comportamento humano que é distinto do intelecto. Ainda não há informações suficientes que provem uma relação entre QI e inteligência emocional, ou seja, não podemos pressupor o nível de inteligência emocional de uma pessoa com base no quão inteligente alguém é. São conceitos distintos. O QI é a capacidade que temos de aprender, e é semelhante desde o início da adolescência até ao fim da idade adulta. A inteligência emocional, por outro lado, é um conjunto flexível de competências que podem ser desenvolvidas e melhoradas com a prática consciente.

Embora algumas pessoas sejam naturalmente mais inteligentes do ponto de vista emocional do que outras, é possível desenvolver a inteligência emocional independentemente do lugar de onde partimos. O mesmo se passa com a personalidade, que tende a ser estável ao longo do tempo e é um conceito independente da inteligência emocional. Enquanto a personalidade revela um conjunto de preferências, como a consciência ou a abertura à experiência, a inteligência emocional sinaliza o quanto eficazes somos em gerir as nossas emoções e em lidar com as dos outros. Por isso, QI, personalidade e inteligência emocional são campos diferentes, ainda que ajudem a explicar o comportamento humano como um todo.

A Talentsmart descobriu que as pessoas com alto grau de inteligência emocional ganham salários mais elevados do que as pessoas com baixo grau de inteligência emocional. A relação entre inteligência emocional e o salário mostra que cada ponto de aumento na inteligência emocional acrescenta US$ 1,3 mil ao salário anual de uma pessoa. Ainda não foi encontrado um emprego em que o desempenho e o pagamento não estejam relacionados com a inteligência emocional.

Os cinco elementos da inteligência emocional, de acordo com Goleman, são:

1. Autoconsciência: é a capacidade de reconhecermos e compreendermos as nossas próprias emoções e o efeito que têm nos outros. As pessoas que possuem uma autoconsciência elevada têm um bom sentido de humor, são

confiantes e estão conscientes acerca da forma como são percebidas pelas outras pessoas.

Para nos tornarmos mais autoconscientes, devemos ser capazes de estar atentos ao que sentimos a cada momento e identificarmos com especificidade cada emoção. As pessoas mais autoconscientes também reconhecem a relação que existe entre o que sentem e o comportamento que têm. Desta forma, são capazes de reconhecer os seus próprios pontos fortes e limitações e estão mais abertas a novas informações e experiências de aprendizagem na interação com os outros.

Em *Inteligência emocional 2.0* (HSM, 2016), os fundadores da Talentsmart, Travis Bradberry e Jean Greaves, publicam uma pesquisa na qual 83% dos profissionais com autoconsciência desenvolvida aparecem com desempenho superior aos seus colegas; enquanto apenas 2% dos profissionais sem autoconsciência desenvolvida conseguem resultados melhores. São eles, aliás, que identificaram que "a inteligência emocional é tão importante para o sucesso que responde por 58% do desempenho em todos os tipos de funções profissionais".

2. Autorregulação: é a capacidade para regularmos as nossas emoções. Não tem a ver com a supressão emocional, mas com a competência de fazermos restrição aos impulsos reativos e aguardarmos o momento mais adequado para manifestar nossas emoções de forma ecológica. A autorregulação é fundamental para trazer, para as nossas vidas, mais flexibilidade e adaptação à mudança no plano pessoal e no profissional. As pessoas com elevados níveis de autorregulação tendem a compreender a sua influência nos outros e a assumir a responsabilidade das suas ações.
3. Empatia: é a capacidade de nos colocarmos no lugar do outro, validarmos seus sentimentos, sermos ouvintes ati-

vos, descobrirmos semelhanças e sermos genuinamente curiosos acerca dos outros. A empatia convida à vulnerabilidade positiva e também à presença. Estar lá, ao lado da outra pessoa, a escutar e a observar ativamente. Fazer mais perguntas e dar menos respostas. Estar conectado ao outro é uma experiência cognitiva e emocional, e que se baseia numa consciência de plenitude.

4. Automotivação: é a capacidade de conhecermos os nossos motivos para agir e as necessidades que satisfazemos enquanto agimos. As pessoas internamente motivadas mobilizam-se por coisas que estão para além da fama, do poder e do dinheiro. As pessoas automotivadas procuram o alcance de objetivos significativos, a superação pessoal, a melhoria contínua, o reconhecimento interior e viver seu propósito com plenitude. As coisas materiais têm a sua importância, mas no seio de um contexto mais amplo.
5. Competências sociais e de comunicação: é a capacidade de interagir socialmente com eficácia. As competências sociais permitem que as pessoas desenvolvam relacionamentos produtivos e autênticos com os outros e ampliem a compreensão que têm de si mesmas e dos que estão ao redor. Esse ingrediente da inteligência emocional convida-nos a colocarmos em prática a compreensão emocional que temos de nós e dos outros nas interações rotineiras do dia a dia. No contexto profissional, os líderes se beneficiam se forem capazes de construir relacionamentos e conexões positivas com a sua equipe e as pessoas ganham por desenvolverem relacionamentos mais sólidos e significativos com líderes e colegas de trabalho. As principais competências sociais incluem a escuta ativa, a comunicação verbal, a comunicação não verbal, a liderança e a persuasão.

António Sacavém
O que é um bom líder?

"Há muitas teorias sobre liderança; mas, para mim, há uma tendência de se procurar líderes mais próximos das pessoas e que se permitam algum grau de vulnerabilidade. Líderes que não queiram ser vistos como robôs ou como exemplos da perfeição, mas como seres humanos que, naquele momento, foram eleitos para ali estar ou têm mais competência eventualmente para ali estar, mas que são humanos, com traços humanos e, portanto, têm pontos fortes, mas também pontos a serem melhorados. As pessoas, cada vez mais, não aceitam bem aquele protótipo de líder perfeito, que faz tudo bem. Essa liderança é mais pelo serviço, mais autêntica, uma liderança que, sim, tem aspectos transacionais, mas que, ao mesmo tempo, tem aspectos transformacionais. Ou seja, o líder que inspira, que consegue tirar o melhor dos outros, que ajuda as pessoas a se conectarem com o seu propósito porque conhece o seu próprio propósito. Há um estudo, um artigo da Universidade de Harvard, que diz que apenas 20% dos líderes sabem o seu real propósito. Ou seja, qual é a missão deles. Se não sabem, como podem ajudar os outros a se conectarem com o seu propósito?"

O que é esse propósito?

"O que me orienta nesta vida? O que me permite cruzar os meus talentos e as minhas competências? Como eu posso cruzar o meu talento e a minha competência e servir a um bem maior? Como eu posso me sentir ao mesmo tempo muito produtivo e feliz, enquanto faço aquilo que faço? É algo que vem de dentro e entra em contato com a minha essência? E como eu posso colocar essa essência a serviço de uma organização, de uma causa? Esse é um processo de descoberta para a vida toda. O propósito é, de fato, algo que vai além daquela necessidade muito mundana de entregar o meu tempo para receber uma determinada remuneração, que está no registro da sobrevivência."

LIDERE PELO SERVIÇO

Para além de um estilo de liderança mais inclusivo — sobre o qual conversamos anteriormente —, os líderes emocionalmente inteligentes tendem a demonstrar mais comportamentos transformacionais e não apenas transacionais, do tipo "toma lá, dá cá", em que a gestão é baseada em prêmio e castigo. Sabemos, hoje, que a liderança transformacional, com incentivo, inspiração e motivação, é eficaz, tem efeito positivo no engajamento dos colaboradores e não traz no "pacote" os comportamentos negativos e tóxicos de uma liderança maléfica.

Precisamos de mais formação em competências comportamentais, de qualidade e baseada na ciência dentro das empresas. A vida nas organizações é imperfeita — fora delas também, é verdade! Porém, é possível (e desejável) investir na excelência: uma liderança mais consciente, centrada em princípios, transformacional e orientada para o serviço.

A liderança pelo serviço é holística por natureza e pretende comprometer os seguidores em diversas dimensões — relacional, ética, emocional e espiritual — para que se sintam empoderados a crescerem e a serem capazes de exprimir o seu potencial. Numa ampla revisão da literatura, em que foram analisados 285 artigos publicados ao longo dos últimos vinte anos, por Nathan Eva, Mulyadi Robin, Sen Sendjaya, Dirk van Dierendonck e Robert Liden, ficamos sabendo que a liderança pelo serviço está positivamente relacionada a um conjunto de importantes fatores:

1. Desempenho individual, da equipe e da organização;
2. Inovação geradora de performance;
3. Percepções de eficácia e integridade do líder;
4. Orientação para o cliente;
5. Qualidade do serviço;
6. Comportamentos de colaboração e de ajuda mútua;

7. Equilíbrio trabalho-família e bem-estar geral;
8. Empatia;
9. Orientação para o voluntariado;
10. Confiança no líder.

Os líderes que cultivam a amabilidade, uma autoanálise rigorosa, o *mindfulness*, atenção plena em português, e trabalham arduamente para superar as suas tendências narcisistas são aqueles que têm maior potencial para demonstrar uma liderança pelo serviço eficaz. Essa abordagem da liderança, com resultados demonstrados pela ciência, parece ser mais um excelente antídoto para as lideranças maléficas.

Num contexto em que acabamos separados pela distância — tendência que se fortaleceu na pandemia —, são necessários líderes capazes de unir, conciliar vontades, desenvolver novos líderes e contribuir para um clima organizacional habilitador e promotor da felicidade e do bem-estar das pessoas. Líderes capazes de facilitar a emergência de culturas mais inclusivas.

Considere "conhece-te a ti mesmo", frase inscrita no Oráculo de Delfos, o guia para quem pretende trilhar o caminho de lideranças menos tóxicas, emocionalmente mais inteligentes e com uma capacidade de comunicação extraordinária.

COMO A LINGUAGEM CORPORAL INFLUENCIA A INTELIGÊNCIA EMOCIONAL

A investigação produzida por António Sacavém e seus colegas em 2017 descobriu que as competências sociais e de comunicação do líder, elemento central da inteligência emocional, têm um impacto na performance dos seguidores. As palavras são muito importantes para partilhar ideias, mas a comunicação não verbal é fundamental para contagiar as pessoas com as suas emoções.

O estudo explorou como a linguagem corporal pode dar apoio a uma liderança eficaz. A pesquisa analisou, concretamente, os comportamentos não verbais de dominância e aproximação, e como estes comportamentos impactaram nas percepções de liderança carismática, no estado emocional dos seguidores e em seu desempenho.

Os comportamentos de aproximação analisados foram:

1. Sorriso;
2. Aceno de cabeça;
3. Inclinação do corpo para a frente;
4. Orientação do corpo na direção das pessoas.

Em complemento, os comportamentos de dominância (poder pessoal) estudados foram:

1. Gestos dinâmicos das mãos;
2. Falar com contraste na voz;
3. Face expressiva;
4. Postura relaxada;
5. Gestos amplos.

Os resultados mostraram que os comportamentos de aproximação e dominância, por parte do líder, foram essenciais para estimular um estado emocional positivo e reduzir um estado emocional negativo nas pessoas. Na ausência de comportamentos próximos e de dominância dos líderes, ocorreu o contrário. Para além disso, as manifestações não verbais de dominância e aproximação também conduziram as pessoas a perceberem o líder como carismático. Relativamente ao impacto na performance, os estilos de comunicação "dominante" e "dominante e próximo" levaram a um aumento do desempenho dos seguidores, ao contrário dos restantes.

Com base nesses resultados, percebemos a importância de os líderes estarem mais atentos à sua comunicação não verbal como forma de influenciarem um clima positivo nas suas equipes e retirar mais e melhor das pessoas. Num contexto em que a transparência, a abertura e a comunicação clara são elementos cruciais para construir a confiança entre líder e liderados, cabe aos líderes estarem conscientes da sua importância e revelarem competências nos três recursos comunicacionais: verbal, vocal e não verbal.

Quando a comunicação não verbal está alinhada com o conteúdo, dizemos que a mensagem foi partilhada de forma clara e transparente. No entanto, quando a comunicação não verbal está desalinhada com as palavras veiculadas, a comunicação do líder tende a ser ineficaz. Para além disso, os líderes emocionalmente inteligentes devem promover esforços para desenvolver as competências verbal e não verbal dos integrantes de suas equipes.

A inteligência emocional, na qual se integram os aspectos da comunicação tratados agora, pode ser desenvolvida com formação adequada e treinamento. Podemos e devemos investir em formação de médio e longo prazos, de eficácia comprovada, baseada na ciência. À medida que a inteligência emocional do líder se expande, também os músculos comportamentais ganham mais tônus. O líder começa a gerir melhor as emoções debaixo de estresse elevado, resiste mais eficazmente às distrações, torna-se um "escutador" e observador mais competente e deixa de ter a necessidade de microgerir as pessoas — que exige um esforço brutal e dispêndio de tempo com controle excessivo e acompanhamento próximo de cada situação.

A Amazon, gigante da tecnologia e do comércio eletrônico, que propõe aos seus funcionários um código de 14 valores corporativos, recentemente alterou essa lista adicionando mais dois pontos. Um deles em resposta à reclamação de não atender às comunidades de onde vêm seus colaboradores:

> Somos grandes, impactamos o mundo e estamos longe de ser perfeitos... Devemos ser humildes e atenciosos até mesmo sobre os efeitos secundários de nossas ações. Nossas comunidades locais, planeta e gerações futuras precisam que sejamos melhores a cada dia.

O outro item adicionado à lista tem a ver com o que estávamos conversando até aqui: "Esforce-se para ser o melhor empregador da Terra." Esse propósito se dá por meio de um forte compromisso com o desenvolvimento da inteligência emocional das lideranças e das pessoas. Os líderes são estimulados a desenvolver equipes de alta confiança e com uma visão inspiradora gerando um clima de segurança psicológica, comunicação transparente e empatia. Essa cultura permite que mais funcionários da Amazon se sintam incluídos, se divirtam no trabalho e tenham sucesso profissional e pessoal.

COMO OS LÍDERES SE COMUNICAM

Quando partimos do princípio de que a comunicação só se realiza de fato quando a mensagem transita entre quem emite e quem recebe fazendo sentido às partes envolvidas — ou em português bem claro, a comunicação não é só o que eu digo, mas o que você escuta —, fica fácil entender a importância de customizarmos a maneira de nos dirigirmos a cada pessoa ou grupo. O estilo de liderança deve se basear em suas características de personalidade e considerar também a forma como o outro se comporta, como prefere ser tratado.

Alguns precisam receber ordens mais diretas e objetivas. Outros precisam se sentir mais acolhidos, considerados! Há os que necessitam de orientação diária e os que pedem mais liberdade na caminhada. Nesses novos tempos, haverá funcionários que preferem o home office, os que se sentirão confortáveis no trabalho híbrido e os que não abrem mão de se apresentar diariamente no escritório — é preciso entender as particularidades de cada um.

O que se precisa ter em mente é que o líder, antes de mais nada, tem de ser autêntico. Forjar uma personalidade para se adaptar às circunstâncias pode ser desastroso pela percepção de falta de honestidade. Há pessoas que têm mais jeito para falar com o outro e há as que costumam usar uma sinceridade excessiva. Steve Jobs era considerado muito direto pela maneira de se colocar e, muitas vezes, contundente nas críticas. Ninguém, porém, poderia acusá-lo de falta de autenticidade. Construiu-se dessa forma e assim ascendeu no cenário corporativo revelando competência bem acima da média — é a maior prova desse mérito o quanto as inovações desenvolvidas pela Apple influenciam nossas vidas. Jobs montou equipes que se adaptavam à sua maneira de agir da mesma forma que oferecia a elas projetos geniais e desafiadores, motivando-as a trazer soluções e primar pela perfeição. A despeito de sua personalidade, comunicava-se como poucos. E, a partir dessa comunicação, inspirava. Era um homem único. Uma exceção. Poucos, bem poucos, terão essa possibilidade.

O perfil do líder é construído nas escolhas do cotidiano dentro e fora da empresa. Na decisão que tomamos quando estamos diante de situações de confronto e no caminho que seguiremos com a equipe quando a crise surge, da mesma forma que seremos definidos pelo comportamento que temos em família ou nos grupos sociais com os quais convivemos. Crescermos dentro de um ambiente eticamente saudável ajudará muito a desenhar nosso destino e dizer ao mundo — e às nossas equipes — quem somos.

Há líderes autocráticos ou autoritários que centralizam as decisões e oferecem pouco espaço para o compartilhamento de ideias. Eles traçam as diretrizes e as impõem ao grupo assumindo por completo a responsabilidade pelos resultados, bons ou ruins. Há os democráticos ou participativos que buscam o consenso e o compartilhamento dessa responsabilidade. Há os liberais que entregam ao grupo o poder de decisão e terceirizam a responsabilidade. Necessariamente, não somos um ou outro por completo. Preferencialmente, somos um pouco de cada um conforme as circunstâncias. Ter essa adaptabilidade ajuda a nos posicionarmos quando cada cenário se apresenta.

Mesmo que você se veja como um liberal, é bem interessante que, diante de uma crise, que exige mudanças drásticas e soluções emergenciais, os traços autocráticos sejam ressaltados porque nessas horas a equipe precisa de um direcionamento preciso. Essa migração no modo de liderar deve se valer também do perfil do grupo com que estamos trabalhando. Quanto maior for a confiança entre líder e liderados, mais bem-sucedida será essa adaptação.

Atenção: aqui, não estamos falando de líder bom ou ruim, menos ainda de líderes maléficos ou tóxicos. Falamos de estilo e não de caráter.

Considerando que o líder tem de ser autêntico, tem de se sentir bem no papel que exerce dentro da empresa a partir da maneira como age, senão deixará de transmitir veracidade, precisará encontrar em si mesmo formas de acolher o outro. E a solução é embalar essas suas características de uma maneira melhor!

Seguem cinco sugestões:

1. Você conhece a pessoa com quem está falando? O líder tem de entender muito bem o seu time e, ao saber com quem conversa, vai perceber aquele que prefere ser apontado de uma maneira mais direta e o que vai precisar de um cuidado maior. Também faz parte da boa comunicação ser capaz de identificar e personalizar a forma como lidar com o outro.
2. Faça críticas para a pessoa e não sobre a pessoa! O profissional precisa receber retorno da qualidade do seu trabalho, do resultado que está entregando ou deixando

de entregar. Reclamar do desempenho dele em conversas paralelas ou em grupos dos quais ele não faz parte, além de não resolver o problema, vai gerar desconfiança nos demais colegas. Afinal, se você age assim com ele, quem garante que você não faz o mesmo com os outros? Tão importante quanto oferecer a crítica para a pessoa é entender que a crítica tem de ser ao comportamento dela. Jamais a ela. É uma sutileza. É um cuidado que precisamos ter, descrevendo de maneira clara qual é o comportamento indesejado e se atendo a fatos objetivos. Ao pontuar qual comportamento desejamos, coloque-se à disposição para ajudar a resolver o problema.

3. Cuidado no elogio! Opa, elogiar não é incentivar o profissional? Valorizar seu desempenho e interesse? Sem dúvida! O cuidado que pedimos é na forma de fazer esse elogio, tem de ser claro e específico. "Parabéns pelo seu trabalho!" soa bem aos ouvidos de todos, mas não indica qual aspecto da tarefa realizada o líder está exaltando. É fundamental que o líder seja mais específico, até para que o outro e seus colegas possam reproduzir esse comportamento.
4. Converse muito, feedback sempre! Você já deve ter deparado com aquele vazamento insignificante que apareceu na parede de casa. Uma marca que mal dá para perceber e que você promete resolver um dia. O tempo passa e, quando menos espera, descobre que a parede está comprometida, o mofo se espalhou no ambiente e a reforma vai custar caro.

Assim acontece com as pequenas falhas na execução de uma tarefa ou na performance de um profissional. Quanto menos se faz, a tendência é que os erros se sucedam e se tornem irreversíveis. O que antes era tratado com parcimônia o faz reagir de maneira explosiva.

Para evitar isso, esteja sempre disposto a conversar com sua equipe e, quando identificar algum erro ou tiver dúvidas sobre o comportamento de um dos integrantes, chame-o para um feedback. Faça dessa uma prática frequente no ambiente de trabalho. Não deixe para amanhã a encrenca que você pode evitar hoje.

5. Conheça a identidade de cada um! Na empresa, existe funcionário que ama a função que exerce e executa as tarefas com maestria; revela uma felicidade incrível, diretamente relacionada com aquilo que realiza, no lugar em que está e com aquelas responsabilidades. De tão bem avaliado, você decide promovê-lo, e a desgraça se realiza. Até vai ganhar um dinheiro a mais; porém, ao abrir mão de algumas tarefas e ter de encarar outras responsabilidades menos prazerosas, tem-se um promovido infeliz.

   Por outro lado, existe um tipo de funcionário que os pesquisadores chamam de "superstar". São profissionais com altíssimo nível de ambição, que querem crescer o mais rapidamente possível. Esses devem ser bastante estimulados, receber feedbacks mais desafiadores, tarefas que são diferentes para que estejam sempre motivados — mesmo que no momento não haja como promovê-los dentro da empresa —, sob o risco de perder esse talento para a primeira oferta que surgir no mercado. É preciso ter clareza da identidade de cada profissional da sua equipe, quem são os que se satisfazem com o trabalho dos bastidores, quem são as estrelas que querem estar no palco.

Thomas Brieu
O que é um bom líder?

"A liderança tem três fontes de autoridade ou de legitimidade. A primeira é 'eu mando porque sou mais forte', que é uma fonte incontestável, 'eu tenho um crachá mais alto do que o seu', 'tenho uma posição social, um status'. Isto vem do neolítico, quando começamos a cultivar terras e precisamos escolher o mais forte para defender a terra. Daí nasceram impérios, reinos, toda a história da humanidade baseada em pessoas que escolhem a pessoa mais forte para defendê-las. Pouco a pouco, surgiu uma segunda fonte de autoridade: 'Eu mando porque sei mais do que você.' Conhecimento. E a história das religiões está baseada não na força, mas no conhecimento. Elas guardavam a informação e o conhecimento. O fim do século 20 foi o ápice da ideia de que informação é poder. Mas há uma falência dessa outra fonte de autoridade. Isso não funciona mais porque o conhecimento todo está na palma da nossa mão. O meu cliente sabe mais do que eu. O meu liderado sabe coisas diferentes. Os acontecimentos são tão imprevisíveis que eu, como líder, não sei o que eu vou fazer amanhã para lidar com as situações.

Então, de onde vem a legitimidade da minha liderança? Vem de uma coisa que os outros dão para nós. Diferentemente das duas primeiras fontes que eram atributos que "eu tenho", essa terceira fonte é algo que recebo. A legitimidade da minha liderança está no voto de confiança que recebo dos outros. O que faz com que eu receba esse voto de confiança? Quando eu me pergunto isso, observo e percebo que as pessoas dão um voto de confiança quando reconhecem que o outro se mostra impecável naquilo que faz. Antes, elas faziam objetos, armas, guerras. Agora, o que as pessoas mais fazem? Falar e escutar. Trabalhamos com palavras em uma sociedade cada vez mais desmaterializada. Essa impecabilidade no escutar e no falar faz com que mereçamos um voto de confiança. Então, liderança é comunicação. Desde que também tenha conteúdo."

COMUNICAÇÃO A SERVIÇO DA LIDERANÇA

> O grande líder é aquele que exerce papel transformador. A força verdadeira da liderança é a capacidade de promover e multiplicar mudanças positivas. E, para isso, é preciso gerar laços de confiança — com suas equipes, pares, gestores e clientes — que são desenvolvidos por meio de um instrumento básico: a comunicação. Você só será um líder eficiente se souber ao mesmo tempo "dar o seu recado" e ouvir — de verdade e em sentido amplo — os seus interlocutores.

É o que defende Cláudia Sender, executiva brasileira, em texto de apresentação do livro *Comunicar para liderar* (Contexto, 2015). Ela chama a atenção para a ilusão que acomete os profissionais que acreditam que, por terem ascendido à função de líder, sabem se comunicar. Ledo engano!

Da mesma forma que a história mostra que nem todo líder é um bom comunicador — e muitos deixaram de ser líderes pela falta dessa competência —, sabe-se que todo líder de excelência é um excelente comunicador. A comunicação eficaz é ferramenta imprescindível para o exercício da liderança. Claro que existem aqueles que estão desempenhando esse papel sem que essa competência esteja plenamente desenvolvida. É normal que isso aconteça! A inteligência está em perceber a fragilidade e entender que será preciso cuidar do aprimoramento da comunicação — um comportamento aprendido e, portanto, passível de mudança, passível de melhora.

No ambiente corporativo — e os acontecimentos do mundo pandêmico reforçaram essa verdade —, nota-se com muita clareza que, quanto mais o profissional cresce dentro da empresa, o domínio das competências técnicas perde relevância em relação às competências socioemocionais. Por isso, a busca pelo autoconhecimento e a abertura para o contato com outro de maneira plena e acolhedora são indispensáveis.

São muitas as demandas de profissionais que estão ocupando ou são candidatos a postos de liderança e percebem a necessidade de apurar a forma como se comunicam. Da mesma maneira é gratificante observar o quanto eles, ao se dedicarem a esse conhecimento, obtêm melhores resultados, e isso se reflete em vários aspectos, inclusive no clima organizacional.

Observamos uma mudança bastante significativa no mercado de trabalho. No começo do século passado, quando o acesso à formação era muito restrito, as características pessoais eram mais valorizadas. Alguém indicava um sobrinho a um amigo comerciante, por exemplo, com base em informações de que "o rapaz é dedicado, esforçado". Depois, veio a possibilidade de um desenvolvimento intelectual mais amplo com a oferta de cursos técnicos e superiores. A pessoa que conseguia um diploma tinha em mãos um diferencial competitivo e praticamente garantia vaga no mercado de trabalho. Hoje, o acesso é cada vez mais fácil à formação, à informação e ao desenvolvimento intelectual. Os profissionais que concorrem a cargos mais elevados nas empresas têm currículos muito próximos. A maioria com sólida formação, graduação, pós-graduação, MBA e fluência em idiomas. Antes, quem falava inglês com proficiência se diferenciava. Hoje, ao lado do inglês, recomenda-se outros idiomas como alemão, espanhol ou mandarim.

Com os executivos chegando com formações semelhantes para concorrer aos cargos mais altos da organização, é uníssono entre os headhunters de que as características pessoais são valorizadas, uma vez que os resultados virão da sua habilidade de conduzir equipes, da sua capacidade de motivar e inspirar as pessoas. Buscam-se gestores percebidos como educadores e inspiradores, duas habilidades que exigem uma comunicação eficiente. Por isso é possível inferir que, na maioria das ocasiões, essa competência funcionará como critério de desempate na seleção de candidatos aos cargos de liderança numa empresa.

É consenso: comunicar é preciso! Desenvolver essa competência é questão de sobrevivência, além de ser uma tarefa desafiadora. Porque já aprendemos que a comunicação não depende apenas de nós — apesar da autonomia que temos em usar seus instrumentos. Para que se realize, há necessidade de encontrarmos interlocutores dispostos a recebê-la. E recebê-la da forma e com o conteúdo que imaginamos inicialmente. A nossa busca é por aproximarmos ao máximo o entendimento da pessoa da nossa intenção inicial. Toda escuta é permeada pelas expectativas, pelas histórias de vida e pela bagagem que cada um traz. Por isso, quanto mais conhecimento houver sobre o nosso interlocutor, melhor. Quanto mais o líder tiver conhecimento do que move os seus liderados, mais eficiente será a comunicação. Essa busca deve ser constante porque realmente se trata de um grande desafio.

Um passo decisivo para nos comunicarmos com excelência — e perdão se somos redundantes — é sermos bons ouvintes. Bons "escutadores", já que traçamos anteriormente a fronteira que separa o ouvir do escutar. O que também aprendemos é que esse exercício pressupõe humildade de nossa parte. O prêmio para quem aceitar o desafio é conquistar a atenção das pessoas, tão disputada quanto escassa, que se realiza com o interesse do outro em fazer parte deste processo de comunicação.

Quando o profissional se sente inspirado por uma liderança que acolhe, que envolve, que dá a sensação de segurança, ele produz melhor, entrega além do que é solicitado. Os níveis de envolvimento e de desempenho são muito superiores quando nos sentimos assistidos. Do contrário, incômodo, desconforto e falta de confiança se traduzem em um ambiente tóxico de trabalho.

Por ser essa uma consciência que foi se estabelecendo ao longo das últimas décadas, ela se faz crucial com a chegada das novas gerações ao mercado de trabalho. Essas pessoas já nasceram influenciadas por esse comportamento mais saudável e civilizado e, portanto, são ainda mais exigentes do que aquelas que assistiram às transformações.

JOVENS QUEREM NOVOS LÍDERES

A grande participação de jovens nas empresas foi um dos motivos que levaram os modelos de liderança a serem repensados. Nascidos em ambientes com mais acesso à informação, com tecnologia apropriada que oferece autonomia para a criação de negócios próprios e novas formas de financiamento, reduziu-se a dependência deles aos empregos já estabelecidos e às empresas formalizadas. Mesmo quando entram em grandes organizações, levam consigo a cultura das startups, marcada por regras mais adaptáveis, o equilíbrio entre as vidas profissional e pessoal, e a liberdade de ação.

As gerações mais jovens têm características que as diferenciam muito das demais. A começar pelo fato de que a maioria tem boa formação — a despeito de todas as barreiras que existem, a educação é mais acessível. Esses jovens têm uma cabeça ágil, aberta e pronta para acatar inovações. Acostumados com a velocidade dos processos, se incomodam com projetos que emperram devido à forte hierarquia nas empresas. Estão muito mais comprometidos com os seus desejos do que com as expectativas das organizações, por isso entram e saem dos empregos sem parcimônia. Enquanto os mais velhos pensavam duas, três vezes se valia a pena aceitar o convite de um outro empregador, os jovens estão dispostos a experiências inovadoras sem medo de errar.

Verdade que a inquietude e o questionamento sempre foram características dos mais jovens — destas e das gerações anteriores. O fato agora é que tudo isso se potencializou e ficou mais evidente com a convivência de diversas gerações no mesmo ambiente.

A longevidade corporativa tem colocado lado a lado ao menos quatro gerações diversas a dividir espaço, reuniões e projetos. Esperamos que isso seja visto como um desafio, jamais como um problema. O compartilhamento de desejos e experiências é saudável para o clima organizacional, para os negócios e para as pessoas. É enriquecedor para todos os envolvidos. Desafiador, é claro!

Entre os muitos estímulos que essa personalidade inquieta, inovadora e questionadora gera no líder está a busca pelo equilíbrio na condução do relacionamento interpessoal. Com as proximidades hierárquica e física — porque a arquitetura corporativa também reflete as mudanças de comportamento —, àquele que lidera cabe o cuidado para que a informalidade não se sobreponha aos limites de cada cargo. Os papéis de cada um devem estar bem caracterizados na relação porque, independentemente de o espaço corporativo ter se transformado, é importante para o jovem a definição de quem é o líder, de quem é a referência naquele ambiente. Um aspecto que tem de ser considerado para evitar que mais adiante, especialmente em situações críticas, ele se sinta desorientado.

O jovem precisa de um líder que consiga motivar e mostrar um caminho a seguir pela atitude, e não só pela fala. Essa é uma busca muito importante. "Faça o que eu digo, não faça o que eu faço" é ditado fadado ao ostracismo; e regra própria para o fracasso da liderança. O comportamento tem de estar de acordo com a fala. Eis aqui um caso exemplar de por que o verbal, o não verbal e o vocal têm de estar sintonizados! A coerência é o que vai sustentar o desejo ou até o respeito de um profissional para seguir as orientações.

Com o objetivo de que essa relação seja produtiva e saudável, comece por buscar a clareza do propósito comum. Na empresa, todos estão motivados por uma determinada razão. E o ideal é que os objetivos sejam os mesmos. Também é importante que haja entendimento em relação ao papel de cada um. Que o líder diga de forma transparente o que espera nas diferentes situações. Pode parecer óbvio, mas você deve ter anotado aí em algum lugar o dado da pesquisa feita com profissionais brasileiros em que seis a cada dez disseram não saber quais eram suas metas. Como esperar resultados de um colaborador se a empresa — leia-se, o líder — não é capaz de dizer para ele que resultado se espera.

Um outro ponto que funciona bem demais — e isso se aplica não apenas aos jovens — é dizer o que se quer em termos de resultado e dar autonomia para a equipe em relação às etapas do processo ou ao modo de fazer. Mais uma vez, estamos alertando para a importância do equilíbrio nesse relacionamento. Assim como saber qual a distância regulamentar entre líder e liderado, é preciso entender até onde se deve traçar o mapa de atuação das equipes.

Se você induz a equipe dizendo qual a meta a ser atingida, quais os passos a serem percorridos e quais os processos que devem ser respeitados, estará se valendo de uma comunicação cheia de boas intenções, pois é baseada no interesse genuíno de querer ajudá-la a alcançar o almejado. Não se engane, essa é uma comunicação limitante! A tendência é que os profissionais apenas repliquem ou tentem reproduzir a ordem emitida. A tarefa talvez até exija menos esforço deles; afinal, é só seguir o mapa traçado pelo chefe. Da mesma forma, é possível que se alcance o resultado. Então, qual o problema? Comunicações limitantes castram a criatividade, promovem pensamentos medíocres, geram desânimo porque automatizam as ações e jamais chegarão à excelência, que só é possível quando o resultado é surpreendente, vai além do esperado e causa admiração — na equipe, nos líderes, na empresa e no mercado.

Apenas uma comunicação libertadora pode fazer com que o medíocre dê lugar ao excepcional. É preciso dar liberdade às pessoas para que pensem, imaginem novos caminhos e, se necessário, delirem diante do desafio. Incentiva-se as pessoas a pensarem e se sentirem proprietárias do projeto porque não estarão apenas seguindo o manual, mas ajudando a escrever o manual. Assim, ao apresentar o objetivo da empresa em determinado programa, o líder tem de incentivar os profissionais a sugerirem os caminhos que serão percorridos. Para tal, devem fazer perguntas abertas e provocadoras.

Antes mesmo de um resultado que vá além do esperado, ganha-se com o engajamento da equipe, a motivação dos profissionais e a disposição em colaborar porque são sensações que vão impactar positivamente o ambiente de trabalho e beneficiar outros processos que estejam em andamento na empresa. Quanto aos jovens, afinal é deles que estamos falando neste capítulo, sabemos que gostam de ajudar, de ser consultados e escutados. Sem contar que é muito bom ter um líder que os respeita, considera suas escolhas e oferece uma relação de proximidade.

Nessa linha, os resultados são muito mais robustos porque passa a haver comprometimento. Se o profissional percebe que o líder confia nele, tende a se esforçar muito para não decepcionar, para atender bem às expectativas. Dar esse espaço para sua equipe faz com que as pessoas consigam se desenvolver mais e oferecer soluções melhores e mais criativas.

Há riscos que precisam ser medidos. O líder é alguém disposto a dar espaço, a permitir a interação, mas segue sendo ele quem vai ter de responder ao comando da empresa, ao conselho e aos acionistas. Como tratar isso de uma forma positiva? Jamais confundir intimidade com promiscuidade. Liberdade com liberalidade. Nunca transformar méritos em publicidade para si próprio — há o risco de a equipe se sentir usada e o autoelogio se expressar em detrimento da genuinidade, que defendemos em todas as circunstâncias.

Você percebeu que o líder é um equilibrista! Deve ser próximo, deve se colocar diante do grupo de maneira mais leve e deve oferecer autonomia. Ao mesmo tempo, tem de manter a autoridade, perceber a hora certa de uma palavra orientadora ou definitiva e identificar o momento exato de interferir na autonomia do grupo para medir os resultados do projeto em andamento e deixar claro o que funciona e o que não funciona. Todos têm de entender que a liberdade é ótima, mas é uma conquista. E essa liberdade pressupõe responsabilidade.

9. Feedback ou como transformar pessoas

A vida nas empresas é imperfeita! As empresas não são a sede, o logotipo ou o CNPJ, são as pessoas! Você já leu essas duas frases em alguma parte deste livro. Trouxemos as duas de volta e as unimos aqui para concluir: se a vida nas empresas não é perfeita e as empresas são as pessoas, as pessoas não são perfeitas! Não somos; e, se alguém acreditar no contrário, desconfie. Nós acertamos e erramos. Nossos líderes cometem falhas. Os colegas deixam de realizar tarefas. Você nem sempre atenderá à expectativa da sua equipe.

Conscientes disso, é essencial ter o olhar atento para identificar o que ocorre com o objetivo de sempre melhorar. Quanto mais clareza tivermos em relação às nossas fortalezas e pontos de melhoria, mais nos aperfeiçoaremos. Culturalmente, é comum que as pessoas só olhem para as suas falhas. Essa é a herança do nosso cérebro primitivo, sempre atento aos aspectos negativos, que podem representar riscos para nós! Sim, é importante identificarmos os nossos pontos fracos para que possamos melhorar. Isso é legítimo e precisa acontecer para qualquer pessoa que quer se desenvolver. Porém, estudos muito sólidos mostram que é muito mais eficiente desenvolver o que as pessoas fazem bem do que tentar corrigir o que elas fazem mal. Quando nos direcionamos mais para as forças do que para as fraquezas, nos sentimos melhor e conseguimos desenvolver de uma forma mais interessante, reforçando o que temos de bom e melhorando nossos pontos fracos.

Tal Ben-Shahar, escritor americano e israelense, autor do livro *Seja mais feliz* (Academia, 2018) e de inúmeros estudos sobre felicidade, nos apresenta o "Efeito Pigmaleão". Trata-se da conclusão de uma investigação em que alguns alunos foram escolhidos de forma aleatória e colocados numa lista entregue a professores como os mais inteligentes da turma: 20% dos alunos de uma sala. Um ano depois, os pesquisadores constataram que esses alunos foram os melhores em todas as matérias e, inclusive, tiveram aumento de pontuação na avaliação de QI. Olha que curioso! Shahar chama isso de "profecia autorrealizável".

O foco naquilo que a pessoa tem de bom faz com que esses pontos se fortaleçam, faz com que se desenvolvam de uma maneira melhor. Destacar o que o outro tem de positivo reforça essas qualidades e corrige eventuais pontos fracos com mais eficiência do que quando estes são expostos diretamente. Esse dado é fundamental e precisa ser considerado pelos líderes.

Você leu o parágrafo anterior e suspirou: "Pena que meu chefe não é assim." Se você não tem esse tipo de cuidado de seu superior, deve usar esse conceito a seu favor de forma independente. A começar por considerar os seus pontos a desenvolver e olhar para eles em busca de formas práticas que possam ajudar na melhoria da sua performance: trocando ideias com as pessoas que são referência na área, estudando mais, realizando cursos de aperfeiçoamento e treinamento; se for o caso, agindo de forma proativa na empresa e pedindo ajuda naquilo que você entende que precisa desenvolver. Depois, consciente de que nosso cérebro pode nos sabotar e forçar o foco apenas no negativo, dê a mesma atenção na identificação de quais são os seus pontos positivos: quais são suas melhores capacidades, habilidades e competências. Fato é que a nossa atenção vai naturalmente para o negativo e precisa de treinamento para enxergar o positivo; além disso, é muito mais fácil enxergar o negativo no outro do que em nós mesmos. Uma boa maneira de identificar fortalezas e fragilidades é pensar no que você costuma ouvir de alguns colegas, amigos e parentes — aqueles recados que nem sempre levamos em conta no dia a dia, mas que têm conteúdo para nos ajudar, desde que tenhamos ouvidos para escutar. Em um terceiro movimento, observe as oportunidades internas e externas que existem a partir dos talentos que você encontrou e das melhorias que você pretende alcançar, pois isso servirá como estímulo para a sua transformação — sem precisar terceirizar essa tarefa para o chefe.

Ou seja, se o chefe não é líder e, exatamente por não ser um líder, não sabe lidar com o desenvolvimento profissional de seus liderados, faça você mesmo! Tome a iniciativa, seja protagonista do seu crescimento para ressaltar, acreditar e investir nas forças de paixão, que são aquilo que o motiva, que fazem com que você tenha vontade de progredir. Há quem chame esse exercício de feedback ou autofeedback. Ao pé da letra, o que estamos exercitando é o autoconhecimento — sobre o qual falamos anteriormente.

No âmbito das relações de trabalho, é contraprodutivo que os líderes não pratiquem o feedback, uma ferramenta indispensável para os processos de liderança e de desenvolvimento de pessoas que faz parte das condutas de boa comunicação. O profissional tem de ter consciência dos aspectos em que está com bom desempenho, assim como dos pontos que precisa aperfeiçoar. Avraham Kluger, pesquisador israelense, dedica parte de seus estudos à prática do feedback entendendo ser essa uma das maneiras mais comuns pelas quais ajudamos outras pessoas a aprender e a crescer. A preocupação dele, porém, é que em algumas situações não avaliar de forma sistemática o profissional talvez tenha resultados melhores — ou menos prejudiciais. Em 1996, após analisar 607 experimentos sobre a eficácia do feedback, Kluger mostrou o quanto o uso desse instrumento pode prejudicar o clima organizacional, a performance e a motivação das pessoas. A conclusão à qual ele chegou foi que a prática piorou o desempenho em 38% dos casos — fosse o feedback positivo ou negativo; e, principalmente, quando esse ameaçou a forma como a pessoa se vê. Não porque o feedback não funciona, mas porque os recursos da comunicação são mal aproveitados.

Há vários aspectos a serem considerados, a começar pelo fato de que uma coisa é usar o feedback para corrigir ou promover o respeito a procedimentos, regras e normas; outra coisa é aplicar esse instrumento para aspectos comportamentais e atitudes altamente subjetivas. Temos maior dificuldade — há quem diga que somos incompetentes —, além de termos vieses que impactam nossa visão, quando nos cabe transferir habilidades comportamentais, ainda mais quando são abstratas. E o fazemos em ambientes de trabalho mais liberais, onde a diversidade de culturas se realiza e há uma mistura de gerações e formações. Tendemos a ter uma visão autocentrada que nos leva a querer que o outro faça tudo do nosso jeito, quando se sabe que a volatilidade e as incertezas, assim como a não linearidade e a falta de compreensão que constituem o cenário atual — e estamos falando aqui novamente deste coquetel de comportamentos identificados nos mundos VUCA e BANI —, oferecem várias maneiras e caminhos para se chegar ao mesmo resultado. Ao não entender essas peculiaridades, o gestor desperdiça a possibilidade de aprender com o novo, pois cada pessoa tem o seu jeito peculiar de contribuir para uma empresa.

Para ter eficácia, devemos começar aprendendo com Kluger e seu colega Guy Itzchakov, da Universidade Hebraica de Jerusalém. Os dois realizaram uma pesquisa, publicada na *Harvard Business Review* em 2018, evidenciando que líderes que ouvem bem "são percebidos como líderes de pessoas, geram mais confiança, inspiram maior satisfação no trabalho e aumentam a criatividade de sua equipe" — eis a escutatória mais uma vez no palco. Por sinal, em outro trabalho de Itzchakov, publicado no *European Journal of Work and Organizational Psychology* em 2020, o pesquisador chegou à conclusão de que melhorar as habilidades de escuta dos funcionários reduz seus níveis de ansiedade durante conversas difíceis, aumenta sua capacidade de entender o ponto de vista do outro e seu senso de competência. Voltaremos a falar de escuta produtiva ainda neste capítulo.

A frequência com que o feedback é realizado — se bem realizado — faz toda a diferença nos resultados. As empresas que oferecem um feedback por ano têm menor possibilidade de efetuar as transformações desejadas. Afinal, o ser humano aprende mais quando, logo após um episódio, tem a oportunidade de fazer de outro modo. Se passar muito tempo até que a observação seja apresentada, o impacto se reduz e o feedback perde o sentido. Prejudica, ainda, uma outra tarefa que devemos realizar durante a avaliação: colocar a pessoa no elevador do tempo, uma das provas de escuta sobre as quais já conversamos.

A sugestão é, ao perceber o fato que gerou o feedback, anotar exatamente as palavras usadas pelo profissional em avaliação, assim como os detalhes deste fato. Acreditamos que fatos relevantes não serão esquecidos. Ledo engano! Algumas horas depois ou dias depois, a mente distorce o acontecimento. E usar as palavras que resultam da nossa interpretação tem menos impacto do que convidar o interlocutor a entrar no elevador do tempo baseado nas palavras exatas que acompanharam o fato gerador do feedback.

Por isso, tem de se recorrer ao feedback em intervalos curtos. Quanto mais tempo uma pessoa passa sem orientação, mais difícil se torna a mudança de comportamento porque a pessoa permanece com aquele condicionamento inadequado.

O feedback não precisa ser necessariamente um gesto formal, com protocolos. As próprias circunstâncias do cotidiano são ótimas oportunidades para dar dicas e orientações que facilitam o direcionamento. Quando o feedback ocorre de maneira formal, a pessoa costuma vir mais na defensiva. Claro que dessa forma o instrumento tem relevância, até porque é mais estruturado. Em empresas grandes, normalmente quem dá o feedback costuma observar uma série de dados a fim de expor uma avaliação fidedigna e não fruto de uma impressão parcial. Além dessa ferramenta, é importante aproveitar as oportunidades no dia a dia para pedir e para fornecer feedback. Talvez, para reduzir a formalidade do ato, seja melhor chamá-lo de balanço, avaliação, revisão. Quem sabe um simples "vamos conversar".

Chame como quiser, o importante é que vários estudos mostram que a pessoa que recebe um feedback positivo se sente valorizada e motivada para a ação, para seguir em seu desenvolvimento. Da mesma forma, as investigações revelam que, para manter a legitimidade dessa ferramenta, deve-se fazer pelo menos duas vezes mais feedbacks de reconhecimento do que de orientação. Isso faz cair por terra a famigerada ideia de que não se pode elogiar: "Se elogiar, estraga!", como se o elogio fosse um passaporte para a pessoa se acomodar. O feedback positivo é fundamental para estimular o profissional a se desenvolver cada vez mais, como já apontamos. Gera maior engajamento em relação à sua função, ao seu líder e à atividade que desempenha na empresa.

O feedback positivo é sempre mais tranquilo porque o funcionário terá o comportamento elogiado em relação a algum fator. Mas, para ser eficaz, esse elogio precisa ser específico — como já ressaltamos quando trouxemos dicas de como o líder deve se comunicar com seus seguidores. Não adianta, por exemplo, falar: "Você conduziu bem a reunião, parabéns!", isso é o mesmo que entregar um presente embrulhado sem que a pessoa possa abrir a caixa. O feedback positivo precisa ser contextualizado e específico. "Você conduziu bem a reunião e se mostrou atento, sem deixar passar qualquer detalhe. Tenho convicção de que as pessoas perceberam o seu interesse em entregar algo de qualidade." A pessoa recebeu o presente e soube o que havia dentro da caixa! Assim, ela conseguirá reproduzir o comportamento em outras situações.

Mais forte ainda do que o elogio é o interesse e a atenção que portamos para aquilo que as pessoas fazem bem. Elas florescem quando recebem atenção. Às vezes, uma simples pergunta do tipo

"Poxa! Como você fez para recuperar esse cliente tão difícil?" é muito mais eficiente do que um elogio. Além disso, essa pergunta que se interessa sobre o processo do fato gerador é uma oportunidade para que a pessoa foque a sua atenção sobre os comportamentos e atitudes que deram certo e se capacite para os repetir no futuro.

NA ESCUTA DO FEEDBACK

"O RH tá chamando!" Algumas pessoas sentem calafrios só de ler essa frase. Sensação provocada por um tempo em que ao setor de recursos humanos só cabia contratar e demitir — entre um ato e outro, fazia-se a folha de pagamento, cuidava-se do cartão de ponto e, em alguns casos, da festa de fim de ano. Isso é passado. Ainda bem! Até porque muitos dos profissionais da área têm formação em ciências humanas e dispõem de uma sensibilidade que não se limita mais às "quatro linhas", vai além do que o jogo prevê. Foi dessa disposição e conhecimento que surgiu o conceito do RH estratégico, que também tem responsabilidade sobre a cultura da empresa, que é o modelo de crenças e valores criados por um determinado grupo que dá sentido às práticas na organização, segundo definição do psicólogo Edgar Schein, autoridade internacional no tema do desenvolvimento organizacional.

Da mesma linha de frases arrepiantes no ambiente do trabalho, está "o chefe tá chamando", vista como "é encrenca ou é favor". Pior, "é feedback" — pensa o dito-cujo que foi chamado! Outro pensamento que deveríamos ter abandonado no escaninho de papel descartável, mas que graças a comportamentos ultrapassados impera na mente dos colaboradores. Não precisa ser assim! Empresas com cultura organizacional bem estruturada e que foca o colaborador estimulam essas conversas de avaliação e preparam seus líderes para a prática. Porque, como dissemos agora há pouco, feedback é preciso; melhor ainda se for com frequência; e se for com conteúdo, perfeito!

Para o ciclo se realizar na plenitude, é preciso, também, que o colaborador esteja aberto a acolher as informações. Infelizmente, existe essa tendência a ficar na defensiva, ouvir e já procurar uma justificativa para mostrar que "sabe, chefe, não é bem assim". É natural que as pessoas se justifiquem e adotem uma postura defensiva. Nesse caso, cabe ao líder entender essas resistências e construir uma solução com elas, até porque a transformação acontece muito mais na qualidade da escuta do que na fala. Além do mais, o feedback costuma provocar uma curva de emoção e o ensinamento que vimos anteriormente é "não fale enquanto o outro não escuta!". Por outro lado, quando o feedback é com você, inspire e suspenda as suas justificativas, considere o que está sendo apresentado. Quando você escolhe apenas se justificar, deixa de considerar aquilo que está sendo apresentado. Cuidado! Você pode estar desperdiçando uma excelente oportunidade de crescimento.

É preciso humildade para receber uma informação, avaliá-la e colocar-se na posição de quem está fazendo a observação. Podem ser atitudes reveladoras escutar uma percepção diferente da que se imaginava e nos dedicarmos a entender quais sinais equivocados estamos emitindo.

No caso de aquela avaliação, de fato, não ser precisa, não estar condizente com a realidade do trabalho que se exerce, cabe questionar-se se não é a própria forma de comunicação que está gerando aquela percepção. Cada um é responsável por aquilo que comunica. É possível que os sinais emitidos produzam um resultado diferente da intenção. Por isso, quem recebe o feedback deve ouvir de forma aberta e procurar identificar se o comportamento está inadequado ou se é a maneira de se comunicar que está gerando uma percepção equivocada. Para isso, é necessário observar a situação com distanciamento para que haja uma autoavaliação criteriosa, sem a interferência do incômodo emocional. Se o feedback for realmente injusto, é por meio dessa observação que os argumentos virão para esclarecer o eventual engano.

Mesmo nas ocasiões em que o feedback é positivo, é aconselhável estar aberto para acolher a avaliação. Procurar identificar os motivos que levaram àquela percepção. É possível, por exemplo, indagar: "O que levou você a me avaliar dessa maneira?" Lembre-se: o elogio só funciona se houver clareza do que foi feito para merecê-lo. Caso contrário, serve apenas para massagear o ego.

Para fazer do feedback um instrumento de desenvolvimentos profissional e pessoal, comece, então, por reler as dicas sobre escutatória que apresentamos neste livro porque essa prática fará toda a diferença. Mais do que ouvidos abertos, precisamos de mente aberta; das gavetas da memória esvaziadas, livres para receber as mensagens que serão emitidas; das provas de escuta com olhar atento no interlocutor, cabeça e corpo voltados para ele e, evidentemente, caneta ou lápis na mão. Anotar o que está sendo dito não apenas reforçará ao outro o seu interesse naquele processo, como dará a você subsídio para reavaliar o que foi dito e argumentar de forma precisa e produtiva.

Talvez com esse exercício, por menos que sua empresa e os gestores se esforcem, você passará a entender aquela maldita frase "o chefe tá chamando" como "tá na hora de evoluir!".

FAÇA UM FEEDBACK PROATIVO

O feedback tanto ajuda no crescimento do profissional que o recebe, como diz muito do líder que o oferece. Por isso, ao fazer a avaliação, saiba que você também está sendo avaliado. Uma performance qualificada passa pelo correto uso dos recursos da comunicação em uma sintonia fina entre forma e conteúdo. Ter consciência do impacto que esse momento gera nos profissionais é um bom começo, pois demonstra que você se importa com o outro e vai planejar sua fala conforme o perfil do seu interlocutor.

Na avaliação, tem-se de considerar que sempre haverá aspectos positivos a respeito do liderado e pontos a serem melhorados. Apresentar esses dois pacotes de maneira produtiva é necessário, sem que um anule o outro. Curiosamente, eis aqui um dos erros mais comuns em um feedback: colocar tudo dentro do mesmo pacote.

Quando um aspecto favorável é levantado e, na sequência, vem uma conjunção adversativa, é como se a importância do que foi dito anteriormente se apagasse. A parte negativa se sobressai. Já falamos desse assunto quando tratamos do paradigma da oposição. "Mas", "contudo" e "entretanto" são palavras que colocam tudo a perder. Fazem parte da lista de sinais vermelhos da comunicação.

"Você é um profissional comprometido, mas..." Acabou!

Por mais que os pontos positivos que tenham sido apresentados anteriormente tenham maior relevância para o líder e para a empresa, nossa mente — o tal hábito de jogar na defensiva — entra no modo proteção quando ouvimos a conjunção adversativa. Fechamos as gavetas, cruzamos os braços, cerramos o semblante e começamos a maquinar argumentos para contrapor o que foi dito sem que o dito realmente tenha sido ouvido. Acontece no feedback, acontece nas negociações, nas reuniões de trabalho, nas conversas do dia a dia e na DR em casal. Acontece em todos os processos de comunicação em que estamos envolvidos. Entre outros motivos, por que essas conjunções nos remetem ao paradigma da escassez; elas são restritivas, uma vez que se sobrepõem à visão do outro em vez de coexistir ou de somar.

Um exemplo fora dos escritórios: "Quero ir ao cinema esta noite, mas preciso passar na minha avó." Pobre da avó. Virou algoz. Passar na casa dela faz oposição a ir ao cinema. É uma coisa ou outra, certo ou errado, e isso gera uma visão binária e maniqueísta. Pense no sentido que faz dizer que "quero ir ao cinema esta noite e preciso passar na minha avó". Sem exclusão, as duas realidades coexistem quando você usa a conjunção aditiva e, em um diálogo, abre possibilidades em lugar de restringi-las. Do time do "e", encontramos "não só", "como também", "ao mesmo tempo" — sinais verdes da comunicação.

Usar os padrões de comunicação produtiva não é a certeza de que se vai conseguir tudo que se busca ou que o interlocutor aceitará de bom grado a análise feita pelo líder. Agora, certamente, o atrito das relações se reduzirá — e o nosso estresse também.

De volta ao feedback: como líder, procure identificar os pontos positivos, as atitudes que a pessoa desenvolveu e fale de maneira específica sobre cada uma delas. Qual comportamento superou as expectativas? Verbalize, dê exemplos. Ao fim, deixe claro o que você espera em termos de ações e atitudes. Na sequência, ao se referir aos aspectos que precisam ser melhorados, vale a mesma regra: seja específico. Um dos pontos em comum dos estudos recentes sobre feedback, além de sempre separar os fatos e as pessoas, de focar o comportamento esperado e não julgar o comportamento passado, é que vale muito mais a pena desenvolver o que as pessoas já fazem bem do que corrigir o que elas precisam melhorar.

Quando houver o risco de algum tipo de incômodo ou de conflito, é recomendável recorrer ao conceito e aos ensinamentos da comunicação não violenta, que pode ser muito útil para quem lidera. Como já falamos, o idealizador do conceito é o psicólogo americano Marshall Rosenberg. Depois de estabelecer uma clínica bem-sucedida em Saint Louis, no Missouri, onde nasceu, foi trabalhar como motorista de táxi. Tinha a intenção de conhecer mais as causas da violência que havia marcado sua adolescência em Detroit. Na nova função, empregou seu tempo pesquisando meios novos e significativos pelos quais poderia aplicar seu treinamento profissional para reduzir formas variadas de violência e disseminar a paz. Sua pesquisa ganhou o nome de Comunicação Não Violenta (CNV), "um processo que facilita uma comunicação interpessoal mais intensa e cultiva o reconhecimento mútuo de necessidades afetivas profundas, levando a uma maior compaixão e à solução pacífica de conflitos".

Como somos adeptos do uso de expressões afirmativas, preferimos chamar de "comunicação generosa", aquela que acolhe, que se estabelece de maneira empática. Ainda que a terminologia seja diferente, o princípio é o mesmo: transmitir as informações de maneira a gerar no outro uma postura colaborativa, uma abertura maior para o diálogo e para a solução de conflitos.

Veja que interessante: o símbolo da Comunicação Não Violenta é a girafa! Sabe por quê? Por três razões. Primeiro, a girafa é o animal que tem o maior coração entre os mamíferos. O órgão pesa cerca de 12 quilos. Aqui percebemos a importância do foco maior no coração, representando a confiança e o amor. Segundo, por ter um pescoço comprido, a girafa consegue "olhar" para as situações de longe e do alto, podendo, assim, avaliar e escolher sua forma de resposta, e não reagindo de modo passional ao outro. Terceiro, de forma desproporcional, as orelhas da girafa são muito grandes em relação à sua cara, nos chamando a atenção para a importância de escutarmos mais. Como não nascemos girafa, saibamos nos adaptar e usar os recursos que temos.

Segundo Rosenberg, devemos ter cuidado para que a maneira com que nos comunicamos não estimule atitudes defensivas, que podem redundar em justificativas vazias ou em falta de comprometimento com o objetivo daquela interação. Para isso, ele propõe quatro passos a serem considerados na elaboração das nossas mensagens diante de situações com potencial de conflito:

1. Observação — tem a ver com a descrição de um comportamento ou de uma ação do outro. Deve ser bastante objetiva e considerar exclusivamente a atitude. Deve ser neutra e objetiva e considerar exclusivamente a atitude, despida de qualquer interpretação ou julgamento. O erro mais comum nessa etapa é confundir a observação com julgamento e trazer um juízo de valor sobre a pessoa ou sobre o fato gerador. Quando você submete alguém a um julgamento — já dissemos isso —, seu interlocutor vai para a defensiva e tende a argumentar sobre o que é dito.

   Tomemos o exemplo de um funcionário que faltou muito ao trabalho no último mês. Qual a forma inadequada de abordagem? "Você é irresponsável, é inadmissível faltar tanto assim." A fala começa com um julgamento e vai gerar a reação negativa: "Não, espera aí, você não pode me chamar de irresponsável, você não me conhece a esse ponto, nem sabe o que está acontecendo." A interação provavelmente resultará em um rol de justificativas, que podem ser inventadas ou verdadeiras, e que não ajudará a resolver a falha.

   No que consistiria a observação, segundo a abordagem proposta por Marshall Rosenberg? "No mês passado nós tivemos vinte dias úteis e eu não vi você aqui em oito desses dias." Isso é fazer uma observação — usa-se uma informação factual destituída de julgamento, interpretações ou conclusões precipitadas. Parece fácil, mas não é! O que mais se observa em treinamentos de feedback é a dificuldade de se narrar o fato gerador de forma neutra. É uma informação e está destituída de julgamento. Ao outro só restará concordar; não cabe uma negação, uma vez que se trata de um fato.
2. Descrição do sentimento — expor como você se sente em relação àquela situação. "Você faltou a oito dias, isso

faz com que, como seu líder, eu me sinta muito inseguro, desconfortável em relação a esse comportamento."

Duas armadilhas a serem evitadas nesse momento. A primeira é falar da emoção do outro em vez da nossa própria: dizer "sinto que você" em vez do "sinto que eu". Exemplo: "sinto que você está muito ocupado e sem tempo" ou "sinto que você não tem interesse no que estou falando". Errado! Diga: "sinto que eu não consigo captar a sua atenção."

A segunda armadilha é disfarçar julgamentos na forma de emoções. Exemplo: "me sinto manipulado!". Evite! É a mesma coisa que você chamar o outro de manipulador. Uma alternativa: "fiquei perplexo quando você falou ... e sinto falta de mais transparência".

3. Necessidade — Rosenberg nos ensina que todo comportamento violento é fruto de uma necessidade não atendida. Portanto, cabe esclarecer qual a necessidade em questão. "Isso me deixa muito vulnerável porque eu necessito saber com quem posso contar a cada dia, até para conseguir reorganizar as ações, deslocar pessoas de outras áreas ou negociar um novo prazo para a entrega." O que mais observamos no comportamento das pessoas é que evitam essa etapa. Seja pela dificuldade em saber o que realmente querem do outro e da situação, seja porque consideram tão óbvia sua necessidade que entendem que não é preciso falar. O óbvio precisa ser dito! A necessidade tem de ser expressa para ser negociada.
4. Pedido — é o momento de descrever claramente o que se espera do outro. "Vamos conversar, fale a respeito disso para buscarmos juntos uma solução."

Com esse tipo de condução, o respeito permeia a interação e há uma clareza que facilita a compreensão dos dois lados. A habilidade em expressar suas emoções, seus sentires, com vulnerabilidade, sem vitimismo, gera empatia, estima e percepção de coragem. Isso é dizer o impacto do outro em nós. Ou seja, também é uma prova de escuta! Por sua vez, a verbalização das necessidades provoca uma percepção de clareza, de firmeza, de respeito e, ao mesmo tempo, permite que o interlocutor entenda melhor como ajudar. No pedido, estabelece-se foco na conversa por intermédio do convite para uma ação sobre aquilo que é negociável. É muito provável que nessa condição haja uma abertura do outro para acolher aquilo que está sendo dito e passar a ter uma atitude colaborativa.

No que se refere ao funcionamento da mente, o primeiro e o quarto passos — observação e pedido — têm a ver com algo mais racional e objetivo, e ativam o neocórtex, a área nobre do nosso cérebro. Já o segundo e o terceiro passos — sentimento e necessidade — acionam o nosso cérebro mais primitivo, relacionado às emoções, que é o sistema límbico. Ao organizar a comunicação dessa maneira, a probabilidade de estabelecer uma condição favorável ao diálogo aumenta de forma significativa.

FAÇA PERGUNTAS PODEROSAS

Inovar é preciso! Ouvimos esse clamor nas mais diversas áreas de atuação. Por que não aplicar essa ideia no feedback? Por que seguir as regras que estão por aí há tanto tempo? Queremos trazer para você uma nova proposta: inverter a lógica do feedback. Em lugar de avaliar, perguntar. Em lugar de falar, escutar.

Temos tanta dificuldade em oferecer aos colegas uma análise que seja produtiva, a ponto de pesquisadores como Avraham Kluger e Guy Itzchakov colocarem em dúvida a eficácia desse instrumento. Foram eles, aliás, que exploraram a ideia de fazer uma intervenção mais sutil substituindo a lógica afirmação-fala por pergunta-escuta. Nos estudos que desenvolveram, constataram que o feedback é sobre dizer ao funcionário que ele precisa mudar; escutar e fazer perguntas podem fazê-lo querer mudar. Os resultados que encontraram em suas investigações foram que a escuta atenta e sem julgamento parece deixar o funcionário mais relaxado, mais autoconsciente de seus pontos fortes e fracos, e mais disposto a refletir em lugar de se defender. Colaboradores com essa disposição têm maior interesse em compartilhar suas atitudes cooperando com os colegas em lugar de competir, e são mais abertos a considerar outros pontos de vista.

Apropriando-se dos estudos realizados em diversas universidades e organizações, podemos dizer que o sucesso do feedback está em separar os fatos e as pessoas, focar o comportamento esperado em lugar de julgar o comportamento passado e fazer perguntas poderosas. Por exemplo, no momento em que você parabenizar o profissional pela performance alcançada, faça uma pergunta que leve a pessoa a se sentir reconhecida e, ao mesmo tempo, raciocine sobre o que fez:

- "O que você fez para atingir a sua meta neste mês que foi tão difícil para seus colegas?"
- "O que você fez de diferente para reconquistar a confiança do seu colega?"

Pelos exemplos acima, nota-se que uma estratégia correta é perguntar o que a pessoa fez e mencionar a história que deu origem ao reconhecimento — e de forma bem específica. Por favor, não caia no erro de chegar ao diálogo com julgamentos definitivos, ou com suas gavetas da memória cheias, pois o risco de você não considerar — ou seja, não escutar — o que seu interlocutor disser é enorme. Mais importante do que a pergunta em si é a qualidade da escuta que vem a seguir. Não basta perguntar, ainda é preciso se interessar pela resposta! Pior ainda se o feedback for corretivo ou de orientação. Nesses casos, além, é lógico, de ter interesse genuíno de escutar o outro, fazer perguntas abertas e neutras tende a desarmar os conflitos e pode evitar um confronto. É um convite para a pessoa percorrer a sua curva de emoção, permitindo que ela apresente sua versão dos fatos, antes de se tirar qualquer conclusão precipitada — afinal, somos inocentes até que provem o contrário! Nesse diálogo é importante usar, também, o instrumento do espelho, fazendo com que a pessoa se enxergue diante da situação apresentada recorrendo a um fato antagonista ao que se busca corrigir, de preferência respaldado em acordos feitos anteriormente, em norma ou em políticas internas da empresa.

> Fato gerador: "Você usou o celular pessoal quatro vezes durante a reunião!"
> Espelho (sinal verde): "O combinado é não usar o celular pessoal no serviço."
> Pergunta aberta: "O que houve? O que aconteceu?"

O feedback é um processo que mantém sua legitimidade ao focar na neutralidade e objetividade. Ao fazê-lo, retorna-se ao fato gerador de maneira imparcial, refletindo esse fato com base em um acordo prévio ou no impacto percebido por nós, evitando julgamentos e interpretações pessoais. A autoridade do feedback não se origina nem do emissor nem do receptor, mas sim da justaposição verbal de fatos objetivos e neutros. Esses fatos são colocados lado a lado, sem julgamentos, criando um espelho que permite à pessoa enxergar-se de maneira clara e direta.

> Fato gerador: "Eu não recebi o balanço dos resultados."
> Generalização (sinal vermelho): "Você sempre atrasa e nunca consegue enviar na hora."

Espelho (sinal verde): "O combinado é que sempre seja enviado até o fim do quinto dia útil do mês."
Ou impacto em mim (sinal verde): "Quando eu não recebo o balanço a tempo, tenho a impressão de que não consegui ser claro sobre as prioridades e isso atrapalha demais as providências que dependem do balanço."
Pergunta aberta: "O que houve? O que aconteceu?"

Existem alternativas entre as perguntas abertas que podemos usar para tornar o diálogo produtivo e transformador. Depois de ter perguntado "o que aconteceu?" ou quando não faz sentido essa pergunta porque a resposta é conhecida de todos, a ideia é usar perguntas para pactuar um plano de ação como resultado do feedback. Aqui é importante discernir se o comportamento a melhorar ou a falha a ser corrigida deram-se por erro ou por falta. Erro é quando a pessoa ainda não sabe ou não teve a intenção; a falta é quando havia conhecimento, a pessoa já havia sido alertada.

Em caso de erro, faça perguntas apoiadoras ou diretivas. Apoiadoras são aquelas que estimulam um plano de ação a quatro mãos:

"O que você precisa para...?" (sinal verde)
"O que falta para que você...?" (sinal verde)
"Como posso ajudar para que...?" (sinal verde)

Perguntas diretivas são indicadas quando o plano de ação é seu. Consiste em descrever detalhadamente o comportamento esperado:

"O que você acha de fazer...?" (sinal verde)
"Preciso que você faça... O que lhe parece?" (sinal verde)
Seguido do plano de ação

Em caso de falta, quando se supõe que a pessoa já saiba qual é a solução, é preciso buscar a solução na cabeça dela por meio de perguntas responsabilizadoras ou engajadoras.

"O que você vai fazer...?" (sinal verde)
"O que você sugere fazer para...?" (sinal verde)
"Qual o seu plano para...?" (sinal verde)

A estratégia do feedback, por mais informal e natural que seja, tem de ser planejada, e, para isso, sugerimos uma espécie de check-in a ser cumprido antes de qualquer interação. Ou seja, antes de pensar quais perguntas fará ao seu interlocutor, faça a você mesmo essas perguntas:

"Qual foi o fato gerador?"
"Estou avaliando da forma mais neutra possível?"
"Existem combinados anteriores ou não?"
"É reconhecimento, erro ou falta?"

No feedback, a transformação acontece na escuta do outro e de nós mesmos, muito mais do que na fala. Temos de lidar com as respostas do outro com foco, conjugando abertura e firmeza, empatia e exigência. É por meio do diálogo, do acolhimento e do posicionamento que a pessoa consegue digerir a informação, condição necessária para a elaboração de um plano e de um novo combinado que são a finalidade desse processo. Sem esquecer de terminar esse diálogo pelo planejamento que deve ser executado com o intuito de oferecer à pessoa a possibilidade de sucesso. Assim, quando o erro ou a falha for corrigido, lá vamos nós, mais uma vez, a um novo feedback — sem desdenhar a conquista com o argumento de que não fez mais do que a obrigação. Agora, para comemorar e reconhecer a transformação — objetivo maior desse instrumento essencial para o desenvolvimento dos profissionais e da empresa.

Thomas Brieu

Ao dominar os três recursos da comunicação, nós ganhamos o poder de "enganar" o outro?

"O nosso corpo e a nossa voz são um livro aberto para a alma. Não vamos conseguir escapar disso. Quem procura estas técnicas para esconder algo acaba levando um contragolpe. Dominar as várias dimensões da comunicação ajuda para decodificar situações, simplificar e influenciar, não costuma funcionar para esconder ou disfarçar. Através das microexpressões, nosso corpo deixa transparecer aquilo que sentimos ou queremos. Agora, tenho uma boa notícia: existe um recurso para escolher e afinar o que meu corpo vai expressar. Como fazer isso? Cientificamente, a neurociência na inteligência emocional reparou que, quando verbalizamos, desenvolvemos um repertório para expressar com palavras claras e precisas o que sentimos e queremos, então o corpo não precisa mais expressar aquilo que não conseguíamos colocar em palavras. Talvez não consiga apagar essa tristeza, esse sentimento negativo dentro de você: mas, se você dedicar um tempo para se preparar, para expressar para você mesmo, para um papel, para um colega, então o seu corpo não vai mais precisar expressar essa negatividade ao longo da reunião porque você o aliviou. Esse tempo de preparação também serve para olhar a mesma situação pelo lado cheio do copo, perceber as oportunidades escondidas atrás das crises, e dessa forma fomentar uma postura corporal mais favorável.

A minha dica é: na preparação, preciso colocar para fora. Quanto mais consigo colocar para fora e resolver, de alguma maneira, esta bagunça interna, quanto mais limpo o meu corpo ficar, eu vou limpar o meu não verbal; não vou conseguir apagar totalmente, mas vou conseguir juntar e vou escolher aquilo que eu quero mostrar. O que nós, executivos, fazemos, o que você faz, nós escolhemos o humor, você está aqui e tem que passar, é o teu papel profissional."

10. Negociar é preciso

"Eu odeio negociar!" Você é assim? Já deparou com alguém que assim se apresenta? Ouvir essa frase é bastante comum em nosso cotidiano, muitos de nós realmente não gostam de negociar a despeito de essa prática ser uma parte significante da nossa vida. Investimos muito do nosso tempo em negociações até sem perceber. Ocorre com colegas de trabalho, clientes, líderes, fornecedores e todos os parceiros que se conectam com você na vida profissional. Também ocorre na esfera pessoal. E muito! Com os vizinhos no condomínio; com os amigos, ao decidir para onde ir no sábado à noite; com a família, no momento de escolher o destino das férias; com o parceiro ou a parceira em situações das mais comuns — quem lava a louça hoje? — às mais relevantes — vamos ter quantos filhos? A negociação é parte integrante da nossa vida desde muito novos.

Também é verdade que o conceito de negociação passou por uma mudança bastante significativa nos últimos anos. Antes, era tido como bom negociador aquele que conseguia tirar tudo que pudesse e obtinha a maior vantagem possível para si em detrimento do outro. Era comum ouvir que o vendedor era tão bom que "vendia até gelo para esquimó". Hoje, essa forma de negociação, além de antiética, é vista como insustentável, até porque todos temos muito mais acesso à informação e consciência das possibilidades.

Ainda que mudanças tenham ocorrido nas formas de negociar, é certo que cada pessoa traz um conjunto de experiências, competências e recursos que impactam no jeito como se comunica e isso transparece na negociação. As pessoas optam por abordar cada acordo, consciente ou inconscientemente, com um padrão específico com o qual se sentem mais confortáveis dependendo do contexto em que se encontram e do seu nível de competência. Os estilos de negociação são baseados em diferentes formas de enquadrar a realidade e dão origem a quatro modos distintos: competir, evitar, acomodar e colaborar. Normalmente, os negociadores têm um ou dois estilos de negociação preferidos. No entanto, os mais bem qualificados são flexíveis e capazes de aplicar o estilo que mais se ajusta a cada tipo de situação dependendo de como a outra parte se porta, dos objetivos estratégicos — criação de valor ou captura de valor — e da etapa em que se encontra a negociação.

Os negociadores competitivos são orientados para os resultados e tendem a fazer o que for necessário para atingir a meta desejada, mesmo que seja à custa dos interesses da outra parte. Têm objetivos de curto prazo e dificuldade em desenvolver um relacionamento de longa data com seu parceiro de negociação. Como estão tão concentrados em alcançar os objetivos desejados, independentemente daquilo que aconteça, tendem a desconectar-se do cenário mais amplo e a serem insensíveis aos impactos potencialmente prejudiciais de seu padrão na negociação — desconsiderando, por exemplo, impasses entre dois negociadores competitivos ou rompimento de relacionamentos profissionais.

No modo competição, usam-se todos os recursos para maximizar as realizações: carisma e humor; cargo dentro de uma empresa; conquistas anteriores; visibilidade e influência da empresa; e técnicas de manipulação. Esse estilo pode ser favorável em negociações únicas, quando se deseja atingir uma meta de curto prazo, rapidamente e sem interesse em desenvolver um relacionamento. Se o outro negociador também for competitivo, saber usar esse estilo com competência, mesmo que não seja o favorito, talvez ajude a neutralizar a agressividade dele. Investir na negociação "eu ganho e você perde", além de não ser a mais recomendável, considerando a sustentabilidade dos acordos, aumenta bastante o risco de se transformar em "todos perdem".

Aliás, "eu perco, você perde" caracteriza o estilo de negociação daqueles que se enquadram no modo de "evitamento", tipo de pessoas que não gostam de lidar com conflitos e tendem a abordar o problema com suavidade e extremo cuidado. Da mesma forma, podem ter uma baixa autoestima, não confiam na outra parte e, geralmente, procrastinam evitando a tomada de decisão ao máximo. Negociadores que habitualmente se ancoram nesse estilo, tendem a reagir negativamente a uma comunicação agressiva, como aquela que o negociador competitivo usa, e podem sair do acordo sem dizer uma palavra. Esse comportamento aumenta o risco de provocar ruptura em um relacionamento comercial. Os "evitadores" funcionam melhor em negociações triviais; em especial, quando se pretende ganhar tempo. Tendem a fracassar em negociações de alto risco e, seguramente, não facilitam o "ganha-ganha", que pode ser considerado o ideal nos acordos.

A negociação no estilo "acomodação" é baseada na mentalidade de "eu perco, você ganha" — o que pode prejudicar os melhores interesses do negociador. Ao contrário dos competitivos, esses concentram-se em manter relacionamentos e construir um vínculo emocional com os seus parceiros, mesmo à custa do sacrifício de alguns de seus melhores interesses. Os "acomodadores" são propensos a partilhar mais informações do que deveriam e a fazer concessões excessivas com a esperança de conciliarem um relacionamento positivo com a outra parte. Esse modo funciona melhor quando desejamos reconstruir um relacionamento importante, uma vez que a promoção da paz é uma mais-valia para os "acomodadores". Quando o relacionamento está pacificado, é importante que alteremos para um estilo mais colaborativo, que pode conduzir a um acordo "ganha-ganha".

O "colaborativo" deseja garantir que todas as partes sejam atendidas em um negócio e foca a atenção no desenvolvimento de relacionamentos habilitadores sem desprezar os seus melhores interesses. Os negociadores desse tipo são autênticos diplomatas porque equilibram com competência as variáveis tempo, relacionamentos e objetivos econômicos. Os "colaboradores" também são inovadores, pois são motivados a cocriar com seu parceiro de negociação novas soluções que agreguem valor para ambas as partes. Usam o tempo como um aliado para desenvolver e cultivar relacionamentos de longo prazo baseados na interdependência, na confiança e na criatividade.

Entendemos que no mundo dos negócios as nossas melhores intenções nem sempre têm espaço para serem implantadas, assim como nem sempre é possível alcançar resultados que atendam a todos os interesses. Não temos ilusão, mas temos esperança! Porque é muito difícil estabelecer uma boa parceria com um fornecedor, com um cliente, com uma pessoa com quem vamos negociar se atuarmos nesse padrão de "eu ganho e você perde". A grande busca nas relações de negociação é estabelecer um cenário de conquista mútua, atingir uma condição em que os dois lados serão beneficiados ao fecharem um determinado acordo.

No interesse de fazer com que a busca de acordos produtivos se realize, vale recorrer à teoria da negociação colaborativa, desenvolvida por William Ury e Roger Fisher, responsáveis pelo programa de negociação de Harvard, considerado um dos mais eficazes do mundo. Começa pelo fato de os autores entenderem que os negociadores devem se tratar como parceiros e não como adversários. Eles propõem quatro princípios que são os pilares do método consagrado pela universidade americana. O primeiro é separar as pessoas do problema, atitude que proporciona visão mais clara da essência do conflito. O segundo, focar os interesses e não as opiniões. O terceiro, criar opções de ganho mútuo identificando todas as soluções possíveis, avaliando as ideias apenas depois de ter várias propostas, começando pelas soluções mais promissoras, refinando e melhorando as alternativas. E o quarto é investir em critérios objetivos para resolver as diferenças.

Para se chegar a esse patamar de satisfação, uma atitude fundamental é estar disposto a escutar o outro. Quando alguém se dispõe a entender quais são os desafios que o outro tem, quais as necessidades que precisam ser atendidas, quais as circunstâncias que vivencia, é mais fácil apresentar uma proposta interessante. Qualquer um de nós se sente mais respeitado e atendido quando a outra parte nos oferece um produto ou um serviço que vai agregar valor ao nosso dia a dia. No sentido contrário, é irritante e desrespeitoso deparar com quem queira vender "gelo ao esquimó". É como atender a uma ligação de telemarketing com alguém nos empurrando algo que não nos interessa minimamente. A escuta apropriada e o conhecimento do que o outro necessita são fatores que ajudam na elaboração de uma oferta customizada, direcionada. Numa negociação, quando uma parte percebe que a outra oferece benefícios reais, que há um empenho em atender às necessidades, fica mais fácil flexibilizar os pontos de discordância, abrir mão de algumas premissas e chegar a um consenso.

Nas vidas pessoal e profissional, podemos nos considerar bem-sucedidos na nossa comunicação quando conseguimos inspirar e motivar os outros a colaborarem conosco. Quando nos expressamos estabelecendo conexão emocional com os nossos interlocutores, mesmo diante de uma situação desafiadora, de uma conversa difícil, somos capazes de gerar essa colaboração.

Existem medidas que nos auxiliam nesse sentido.

David Rock ensina que, nesse mundo repleto de estímulos, precisamos ser sucintos para obter a atenção das pessoas. A comunicação mais efetiva é a que chega com facilidade ao cérebro. Por isso, é preciso ir direto e com clareza ao ponto. A segunda característica dessa comunicação é ser específica, capaz de detalhar os aspectos necessários para que o outro compreenda aquilo que está sendo passado. Finalmente, precisa ser generosa, isto é, estar diretamente ligada ao exercício da empatia na forma como "empacotamos" a nossa abordagem.

Vale reforçar que a empatia é a nossa capacidade de humanização, tem a ver com a conexão que estabelecemos com o outro. Ela parte da aceitação de o outro ser diferente, de buscar compreender aquilo que ele sente, aquilo que o mobiliza. É diferente de sentir pelo outro. É uma abertura para o acolhimento e para a compreensão do outro. A comunicação empática tem a ver, sobretudo, com a nossa capacidade de escuta qualificada. Isso nos chama a exercitar a nossa humildade para nos esvaziarmos de nós mesmos e podermos acolher o que o outro nos traz.

Na prática, isso se traduz por meio da utilização de palavras agradáveis, que mostrem o nosso desejo genuíno de ouvirmos com atenção, com o tom de voz amistoso. No campo não verbal, tem a ver com olho no olho, com a postura aberta, com o tronco direcionado à pessoa com quem interagimos — e falaremos mais e melhor sobre isso em seguida. Trata-se de desenvolvermos, dentro de nós, o desejo verdadeiro de uma aproximação, o anseio de encurtar as distâncias. Essa é a busca por uma comunicação que acolhe.

Vamos supor que você esteja na sua sala finalizando um relatório que precisa ser entregue em 15 minutos, e entra alguém querendo falar sobre determinado assunto. Não dá para você falar com a pessoa enquanto está digitando. Apesar de acreditarmos, não conseguimos focar mais de uma tarefa ao mesmo tempo. Essa é uma mentira, um conceito equivocado. A nossa atenção se alterna entre os eventos que acontecem simultaneamente. A sugestão, portanto, é ser transparente: "Olha, eu quero muito ouvi-lo com atenção. E eu tenho de entregar esse relatório. Preciso de 15 minutos. Depois disso, nós podemos nos falar." A pessoa vai entender a sua necessidade imediata e considerar que a sua proposta é criar uma condição mais favorável à escuta daquilo que ela tem a dizer.

Apesar dessa inclinação por uma comunicação humanizada, a qualquer momento podemos deparar com situações desafiadoras e condições adversas.

Um exemplo bem atual é conseguir se comunicar em ambientes polarizados. Tem sido um desafio recorrente. O especialista em gestão de conflitos Marcello Rodante conta que, no exercício da advocacia, não se conforma com o pensamento polarizado, de haver o certo e o errado, o vencedor e o perdedor. Membro da Academia Internacional de Profissionais Colaborativos, em inglês, International Academy of Collaborative Professionals (IACP), relata que, quando estamos diante de uma situação que nos ofende, temos quatro efeitos. O primeiro é a criação de uma barreira emocional. A pessoa descontente ergue um muro e fica na defensiva. O segundo efeito é a tentativa de retirar a humanidade do oponente. Assim, tendemos a vê-lo como diferente de nós e, geralmente, ruim. O terceiro é reter informações, deixar de compartilhar e de dialogar. O quarto é partir para uma disputa de poder a fim de preservar a autoimagem.

Rodante explica que, quando estamos mobilizados dessa forma, a nossa tendência é fazer "perguntas" que não têm a intenção de esclarecer, mas de criticar. Situação bastante típica em conversas de escritório: "Você terminou aquele relatório?", pergunta o chefe sabendo que o colaborador não concluiu a atividade; o objetivo da pergunta, é claro, não foi saber o status da tarefa. Diante disso, a reação do outro é se fechar. Rodante defende que se façam perguntas com o objetivo de realmente escutar. Perguntas abertas, baseadas na razão, para obter informação sem julgar — falamos disso agora há pouco no capítulo sobre o feedback.

Em lugar de fazer a pergunta como no parágrafo anterior, e já sabendo que o relatório não foi entregue no prazo certo, prefira:

"Na minha opinião, você poderia considerar alguns outros pontos." Qual é a tendência neste diálogo? Perguntar: "Quais pontos?" Ao fazer a pergunta, seu interlocutor abre suas gavetas, esvazia a mobília e se prepara para uma conversa mais produtiva.

Persuasão é uma ferramenta fundamental em nossas vidas, e pode ser usada de muitas maneiras. A argumentação leva ao convencimento. Enquanto convencer é fazer a pessoa se aliar ao seu ponto de vista, persuadir é influenciar o outro para conseguir fazer com que as pessoas o sigam. Argumentação é a parte mais racional do processo. Eu apresento uma ideia e o convenço a respeito dela. Já persuadir está mais no terreno da emoção, do sentimento. Significa o outro se abrir para acolher algo que você propõe de uma forma mais emocional, menos argumentativa.

Alvaro Fernando, autor sobre o qual já conversamos, propõe quatro habilidades de comunicação que nos ajudam a persuadir o outro. Ele começa sugerindo que devemos falar com as pessoas fazendo referências às nossas experiências, nos colocando mais pessoalmente na informação. Segundo ele, conseguimos assim abrir a mente do nosso interlocutor colocando-o em uma postura de escuta, interessado em receber a informação. O autor alerta que não devemos nos colocar de maneira impositiva, apenas no que acreditamos. Não é disso que se trata. E faz referência a Sócrates, que disse que "eu tenho a minha opinião até mudar de ideia".

Há uma frase atribuída a John Maynard Keynes, economista e fundador da macroeconomia moderna, que teria sido dita no palco de uma palestra no momento em que alguém na audiência cobrou: "O senhor deu uma palestra um ano atrás e a sua opinião era diferente." Na resposta, a lição que buscamos: "Quando os fatos mudam, eu mudo a minha opinião. O senhor não?" Pessoas muito rígidas tendem a resistir à mudança e acabam perdendo a oportunidade de aprendizagem e de convivência.

De volta às sugestões de Alvaro Fernando para levarmos em conta nas situações de negociação. Além de se entregar ao diálogo de maneira mais pessoal, ele defende a ideia do universo compartilhado, que tem a ver com entendermos que as palavras são imprecisas. Podemos convidar alguém a colocar uma música alegre, mas será que o conceito de alegre é o mesmo para todas as pessoas? Podemos pensar em coisas diferentes, no caso em músicas bem diferentes — inclusive alguma que, se tocada, talvez seja triste de ouvir. É preciso se certificar de que o outro está entendendo o que você diz.

A terceira sugestão é a necessidade de se "estar presente". A nossa mente parece um pêndulo que se move para o passado e para o futuro. Quando vai em direção ao passado, sentimos culpa e arrependimento de alguma coisa. Quando vai para o futuro, sentimos ansiedade, preocupação com o que acontecerá; e nos estressamos. O esforço é mantermos a mente no presente.

E, finalmente, é preciso "saber brincar", já que sempre associamos situações importantes de comunicação a algo mais sério, mais formal. Ao contrário, há momentos em que podemos ter uma leveza maior, dar mais atenção ao processo do que ao resultado propriamente dito. Com o humor sempre presente estimulando a criatividade, a participação, nós nos abrimos e conseguimos interagir melhor.

Revisitar a retórica aristotélica, que envolve tanto o convencimento como a persuasão, é essencial quando o tema são as competências de comunicar e liderar, e nos oferece conhecimentos, práticos para nosso cotidiano. Antes, lembramos que a reflexão sobre retórica remonta ao século V a.C. na Sicília, sendo posteriormente introduzida em Atenas pelo sofista Górgias e trabalhada com a intenção de persuadir uma audiência sobre os mais diversos assuntos — o que induziu muitas pessoas, até os dias atuais, a tratá-la como uma mera manipulação linguística. Porém, desde os estudos de Aristóteles encontrados na obra "Retórica", a tendência sofística sobre o tema foi corrigida. Com sua teoria sobre persuasão e comunicação eficaz, o filósofo se transforma em pai da retórica e seu trabalho é fundamental para que se analise o tema seja como arte, seja como ciência.

Aristóteles dividiu a retórica em três elementos principais para a construção de argumentos e a comunicação eficaz com o público: ethos, logos e pathos.

Comecemos pelo "ethos", ou o caráter e a integridade. Para conquistar a confiança do público, inicie a sua comunicação estabelecendo a credibilidade que é percebida principalmente por intermédio da experiência e das qualificações que o orador possui para abordar o tema. Tanto quanto pelas comunicações não verbal e vocal — postura confiante e descontraída, movimentos seguros, contato visual, gestos adequados, expressividade na voz, entre outros recursos, tal como já abordamos anteriormente. Outra forma de tratar o "ethos" é destacando com humildade a sua reputação dando exemplos de sucessos passados e fornecendo referências ou depoimentos de clientes satisfeitos. Ao fazer isso, porém, lembre-se do ditado português: "elogio em causa própria é vitupério."

Para exercitarmos o logos devemos entendê-lo como o apelo lógico à razão. Use dados, evidências e fatos para apoiar o seu argumento. A estruturação clara e coerente da argumentação é essencial para ajudar o público a seguir o raciocínio do orador. Fazem parte de uma argumentação retórica os exemplos e os entimemas — que é uma conclusão que é deduzida a partir de premissas prováveis e não declaradas, mas que são aceitas como verdadeiras pela audiência:

> "Ela deu à luz porque tem leite" — premissa não declarada: só as mulheres que deram à luz produzem leite.
>
> "Ele está doente porque está com febre" — premissa não declarada: a febre é um sintoma de uma doença.
>
> "A posição financeira da empresa pode estar em risco, já que as contas a receber aumentaram significativamente

no último ano" — premissa não declarada: um aumento nas contas a receber pode indicar que os clientes estão demorando mais tempo a pagar.

Por fim, o "pathos" ou a emoção. As pessoas são conduzidas à ação por intermédio da forma como um orador as faz sentir. Trata-se de criar uma conexão emocional com a audiência para aumentar a receptividade do seu público para acolher a sua mensagem. Sobre este último elemento, que em muito se relaciona com a persuasão, já conversamos de forma abundante anteriormente.

CONVENÇA SEM IMPOR

Nós todos buscamos persuadir o tempo todo. Um vendedor, classicamente, quer vender um produto, um serviço; e nós, como grandes vendedores que somos das nossas ideias, das nossas crenças e dos nossos conceitos, precisamos persuadir, convencer as pessoas para alcançar os nossos objetivos. Aqui cabe uma distinção: persuadir é diferente de manipular.

O que faz a diferença para algo positivo ou negativo é a nossa ação e intenção. E aí é fundamental destacar que a persuasão pura, por assim dizer, vai envolver uma característica que gera interesse para os dois ou para todas as partes. É o nosso interesse! A manipulação envolve só o meu interesse. Claro que observamos com frequência pessoas que têm comportamentos mais egoístas, que querem convencer o outro o tempo todo. É o caso de acender a luz vermelha. Quando a intenção é positiva e vem acompanhada por uma ação no mesmo sentido, quando estamos no caminho bom, é uma ferramenta essencial do nosso trabalho, do nosso dia a dia, do nosso contato com as pessoas.

A grande busca é estabelecer uma relação de ganha-ganha, em que as partes todas vão se sentir bem, ser favorecidas de alguma maneira. Há algumas sugestões para que isso ocorra de uma forma ética, cuidadosa e eficiente. Kurt Mortensen é uma das maiores autoridades americanas em persuasão, carisma e negociação. Com *Máxima influência* (DVS, 2015), ganhou o maior prêmio de literatura para livros de negócios dos Estados Unidos. Nele, propõe 12 leis da persuasão, das quais destacaremos as cinco mais relevantes.

A primeira lei de Mortensen é a da conectividade. Quando você está numa relação em que precisa persuadir, é fundamental se abrir para receber o outro, escutar com bastante atenção e entender o ponto de vista dele, saber o que o motiva e o que pensa. "Quanto mais alguém se sente conectado ou semelhante a você, mais persuasivo você se torna", ensina o autor, que identifica os quatro aspectos para a conectividade: atração, similaridade, habilidade no trato com as pessoas e empatia.

A segunda é a da expectativa. As pessoas tendem a agir da forma como se espera delas. Segundo essa lei, se justificarmos bem o nosso interesse, o porquê de estarmos propondo algo, aumentamos a probabilidade de o acordo avançar. E aqui cabe o conceito da prova social: nós todos gostamos de sentir que somos aceitos e que fazemos parte de um grupo. Então, quando você discorre a respeito das suas razões, ganha a adesão do outro mais facilmente.

A terceira é a lei do contraste. Trata-se de propor alternativas que mostrem a ideia do custo e do valor daquilo que está sendo discutido. Mostrar possibilidades ou alternativas para que o outro escolha, sendo que as duas têm de estar afinadas com o bem maior. Um exemplo em terreno bem simples: a criança quer escolher a roupa que vai vestir e está muito frio lá fora; a mãe, em vez de impor, propõe: "Você pode usar o casaco azul ou o amarelo"; a criança se sente acolhida pelo direito de escolher, e, para a mãe, as duas alternativas estavam igualmente ótimas, pois atendiam à preocupação dela: o filho sair bem agasalhado. Então, se você consegue trazer as coisas de uma maneira que dê ao outro a autonomia da escolha e que atenda de uma forma mais ampla os interesses, o acordo é verdadeiro, é legítimo!

A quarta é a lei da escassez, segundo a qual, se criarmos um senso de urgência, aumentamos o valor do outro e aceleramos a decisão. Sabe aquela história sobre a venda dos ingressos de um show? "Primeiro lote de ingressos já está encerrado"; "segundo lote já está encerrado"; "o terceiro tem poucos ingressos". Rapidamente, vamos lá tentar comprar porque entendemos que é algo escasso. Ao menos, cria-se a percepção de que é escasso.

A quinta lei é a da estima. Tem a ver com valorizar o outro, com mostrar por que a decisão dele é importante, por que nós precisamos da adesão dele para o nosso projeto. São formas interessantes de lidar com isso. A grande busca é por demonstrar o interesse genuíno em ver esse bem maior. Se conseguirmos explicitar isso de uma maneira clara e se usarmos recursos de comunicação que gerem proximidade, interesse, boa vontade, com certeza aumentamos a probabilidade de fazer dar certo.

Existem três erros a serem evitados em um diálogo no qual se busca fechar um compromisso. O primeiro é basear esse acordo na figura da autoridade, ou seja, "sou seu chefe, mando e quero ser obedecido". O segundo é simular um consenso que é irreal: "Eu quero muito que você participe disso; inclusive, a sua colega, o seu subordinado, o seu chefe já aderiram." É uma forma de você forçar o acordo; e isso não é interessante. O terceiro erro é forçar a bajulação: "Você é uma pessoa que eu respeito muito e é fundamental a sua adesão a esse projeto..." O elogio tende a ser recebido de uma forma muito artificial, com poucos dados objetivos que ilustrem aquela admiração.

DECODIFIQUE O NEGOCIADOR

As palavras são cruciais para comunicar ideias e raciocínios tanto quanto a comunicação não verbal é importante para influenciar as pessoas por meio das nossas emoções. Em negociação, quanto mais e melhor compreendermos os recursos de comunicação do nosso parceiro, maior probabilidade temos de desenvolver uma troca eficaz. A informação é um ingrediente fundamental. Imagine, por um momento, compreender melhor a outra pessoa, as suas intenções, para além do que ela nos diz. Ou então, decodificar comportamentos relativos a um determinado ponto da negociação. Ou sermos competentes para entender o momento em que o outro está se comunicando de maneira transparente. Estar atento às reações aumenta a possibilidade de aferir o conforto e o desconforto psicológicos, a dominância e a submissão, a aproximação e o distanciamento. Reconhecermos com eficácia esses padrões traz múltiplas vantagens em negociação.

O desenvolvimento da consciência não verbal em negociação, por exemplo, permite avaliar com maior eficácia a proposta alternativa do nosso parceiro e apurar a zona de possível acordo. Pode ainda identificar o que sente em relação aos interesses e opções de negociação.

A título de ilustração: comportamento de afastamento e de pedido de ajuda, como a expressão facial que consiste em abaixar simultaneamente os cantos da boca, na fase de procura de uma concessão; ou os comportamentos de fortalecimento, quando é realizada uma concessão por parte do parceiro, tais como o sorriso, a aproximação do corpo para a frente, a manifestação de alívio e o acenar positivamente com a cabeça, nos levam a perceber o potencial que existe quando aprendemos a "ler" o outro.

Considerando a postura e as expressões, é possível identificar qual o estilo do negociador que está diante de nós:

1. Competitivo: a comunicação não verbal associada a esse estilo pode envolver um padrão de dominância e de conquista territorial com elevado contato visual, gestos amplos e dominantes, postura relaxada, expressões faciais de superioridade, peito cheio, baixa escuta ativa e o uso da poker face.
2. Evitador: pode envolver um padrão de alinhamento e submissão com baixo compromisso comportamental, baixo contato visual, ombros inclinados para a frente, queixo caído e comportamentos de distância.
3. Acomodador: aqui temos aceno excessivo de cabeça, sorrisos desajustados, aproximação forçada do corpo, gestos abundantes de palma da mão para cima e expressões faciais de alívio.
4. Colaborativo: a comunicação não verbal frequentemente associada a este estilo prende-se a um padrão equilibrado de gestos de aproximação e poder pessoal; demonstração de escuta ativa com acenos de cabeça e uso do sorriso empático como forma de reforçar comportamentos colaborativos; aproximação equilibrada do corpo em relação ao interlocutor; postura descontraída; uso de gestos ilustradores para conferir um significado adicional às palavras e contato visual ajustado à situação.

Além de identificar o estilo de negociação que seu interlocutor impõe na conversa, é importante reconhecer os vários elementos no âmbito da comunicação não verbal que possibilitam sucesso na negociação:

1. Espaço e distância: há pessoas que preferem manter algum distanciamento enquanto estão negociando. Por exemplo, escolhem sentar-se no lugar mais distante possível da mesa. Outras ocupam o lugar mais próximo do parceiro. Ao compreender melhor essas dinâmicas, ajustamos o nosso comportamento não verbal ao nosso interlocutor de uma forma eficaz.
2. Corpo e postura: alguns negociadores preferem ambientes que reforçam o comportamento formal e controlado, como sentar em vez de ficar em pé. Em alguns países, como os Estados Unidos, está na moda realizar negociações enquanto se caminha. Alguns negociadores adotam um comportamento dominante olhando intensamente nos olhos, apontando o dedo, invadindo o espaço pessoal do parceiro e até usando expressões de desprezo. Outros negociadores podem adotar uma postura mais empática inclinando o pescoço, acenando com a cabeça enquanto escutam sorrindo e utilizando um tom de voz caloroso.
3. Aparência física e roupas: a roupa que o negociador veste constrói uma percepção no interlocutor e oferece uma certa direção ao tom com que a interação se realizará. As cores também geram uma percepção. O azul-escuro está associado à credibilidade e o vermelho ao poder pessoal e à vitalidade. A aparência, mais ou menos cuidada, também tem um impacto no desenrolar do acordo. Se o interlocutor é desleixado, é possível que levemos a negociação menos a sério. Alerta: nunca defina uma pessoa apenas por um aspecto porque vieses inconscientes podem prejudicar sua avaliação.
4. Paralinguagem: os negociadores são influenciados de forma mais ou menos consciente pela paralinguagem, ou seja, pelo conjunto de elementos não verbais que tem por finalidade alterar as características e o sentido daquilo que se quer

comunicar. São exemplos de paralinguagem as expressões faciais da emoção, os gestos e a modulação da voz.

5. Convenções sociais e culturais: modos, rituais e convenções específicas podem ser cruciais na fase de pré-negociação, negociação e pós-negociação. Negociadores estrangeiros, por exemplo, precisam compreender que impera no Brasil o que o antropólogo americano Edwin Hall identifica como cultura de alto contexto, em que as negociações caracterizam-se por serem longas e com questões jurídicas mostrando-se menos importantes, ao contrário da palavra dada, que é o maior compromisso. Ao não entender esse comportamento, oportunidades são desperdiçadas e negócios podem deixar de serem feitos por ruídos na comunicação entre as partes.

As mensagens e os comportamentos não verbais devem ser interpretados à luz do contexto considerando a sequência em que ocorrem. Lembre-se do que falamos: a comunicação não verbal é uma ciência social e não uma ciência exata em que um mais um é igual a dois.

Do ponto de vista verbal, é importante revisitar a teoria de negociação colaborativa de Ury e Fisher, sobre a qual falamos no início deste capítulo. A partir do método que os autores americanos criaram, ao pensarmos nas técnicas de escutatória, temos três etapas a serem percorridas. A primeira refere-se à necessidade de buscarmos a solução na cabeça do outro e, para isso, é preciso criar uma conexão de confiança. Ou seja, requer muita escuta e acolhimento empático para que, no início da negociação, sejam verbalizados os interesses de cada parte ou, no linguajar de vendas, a descoberta das necessidades. É fundamental que nessa fase as pessoas expressem seus interesses e posições, pois para a negociação engrenar é necessário ter pelo menos um interesse em comum. Se não houver, negociação não há, segundo definição de William Ury: "A negociação é o processo de comunicação bilateral com o objetivo de chegar a um acordo com outros quando alguns dos seus interesses são compartilhados e outros são opostos."

Nesse primeiro passo, devemos recorrer a perguntas abertas e neutras de investigação das palavras do outro:

> "Quando você fala (...), o que quer dizer exatamente?"
> "O que falta para que você sele o acordo comigo?"
> "Independentemente de fecharmos o negócio, quais são os critérios mais importantes para você escolher um parceiro?"

Em seguida, é preciso unir as duas cabeças e investir em dicas de argumentação produtiva testando novos cenários:

> "E se, hipoteticamente, eu conseguisse chegar ao valor de (...), o que faltaria para que fechássemos? Quais seriam os demais pontos?"
> "E se eu fizesse (...), o que você faria?" (testar cenários)
> "Se eu te falar que tenho três bons motivos para você me dar uma chance, o que você me diz?" (isca para começar a argumentar)
> "Se lhe der o desconto que está me pedindo, o que acha de começar amanhã e pagar à vista?" (trocar concessões com contrapartidas)

São perguntas que também funcionam como "teaser" na hora de chamar a atenção.

E, em uma terceira etapa, caso nenhuma tenha dado resultado e estejamos diante de um impasse, faça um convite para buscar soluções fora da caixa — ou seja, fora das cabeças envolvidas diretamente na negociação. A pergunta do impasse é a última cartada antes de desistir, ou de mudar de nível de interlocutores. É uma excelente maneira de perceber se o outro está realmente no seu limite ou blefando. Para ter todo o benefício dessa pergunta, verbalize o impasse usando a seguinte fórmula:

> "Vejo que estamos em um impasse. Você me diz que [reusar as posições do outro, se possível com as palavras exatas dele], + [pausar e inspirar] + eu falo para você que [repetir a sua posição antagonista] + [pausar e inspirar]. Nós dois temos [descrever o interesse em comum] + o que podemos fazer agora?"

Vamos aplicar essa fórmula em uma venda de carros:

> "Estamos em um impasse. Você me fala que só pode pagar R$ 55 mil. Eu digo que não consigo vender por menos de R$ 60 mil. Nós dois queremos que você saia de carro novo hoje. E agora? O que fazemos?"

A pergunta aberta "E agora? O que fazemos?" é importante porque oferece ao outro a liberdade de seguir no diálogo e repensar seus argumentos tanto quanto permite que verbalize suas resistências e percorra a curva da emoção. Perguntas abertas são bem-vindas em diversas situações. No caso do impasse, é a narrativa que precede a pergunta que confere autoridade para a pergunta.

No uso correto das palavras, no tom certo da conversa e na postura apropriada diante dos acontecimentos, nos fortalecemos para os diversos processos de negociação que somos levados a enfrentar no cotidiano — mesmo que estejamos naquele grupo do "odeio negociar". Bem preparados, o ódio vira tolerância; a tolerância se transforma em compreensão; e a compreensão, em acordo. Uma jornada acessível a partir do uso correto dos recursos da comunicação, que também nos capacitam a perceber como o nosso parceiro usa as palavras e a linguagem não verbal para transmitir ideias e emoções. Ao dedicarmos algum tempo a entender melhor a experiência, a perspectiva e as características inerentes ao meio cultural da outra parte, conseguimos construir um relacionamento positivo de forma mais eficaz e desenvolver uma negociação justa e habilitadora. É assim que começamos a construir a confiança!

CRIE CONFIANÇA PARA UMA NEGOCIAÇÃO EFICAZ

A interdependência é um fator que nos ajuda a construir a credibilidade e a confiança. Para isso é importante que comecemos transmitindo à outra parte a necessidade de trabalharmos em conjunto. Mesmo antes da confiança mútua, se os parceiros tiverem consciência de que necessitam de algo um do outro, a negociação inicia-se com o pé direito, o que torna mais acessível o caminho que os levará a atingir seus objetivos. Começarmos o processo partilhando o quão importante é a discussão que está ocorrendo, para ambas as partes, é muito relevante. Ao enquadrarmos aquela relação como uma parceria positiva, ajudamos a criar uma percepção de interdependência entre os negociadores e podemos, então, facilitar o desenvolvimento da confiança. Sim, estabelecer a interdependência é mais rápido do que desenvolver a confiança!

Aqui, mais uma vez: ao reconhecermos com maior competência as emoções que o nosso parceiro revela, podemos ajustar as nossas respostas verbais e, desta forma, estabelecermos a confiança de maneira mais eficaz. Confiança que está associada com comportamentos que caracterizam o conceito da negociação "ganha-ganha" e têm por objetivo a criação de valor, explorando opções de ganho mútuo e a ampliação da negociação com opções múltiplas, com efeitos positivos para ambos os lados do negócio.

Quando a confiança está estabelecida e a noção de interdependência sedimentada, os parceiros estão mais propensos a partilharem os seus interesses, em vez das oposições. Realizar um esforço conjunto para identificar e articular interesses e necessidades de todas as partes é crucial. É necessário termos em consideração que, por vezes, as partes desconhecem seus interesses, ou não concordam sobre eles. Por isso, é muito importante destacar quais são os interesses das partes. Uma das técnicas possíveis para que se tenha clareza sobre os interesses que estão à mesa é sentar ao lado de seu parceiro de negociação e convidá-lo a construir em conjunto essa lista. Comece por escrever todos os interesses que surgem na conversa e peça feedback a todo momento. É uma técnica útil em que se cria terreno comum e se aumenta o nível de compromisso das partes.

Depois, o estabelecimento da confiança vai permitir o desenvolvimento de pacotes criativos de negociação que sejam mais vantajosos para ambos os lados, considerando que itens da negociação se valorizam de forma distinta. Uma maneira de sinalizarmos os nossos interesses e os pontos que mais consideramos é por meio da aplicação da tática da apresentação de propostas simultâneas depois da fase inicial de criação de sintonia afetiva.

A confiança tem, ainda, um papel importante no esclarecimento dos efeitos dos comportamentos não verbais de espelhagem em negociação. William Maddux, professor de comportamento organizacional e PhD em psicologia, junto a colegas de pesquisa, descobriu que a confiança explica o efeito que a espelhagem comportamental assume quando se estabelece uma negociação. É por meio da espelhagem que damos à outra pessoa a oportunidade de se rever um pouco em nós mesmos, facilitando o estabelecimento da confiança necessária para um acordo bem-sucedido.

A investigação revela que existe uma tendência natural para espelharmos os outros usando expressões faciais, gestos, posturas, maneirismos e outros movimentos motores. A espelhagem comportamental em negociação facilita o alcance de níveis mais consistentes de acordo e afinidade. Apesar de a espelhagem acontecer habitualmente de forma automática, ela também pode ser realizada de maneira consciente e ser um recurso eficaz no processo de negociação, dado que está associado ao processo de influência, como ensinou a professora Céline Jacob, da Université Bretagne Sud, em pesquisa com colegas.

Um estudo de 2008 — com o curioso título "Chameleons Bake Bigger Pies and Take Bigger Pieces: Strategic Behavioral Mimicry Facilities Negotiation Outcomes" ou, em tradução livre, "Camaleões assam tortas maiores e pegam pedaços maiores: Mimetismo comportamental estratégico facilita os resultados da negociação" —, conduzido por Maddux, Elizabeth Mullen e Adam Galinsky, reuniu 62 estudantes do MBA para negociarem sobre um caso complexo em que um acordo, tendo por base exclusivamente o preço, não era possível de se alcançar. A negociação desenvolveu-se em duplas que foram distribuídas de forma aleatória. Para metade das duplas foi dito ao comprador para espelhar os gestos do vendedor, e à outra metade foi pedido simplesmente para negociar o melhor que conseguisse. Os resultados revelaram-se auspiciosos. Nos grupos em que existiu espelhagem deliberada do comprador, ou seja, os negociadores imitaram os maneirismos de seus oponentes, 67% dos negócios foram fechados com sucesso. Nos outros grupos, em que não existiu espelhagem consciente, só 12,5% chegaram a um acordo. Os resultados demonstraram que a espelhagem pode ser uma prática altamente eficaz para os negociadores, facilita o desenvolvimento da confiança e a partilha de informações relevantes, e os negociadores que espelham o seu parceiro aumentam o valor da negociação e obtêm resultados mais vantajosos para ambas as partes.

Podemos tirar partido dessa ferramenta imitando o comportamento não verbal do nosso interlocutor. Depois de espelharmos por alguns minutos o nosso parceiro e de sentirmos que surgiu uma sintonia afetiva, podemos finalmente testar se o vínculo emocional se criou. Para tal, basta alterarmos o nosso comportamento não verbal e verificarmos se o nosso oponente nos segue. Se nos seguir em sua linguagem corporal, é um sinal de que a conexão emocional está criada.

Quando usamos a mímica comportamental, damos a oportunidade ao outro de se rever parcialmente em nós próprios. Por isso, o processo deve ocorrer em espelho, ou seja, se estivermos sentados de frente para o nosso parceiro, quando este inclina a cabeça para o lado direito, devemos inclinar a cabeça para o lado esquerdo, e assim por diante.

O processo pode ser incompleto se decidirmos espelhar apenas a parte superior ou inferior do corpo, ou completo se optarmos por uma espelhagem de corpo inteiro. O mimetismo comportamental estratégico deve ocorrer naturalmente, de forma a facilitar uma relação eficaz com a outra pessoa. Um estudo de 2014, conduzido no setor de varejo, descobriu que os consumidores despendiam mais e demonstravam índices mais elevados de satisfação quando o vendedor espelhava conscientemente o comportamento não verbal do cliente.

INFLUENCIE SEU PARCEIRO DE NEGÓCIOS

O recurso não verbal é uma forma antiga de comunicação que se mantém até hoje e tem um profundo significado quando queremos reconhecer o que os outros estão sentindo e quando queremos contagiá-los com as nossas emoções. Em negociação, essas duas funções da comunicação não verbal são cruciais no processo de influência. As nossas emoções, em especial quando nos sentimos ameaçados, são processadas no cérebro emocional, expressas por intermédio da nossa comunicação não verbal e, de uma forma geral, podem dividir-se em comportamentos de conforto e de desconforto psicológicos.

Reconhecer de forma eficaz o que o nosso parceiro de negócios está sentido para além do que nos diz é fundamental, em primeiro lugar porque nos permite apurar se as suas palavras estão em sintonia com as suas emoções e, desta forma, perceber se existe uma comunicação descontraída e transparente. Em segundo lugar, a decodificação emocional também é fundamental para respondermos de forma mais ajustada e influenciarmos sem impor nada.

Imaginemos que, numa determinada fase do processo de negociação, comunicamos à outra parte que tivemos conhecimento de que a margem bruta do negócio se situa entre os 10 e os 15% e, em seguida, perguntamos se isso é verdade. Se o nosso parceiro, enquanto nos escuta, manifestar uma microexpressão de tristeza, por exemplo, pode significar que está procurando ocultar, inconscientemente, a emoção que sente. É admissível explorar se ele está agindo assim porque se sentiu vulnerável com o fato de nós termos um conhecimento da sua margem de negociação. Nesse caso, seria interessante seguir essa linha de comunicação e compreender melhor por que a informação que temos pode eventualmente estar deixando-o fragilizado. Será que pensa que perdeu margem de manobra na negociação?

Existe um conjunto de sinais não verbais que indicam desconforto psicológico: esfregar a base do queixo, colocar a mão à frente dos olhos, apertar o maxilar, mexer muito a caneta enquanto se conversa etc. Não estamos à procura de apenas um sinal não verbal para concluirmos que o nosso parceiro está desconfortável. Pelo contrário, procuramos identificar padrões comportamentais que apontam no sentido do desconforto. É importante frisar que o desconforto psicológico não é um indicador da mentira, mas um indício de que a pessoa está sentindo algum nível de ansiedade. O negociador experiente, quando percebe um padrão de desconforto psicológico no seu interlocutor e quer avançar para um acordo ganha-ganha, pode optar por utilizar, por exemplo, a técnica da espelhagem comportamental consciente. Dessa forma, tem a oportunidade de influenciar o outro a entrar num estado emocional mais saudável, positivo, que é um fator essencial para se perseguir uma solução de criação de valor.

Uma outra função da comunicação não verbal em negociação é o contágio emocional. A professora Shirli Kopelman, importante pesquisadora e educadora na área de negociações da Universidade de Michigan, e mais duas colegas, em uma série de experimentos de laboratório, analisaram a influência da manifestação de emoções positivas, neutras e negativas no processo de negociação. O trabalho delas mostrou que existem certos comportamentos não verbais que podem ser comunicados convictamente aos nossos interlocutores como parte de uma tática de negociação. O estudo revelou que os negociadores que manifestam sinais de emoção positiva têm uma maior probabilidade de incorporar no contrato uma relação de negócio futura, chegar a um acordo e obter concessões da outra parte em uma negociação distributiva. Por outro lado, a manifestação estratégica de emoções negativas e neutras pode conduzir à apresentação de propostas mais extremas pelo parceiro de negócios, tendo uma influência negativa no desfecho da negociação.

Um estudo de 2006 conduzido por Marwan Sinaceur e Larissa Tiedens, da Universidade de Stanford, na Califórnia, concluiu que a comunicação de emoções negativas, como o uso de ameaças explícitas no fim de uma negociação, tem maior possibilidade de obter concessões pela outra parte se esta considerar que as suas opções alternativas são fracas. No entanto, é preciso realçar que esse tipo de estratégia conduz geralmente a uma quebra de confiança e pode colocar em risco a realização de acordos no futuro.

O uso adequado da comunicação humana integrada — verbal e não verbal — é um elemento primordial no desenvolvimento de negociações cooperativas. No caso da não verbal, a espelhagem comportamental é um ingrediente importantíssimo para o estabelecimento do vínculo afetivo e deve ser explorado como um recurso para que haja interdependência e confiança na negociação.

A criação de elos de confiança entre os parceiros é essencial para a obtenção de acordos ganha-ganha, que agregam real valor a ambas as partes e não apenas a uma delas. À medida que aprendemos a decodificar, com maior maturidade, o comportamento não verbal dos nossos interlocutores, e, por outro lado, à medida que respondemos, de forma cada vez mais eficaz, aos sinais não verbais que observamos para além das palavras que são ditas, mais sólido se torna o processo de tomada de decisão e mais terreno comum será criado para o desenvolvimento de negociações baseadas na criação de valor.

Com o uso apropriado dos recursos que a comunicação nos oferece, podemos criar relações mais sustentáveis e saudáveis mesmo quando sentados em lados opostos de uma mesa de negociação.

António Sacavém

Você diz que trabalhou com grupos empresariais, e foi possível ver que determinados líderes conseguem tirar mais e melhor de si próprios. A resposta para isso, segundo você identificou, está na comunicação não verbal. Você superestima o poder da comunicação não verbal?

"Estou inevitavelmente enviesado, dado que é um tema que me apaixona. Eu concordo em absoluto. É um conjunto, não se trata apenas da comunicação não verbal naturalmente, como temos vindo a partilhar ao longo do livro. Ela é, contudo, um atributo fundamental e frequentemente menos valorizado. Por exemplo, através dela, conseguimos influenciar sem impor nada. Eu sou dono do que calo e escravo do que falo. Através da comunicação não verbal, eu não fico escravo de nada porque é como se estivesse ali, sem me comprometer, enquanto conheço e crio uma ligação com o outro. Então, nessa perspectiva, é um recurso muito importante para me vincular ao outro. Facilita a criação do vínculo afetivo com as pessoas que me rodeiam.

Em liderança, a utilização de uma comunicação não verbal eficaz ajuda na criação de percepções de carisma, apoia o processo de contágio emocional, influencia a criação de estados emocionais mais habilitadores nas equipes e tem um impacto positivo no desempenho das pessoas. Por outro lado, a comunicação não verbal ajuda-nos a compreender melhor a realidade emocional do outro e a desenvolver a empatia, que é um dos principais ingredientes da inteligência emocional e de uma liderança consciente. Através de um reconhecimento emocional eficaz, facilitado pela leitura da linguagem corporal, conseguimos responder ao nosso interlocutor de forma mais habilitadora porque temos em consideração não apenas o que este nos diz, mas o que o seu corpo expressa.

Para concluir, uma liderança eficaz está relacionada com muitos fatores, alguns bem estudados pela ciência; porém, se existe uma variável a destacar, é a comunicação eficaz do líder. E veja-se que os grandes exemplos de liderança geralmente comunicavam de forma excepcional. Mandela, Churchill, Luther King, Barack Obama, Jacinta Ardern, Michelle Obama, entre outros, aprenderam a comunicar com excelência e a contagiar multidões. Ora, a comunicação não verbal, neste particular, tem uma forte palavra a dizer."

11. O efeito Sherazade ou como explorar o storytelling

No universo da comunicação, há uma ferramenta que transcende os limites do tempo e da cultura, que tem o poder de cativar multidões, inspirar ação e criar memórias duradouras. Essa ferramenta é a arte ancestral de contar histórias, e sua influência é tão poderosa hoje quanto era há séculos atrás.

Imagine-se por um momento na antiga cidade de Bagdá, nas margens do rio Tigre. No auge de seu esplendor, essa cidade era um caldeirão de culturas e conhecimento. Foi lá que uma das histórias mais icônicas sobre o poder das narrativas surgiu: a de Sherazade. A filha do grão-vizir foi casada com um sultão cruel, conhecido por tomar uma noiva a cada noite e ordenar sua execução na manhã seguinte. O sultão, consumido pela raiva e pelo ressentimento após uma traição amorosa, mergulhara em um ciclo de vingança desumana. Sherazade, no entanto, tinha um plano para quebrar esse ciclo.

Cada noite, ela cativava o sultão com uma história envolvente, uma narrativa que o deixava ansioso para saber o final. E assim, no limiar da aurora, Sherazade deixava a história inacabada, levando o sultão ao desespero. Noite após noite, a curiosidade do soberano o impediu de tomar a vida de Sherazade, e, com o tempo, seu coração se abriu para a compaixão, transformando-o de um déspota implacável em um líder benevolente.

A história de Sherazade é mais do que uma lenda de mil e uma noites; é uma ilustração do poder das histórias para tocar a alma humana, influenciar decisões e moldar destinos. É uma narrativa que atravessou séculos, mantendo seu apelo e relevância até hoje.

AS RAÍZES DA COMUNICAÇÃO HUMANA

A humanidade compartilha histórias como parte intrínseca de sua existência. Mesmo antes da invenção da escrita, as histórias eram transmitidas oralmente de geração em geração passando sabedoria, tradições e valores de uma forma que ultrapassava as palavras.

Nossa linguagem é uma ferramenta notável. Como Yuval Noah Harari defende em *Sapiens: uma breve história da humanidade*, ela é incrivelmente versátil e nos capacita de maneira única. Podemos conectar uma série limitada de sons e sinais para produzir um número infinito de frases, cada uma com um significado diferente. Isso nos permite consumir, armazenar e comunicar uma quantidade extraordinária de informações sobre o mundo à nossa volta.

Enquanto outras espécies podem emitir alertas simples, como "Cuidado! Um leão!", nossa capacidade linguística nos permite ir além. Podemos relatar detalhes precisos sobre nossas experiências e ambientes. Um macaco pode gritar para seus camaradas que há um leão por perto, mas um Homo sapiens moderno pode descrever vividamente sua manhã compartilhando que, perto da curva do rio, viu um leão espreitando atrás de um rebanho de bisões. Essa descrição inclui a localização exata, os diferentes caminhos para chegar lá e, por meio dessa narrativa rica, os membros do grupo podem pensar coletivamente discutindo se devem se aproximar do rio, expulsar o leão e caçar os bisões.

No entanto, a linguagem não se limita a relatos de eventos reais. Com a Revolução Cognitiva, conforme descrito por Harari, os Homo sapiens adquiriram a capacidade única de criar e compartilhar ficções. Antes disso, muitas espécies, incluindo os humanos pré-sapiens, podiam alertar uns aos outros sobre perigos concretos, como leões. Com a Revolução Cognitiva, nossos antepassados desenvolveram a capacidade de dizer: "O leão é o espírito guardião de nossa tribo". Essa capacidade de falar sobre ficções, criar mitos, lendas, deuses e religiões é a característica mais singular da linguagem dos sapiens.

Há muitos anos, em uma época em que as cavernas serviam de abrigo e o fogo era nossa única fonte de luz, nossos ancestrais já eram contadores de histórias. No coração de nossos assentamentos primitivos, a fogueira era o local de encontro para comunidades que compartilhavam suas aventuras, triunfos e desafios. Por meio das histórias, esses grupos aprendiam a caçar, plantar, criar ferramentas e forjar conexões sociais que garantiam sua sobrevivência.

As histórias, mais do que apenas um meio de transmitir conhecimento prático, também serviam para explorar o desconhecido e enfrentar os medos do escuro, das criaturas da noite e do inexplicável. Histórias de heróis valentes, deuses caprichosos e criaturas míticas eram compartilhadas ao redor das fogueiras, dando voz aos mistérios do universo e aos anseios mais profundos do coração humano.

O encanto das narrativas reside na sua capacidade de tocar nossos sentimentos de maneira direta. Estamos sempre prontos para absorver uma boa história, meditar sobre seus ensinamentos e decifrar as lições implícitas: toda história tem uma moral. É um recurso que se faz ainda maior diante de uma predisposição humana: quando dialogamos usando argumentos, o cérebro do outro intuitivamente criará contra-argumentos, desencadeando resistências automáticas. Portanto, se queremos efetivamente influenciar, convencer e engajar, nossos argumentos precisam estar embalados em narrativas porque histórias são recursos certeiros, eficazes e poderosos para ativar a participação e o interesse das pessoas. Que fique claro; debater sem argumentos enfraquece seu ponto de vista, argumentar sem recorrer ao storytelling enfraquece o seu argumento.

QUANDO CONTAR HISTÓRIA VIROU STORYTELLING

Contar histórias, como se percebe na leitura feita até aqui, sempre fez parte da construção das sociedades. Porém, a disseminação do conceito do storytelling, assim chamado mesmo onde o inglês não é o idioma nativo, se consagra com Joseph Campbell, autor de *O herói de mil faces*, de 1949. Campbell analisou histórias universais como a de Jesus, de Buda e, sem preconceitos, navegou nos contos de fadas. Foi quando descobriu um padrão narrativo que gira em torno da figura do herói. Ele descreve o conceito do monomito, também conhecido como a "Jornada do Herói". O autor argumenta que essa estrutura narrativa, que se repete em mitos e histórias ao redor do mundo, pode ser aplicada à comunicação interpessoal de maneira poderosa.

No cenário empresarial, o storytelling se tornou uma ferramenta estratégica crucial. Desde a democratização inicial com a imprensa de Gutenberg até a metade do século XX, as marcas começaram a reconhecer o poder do storytelling para criar conexões emocionais com os consumidores. Empreendedores influentes como Richard Branson e Steve Jobs utilizaram suas narrativas pessoais para moldar as identidades de suas empresas, estabelecendo uma conexão mais profunda e pessoal com o público.

Paralelamente, o interesse acadêmico no storytelling cresceu, considerando-o vital não apenas para a literatura e a arte, mas também para nossa vida cotidiana e compreensão histórica. Pesquisas interdisciplinares começaram a explorar as dimensões éticas e sociais do storytelling aplicando-o a contextos tão diversos quanto cinema, fotografia e artes performáticas.

Assim, o storytelling evoluiu de uma forma de arte tradicional para uma ferramenta dinâmica e multifacetada, essencial tanto no mundo dos negócios quanto no acadêmico. Essa progressão demonstra sua capacidade de se adaptar e evoluir atendendo às necessidades e desafios contemporâneos. Sem nunca, porém, perdermos a noção de que o que assistimos hoje é uma espécie de bricolagem dos fundamentos que orientaram a vida de nossa espécie, como ressalta Jaime Troiano, sociólogo, presidente da TroianoBranding e uma das principais referências em gestão de marcas no Brasil.

O STORYTELLING COMO FERRAMENTA PARA ENGAJAR PESSOAS

Na arena corporativa, essa técnica transcende a promoção de produtos, tornando-se um pilar para construir marcas fortes e inspirar equipes. Da mesma forma, a prática do storytelling é fundamental na comunicação interpessoal. Se as histórias que as empresas contam moldam sua identidade e cultivam uma conexão emocional com clientes e colaboradores, as nossas histórias criam uma ponte de empatia, permitindo que as pessoas se coloquem no lugar de outras, entendam diferentes perspectivas e reforcem relacionamentos.

A conexão emocional é particularmente eficaz na arte do engajamento. Ao contar uma história, é possível envolver o ouvinte tornando a mensagem mais impactante e memorável.

Histórias bem construídas, contendo personagens com os quais as pessoas podem se identificar e conflitos que encontram uma resolução, têm o poder não só de informar, mas também de inspirar e motivar as pessoas a agirem.

Assim, o storytelling se revela como uma habilidade crucial para líderes, educadores, profissionais de marketing e qualquer pessoa que busque se conectar e influenciar de forma significativa. Interessa a você que está diante do recrutador em busca de um emprego, depara com um conflito conjugal e está disposto a tornar aquela relação mais saudável ou encara um cliente que hesita na decisão de comprar ou não um produto. Contar histórias é uma combinação de arte e ciência exigindo criatividade, empatia e uma compreensão profunda do comportamento humano.

Uri Hasson, professor de psicologia e neurociências, a partir de suas pesquisas sobre a comunicação humana, identificou que temos uma espécie de dispositivo que grava nossas memórias, sonhos e ideias e os transmite para o cérebro do outro. Uma tecnologia que não é inovadora porque já está instalada em nós desde sempre, que se chama "sistema de comunicação humana e contação eficaz de história".

Com seus colegas Greg Stephens e Lauren Silbert, Hasson testou diversas situações para enxergar as reações do cérebro humano diante de mensagens transmitidas. Concluíram que, ao ouvirmos palavras que compreendemos, acionamos estruturas primitivas de nosso cérebro; porém, quando ouvimos ou vemos uma história, os neurônios em nosso cérebro ativam-se em padrões semelhantes aos do narrador num processo conhecido por "neural coupling" ou espelhamento. Os córtex motor, sensorial e frontal, assim como diversas outras áreas sofisticadas do cérebro, são ativados, nos envolvendo na fala do narrador. Tudo isso irrigado pela dopamina diante da excitação pela conclusão da história – era isso que movia o sultão de Sherazade.

Segundo Daniel Lieberman e Michael Long, no livro *Dopamina: a molécula do desejo*, esse neurotransmissor controla quem somos, o que sentimos e o que fazemos. Quando nos envolvemos com uma história, tendemos a encaixá-la nas nossas próprias experiências e referências de vida. Isso faz com que aquela mensagem se fixe na nossa memória.

Os recursos vocal, verbal e não verbal alinhados tornam essa sintonia entre cérebros ainda mais potente. Porém, considerando que uma história vai além de palavras e contexto em comuns; é uma experiência sensorial que envolve a mente e o coração; ela precisa estar bem estruturada. E um bom começo é essencial. John Medina, biólogo molecular, alerta que capturar a atenção exige impacto imediato – segundos contam.

No livro *Aumente o poder do seu cérebro*, Medina escreve que, "caso você já tenha realizado uma apresentação para uma plateia, deve ter reparado que as pessoas não prestam atenção em coisas chatas (Regra nº 4). Temos segundos para capturar a atenção de quem está ali e só conseguimos mantê-la por meros 10 minutos". Ou seja, a atenção humana é fugaz, com estudos revelando um declínio significativo no engajamento já nos primeiros momentos de exposição.

Para ter a exata dimensão do que isso representa no desafio de conquistar e manter o interesse do seu interlocutor: em 2020, estudos mostraram que 33% das pessoas deixam de acompanhar um vídeo nos primeiros 30 segundos, 45% em um minuto, e 60% em dois minutos. Os dados são da Ad Age, plataforma de jornalismo de marketing, baseados na análise do comportamento do público em mais de 40 milhões de videoclipes que, no total, receberam quase 7 bilhões de visualizações.

Se não temos os recursos tecnológicos disponíveis aos produtores de vídeos para capturar a atenção nem o algoritmo das redes sociais para sequestrar o tempo das pessoas, somos munidos de outros instrumentos que nos permitem desenvolver essas habilidades. Tão mais poderosos são esses recursos quanto forem as habilidades de nos comunicarmos identificando palavras e contextos em comum que fortalecem essa conexão.

Seguindo o ensinamento de Medina, ao planejar o diálogo — que se realiza nas diversas formas de interação com o outro, desde um bate-papo informal a uma apresentação para plateia —, sua conversa deve começar com um gancho que capture a atenção da sua audiência. Pode ser uma pergunta provocativa, uma estatística surpreendente ou uma história breve que evoque o ponto principal sem o revelar por completo. Por exemplo, no caso de você estar prestes a iniciar uma interação com um parceiro de negócio: "Na sua visão por que algumas empresas prosperam enquanto outras lutam para sobreviver no mercado altamente competitivo de hoje?".

Tendo em mente que podemos, na melhor das hipóteses, manter a atenção do outro por 10 minutos, vale a pena planejarmos iscas para, gradativamente, conquistar mais 10, mais 10 e quantos mais 10 minutos forem necessários para completarmos o tempo da nossa apresentação.

Antes de encontrar o anzol e a isca perfeitos para fisgar a atenção do público, lembre-se de que tudo isso deve ser trabalhado em um enredo que é parte fundamental dessa estratégia. Ele funciona como o esqueleto da conversa, a estrutura que dá forma e significado a tudo o que você diz. Como em uma história, sua conversa deve ter uma estrutura clara e cativante para que o interlocutor seja guiado por uma jornada que o mantenha envolvido do início ao fim.

Aqui estão algumas sugestões seguidas de exemplos para planejar o enredo de sua comunicação a partir da mensagem e da situação que usamos para capturar a atenção da pessoa com quem estamos falando:

1. Introduza o conflito ou o desafio: em uma história, o conflito é o que mantém os leitores interessados. Na mesma lógica dos conflitos, você pode introduzir um desafio, um paradoxo ou um dilema que precisa ser abordado. Isso despertará o interesse do interlocutor e abrirá uma gaveta na mente do outro.
   Exemplo: "Embora todos nossos concorrentes estejam saindo do mercado, eu vou mostrar para vocês que é momento de investir." (Temos um paradoxo e uma isca.)
2. Apresente personagens ou experiências relevantes: como em uma narrativa, de preferência use personagens ou experiências reais para tornar sua comunicação mais envolvente e tangível. Compartilhe histórias de sucesso, exemplos concretos ou casos de estudo que ilustrem seus pontos.
   Exemplo: "Deixe-me contar sobre como a empresa X enfrentou um desafio semelhante e conseguiu dobrar sua participação de mercado."
3. Desenvolva o conflito e a solução: explore o conflito ou o desafio com mais detalhes envolvendo o interlocutor na narrativa. Em seguida, apresente a solução ou a ideia que você deseja comunicar como a resposta ao conflito.
   Exemplo: "A empresa X implementou uma estratégia de marketing inovadora que não apenas a destacou da concorrência, ela também atraiu um público mais amplo."
4 Construa a tensão e o clímax: à medida que a conversa avança, construa a tensão criando a expectativa de como a solução ou a ideia pode resolver o conflito. Isso manterá o interlocutor envolvido e interessado em saber mais.
   Exemplo: "E o resultado? Eles viram um aumento de 40% nas vendas em apenas seis meses."

5. Conclua com uma mensagem clara e impactante: como em uma história, sua conversa deve ter uma conclusão satisfatória. Apresente sua mensagem central de forma distinta e engajadora resumindo os principais pontos e convidando à ação.
   Exemplo: "O fato é que inovação e diferenciação são fundamentais para o sucesso no mercado atual Eu sugiro aplicar essas estratégias para alcançar nossos objetivos."

Essa mesma estrutura, com ajustes pontuais, pode ser aplicada em outras situações de diálogo. Imagine-se tendo de se diferenciar dos demais candidatos em uma entrevista de emprego. Ao recorrer à estratégia de storytelling a partir de um roteiro pré-estabelecido que considere a sua experiência, as mesmas etapas podem ser percorridas, a começar pelo gancho poderoso:

"Na sua visão, o que realmente impulsiona um profissional a se destacar em um ambiente de trabalho em constante mudança?"

Iniciando com essa pergunta, o candidato introduz um conflito relevante — a busca por profissionais excepcionais em um mercado competitivo.

"Recentemente, fui responsável por liderar um projeto em minha universidade que estava fadado ao fracasso devido à falta de engajamento da equipe."

Ao apresentar um desafio pessoal, o candidato tece a narrativa introduzindo personagens — a equipe e ele mesmo — e detalhando o conflito.

"Com uma abordagem inovadora de colaboração e uma comunicação eficaz, consegui motivar a equipe e, também, aumentar a produtividade em 50%."

O desenvolvimento do conflito leva a uma solução que o candidato oferece demonstrando suas habilidades e sua capacidade de superar dificuldades.

"Ao enfrentarmos desafios similares nesta posição, estou confiante de que posso trazer soluções criativas e resultados tangíveis para a equipe, assim como fiz no passado."

Construindo a tensão e antecipando o clímax, o candidato alinha suas experiências passadas com as potenciais contribuições futuras para a empresa.

"Com essa história, eu aprendi que, com determinação e uma abordagem inovadora, é possível transformar qualquer desafio em uma oportunidade de sucesso. Estou aqui para trazer essa mentalidade e essas soluções para a sua empresa."

Concluindo com um ponto central claro e poderoso, o candidato reforça seu valor como um potencial funcionário inovador e determinado.

Esse discurso pode ser aperfeiçoado com você descrevendo mais detalhadamente quais foram as estratégias específicas adotadas para aumentar o engajamento e a produtividade da equipe; com exemplos próprios de problemas resolvidos e como sua liderança foi decisiva; falar quais foram as ideias inovadoras que planeja trazer para a empresa; se possível, apresentar dados quantitativos ou qualitativos para comprovar os resultados alcançados no passado; e procurar personalizar a fala para a missão e os valores da empresa mostrando que fez a lição de casa e entende onde pode contribuir.

Lembre-se que o uso dessa estratégia, mesmo que tenha estrondoso sucesso em filmes ou livros de ficção — no que George Lucas foi craque em Star Wars e Indiana Jones tanto quanto J. K. Rowling em Harry Potter —, nos casos de uma entrevista de emprego, construção de relacionamento ou negociação com parceiros de negócio, a história tem de se basear em dados reais. Seu discurso jamais pode ser uma obra de ficção. A verdade, somente a verdade, nada além da verdade — uma verdade embrulhada com uma estratégia de storytelling!

Apesar de não o termos incluído nos exemplos acima, o alívio cômico é um elemento estratégico na contação de histórias usado para aliviar a tensão e oferecer um descanso emocional ao público. Shakespeare, por exemplo, era mestre em entrelaçar a comicidade até em suas peças mais sombrias, como *Hamlet*, utilizando piadas secas para cortar a tensão de momentos carregados de emoção. Na cultura popular contemporânea, o Coringa oferece um tipo estranho de alívio cômico interno no universo de Batman e Tyrion Lannister em *Game of Thrones*.

A comédia fornece um respiro necessário na narrativa e realça a realidade complexa das emoções humanas combinando alegria e tristeza de maneira que reflete a experiência da vida real. Uma das maiores referências do humor em Portugal, Ricardo Araújo Pereira, em seu livro *A doença, o sofrimento e a morte entram num bar – uma espécie de manual de escrita humorística* (Tinta das Letras, 2017) registra uma frase de autoria incerta, porém contundente a ponto de ser atribuída a diversos autores de sucesso: "comédia é igual a tragédia mais tempo." Pereira entende assim que a distância de um episódio trágico passado há anos pode tornar o fato um motivo de graça nos dias de hoje.

Contudo, deve ser explorada com parcimônia. Dependendo do ambiente e da situação em que você esteja, usar o recurso do humor pode gerar constrangimento e desconforto entre as partes. Sempre que recorrer ao alívio cômico tenha certeza de quão oportuno está sendo e jamais o faça com conteúdo que possa soar preconceituoso ou prepotente.

Outro elemento a ser considerado são as lacunas de conhecimento que exploram a curiosidade natural do ser humano. São informações ou detalhes intencionalmente omitidos ou ainda não revelados na narrativa que despertam a curiosidade do público. A busca por preencher essas lacunas mantém os ouvintes ou leitores engajados, pois eles sentem a necessidade de obter respostas ou compreender completamente a história. Ao explorar esses "buracos", os contadores de história podem manter seu público interessado e investido na narrativa, incentivando-o a continuar acompanhando até que o conhecimento seja completo.

Aprofundar-se no ensino desta arte de contar histórias permitirá que sua abordagem se torne mais sofisticada. Alguns pontos que não tratamos neste capítulo, mas estão à disposição neste livro, também são importantes no exercício dessa atividade. É o caso da simplicidade: sempre que temos de nos comunicar num ambiente com muitos outros estímulos, a neurociência nos ensina que o estímulo que vence a concorrência é o que atinge mais facilmente o cérebro do interlocutor. Segundo Peter Drucker, o Pai do Marketing, "a simplicidade tende ao desenvolvimento; a complexidade, à desintegração". No popular: faça bem o feijão com arroz antes de pensar na feijoada. Assim, use palavras mais habituais, frases curtas, ordem direta, voz ativa e dê preferência a afirmações em lugar de negativas.

Neste momento, você deve estar se questionando se tem uma vida interessante o suficiente para contar sua história. Os estudiosos certificam que tudo pode render uma boa história, bastando que se mantenha as antenas ligadas, sem prejulgamentos e crenças limitantes. Considere o ensinamento de um dos mais criativos cineastas do mundo, Pete Docter, da Pixar, que assina obras de arte como *Toy Story*, *Monstros S.A.* e *Soul*. Ele diz que "o que você está tentando fazer quando conta uma história é falar sobre algum evento da sua vida que fez você se sentir de determinado modo; e você tem sucesso quando seu público se sente da mesma maneira".

Portanto, antes de se colocar fora do jogo, é preciso valorizar situações corriqueiras, aqueles eventos do dia a dia que são comuns e rotineiros. Partes da vida cotidiana que geralmente não são consideradas excepcionais ou fora do ordinário, como fazer compras, conversar com um amigo, realizar tarefas domésticas ou ir ao trabalho. Apesar de sua aparente simplicidade ou banalidade, esses momentos podem ser fontes ricas para histórias que ressoam com muitas pessoas justamente por serem experiências compartilhadas e facilmente reconhecíveis, o que faz com que o cérebro aja de modo mímico, levando à ação e moldando atitudes, crenças e pensamentos.

STORYTELLING AO VIVO

A despeito das ferramentas usadas durante a conversa ou apresentação, é essencial escutar as reações e as respostas do interlocutor e adaptar seu enredo conforme a necessidade. Ao ouvir atentamente, começamos a identificar padrões de linguagem que atraem ou afastam as pessoas, uma prática que nos capacita a desenvolver a técnica do "storytelling ao vivo", desenvolvida por Thomas Brieu. É uma interação dinâmica na qual duas pessoas se tornam protagonistas de uma história conjunta sem que uma narrativa se sobreponha a outra. Produz-se uma nova narrativa cocriada, fruto da confrontação dos diferentes pontos de vista e da transformação das personagens ao contato uma com a outra. Essa abordagem visa dissolver a polarização e os conflitos.

Ao mudar nossos padrões de linguagem – considerando aqui o que já tratamos anteriormente sobre substituir os sinais vermelhos pelos verdes, que são os padrões de linguagem cooperativos – e aprender a escutar, lidamos melhor com objeções e divergências, redescobrindo propósitos comuns. Uma visão de mundo compartilhada tende a diminuir a polarização atual.

A razão pela qual esse método existe é clara: oferece a oportunidade de dar a sua atenção completa para, em troca, receber a atenção genuína do outro. Vai além disso: com o "storytelling ao vivo," você desbloqueia a capacidade de simplificar ideias complexas de forma brilhante, transmitir informações de maneira memorável e, o mais importante, convidar o outro a participar ativamente na criação de soluções.

Este método envolve emocionalmente o seu interlocutor incitando ação e abrindo espaço para a cocriação de uma história maior na qual todos têm voz e impacto.

O "storytelling ao vivo" é uma fusão de elementos que resgatam os mesmos ingredientes que o storytelling convencional: personagens, conexão empática, suspense, propósito, tensão e clímax, precisão e discernimento, e ritmo. Cada um desses elementos desempenha um papel vital na criação de uma experiência rica e significativa e vamos revisitá-los pelo prisma do "storytelling ao vivo".

PERSONAGENS

Na construção do storytelling, as personagens ocupam um papel de destaque, como as protagonistas que sustentam o enredo. Elas são os fios condutores das histórias que contamos, as almas que dão vida às narrativas. Ao compreender e aplicar adequadamente o poder das personagens, mergulhamos em uma jornada de engajamento autêntico e conexão profunda.

No storytelling convencional, costumamos reconhecer o bom moço, o vilão, o herói, o palhaço e todas as demais versões que surgem ao longo da narrativa. Na vida real, somos nós os protagonistas e comumente vilões da história do outro tanto quanto o outro pode ser o vilão da nossa história.

Para refletirmos o papel das personagens que queremos exercer nas interações humanas, considere que, mais do que ouvintes passivos, somos protagonistas ativos em cada história compartilhada. O "storytelling ao vivo" nos ensina que o engajamento realmente ocorre quando nos vemos como cocriadores de uma narrativa maior. E para evitar que desempenhemos o papel de vilão da história alheia, antes de oferecer soluções, devemos reconhecer que a inteligência muitas vezes reside na mente do outro.

O "storytelling ao vivo" recomenda padrões de linguagem alternativos aos julgamentos, às justificativas, à vitimização e ao silenciamento do interlocutor. Parte do princípio de que protagonismo não é estar sozinho no palco, é colocar o outro no palco conosco. Para tanto, sugerem-se perguntas abertas e provas de escuta e se privilegia o discurso direto que leva o outro a ser o sujeito da ação.

Um exemplo prático: quando falamos "quero apresentar a solução para você", estamos sozinhos no palco, somos o único sujeito da ação do verbo "apresentar"; por outro lado, se dissermos "me diga o que acha da solução (cite qual)", o outro passa a ser sujeito da ação do verbo "conhecer". A diferença é sutil e suficiente para que o interlocutor se torne mais colaborativo. Da mesma forma ocorre quando, em lugar de "queria saber...", preferirmos "fiquei curioso, preciso que você me conte ..." ou "por gentileza, me diga ...".

Para nossa personagem não se sobrepor à do outro nem apagá-la do cenário, deve-se ainda evitar a impessoalidade que se expressa quando dizemos "você tem que..." ou "seria importante que você...". Perceba que nos dois casos há uma personagem oculta que não assume a sua responsabilidade. Quem falou que tenho de fazer algo? Você? A empresa? Uma entidade? O mesmo efeito deletério se vê no uso do plural majestático, também conhecido por plural da modéstia, quando substituímos a primeira pessoa do singular pela primeira pessoa do plural.

Cabe ainda mais um alerta: o "storytelling ao vivo" nos encoraja a adotar uma abordagem igualitária criando um espaço onde as vozes são ouvidas e respeitadas de forma equitativa. A voz do outro e a nossa também. Infelizmente, no dia a dia, recorremos a estratégias que nos diminuem para garantir a simpatia do outro. Isso fica claro quando recorremos ao diminutivo

— "um minutinho" ou "um pouquinho" —, ao uso indevido de palavras no condicional, ou quando recorremos à bajulação — falaremos mais disso na nossa "caixa de ferramenta".

Em última análise, as personagens no "storytelling ao vivo" não são apenas figuras fictícias, mas pessoas reais com histórias, perspectivas e experiências únicas.

CONEXÃO EMPÁTICA

Uma boa história se nutre de conexões. Uma ponte que liga os corações e mentes dos participantes em uma conversa da mesma maneira que ocorre com a plateia em um filme, a audiência em uma peça de teatro ou os leitores de um romance. Esta é a alquimia que transforma simples palavras em experiências profundamente humanas por intermédio do processo de identificação e da expressão das emoções.

O "storytelling ao vivo" promove essa conexão empática valorizando e reusando as palavras exatas ditas pelo interlocutor, recurso sobre o qual já explicamos sua relevância ao tratarmos das provas de escuta.

A sintonia se materializa na sequência por meio da verbalização das emoções que sentimos ao ouvir a história do outro. É fundamental que se tenha essa preocupação constante de mostrar ao outro qual foi o impacto das palavras dele em nós.

Alguns exemplos de padrões de linguagem que podemos usar para gerar essa conexão:

> "Quando eu escutei ... (reproduza as palavras do outro) ... eu fiquei ... (explicite seu sentimento)."
>
> "Quando você disse ... (reproduza as palavras do outro) ... isso me deixou ... (explicite seu sentimento)."

A combinação de expressões que tenham esse mesmo sentido será tão rica quanto for a diversidade do nosso vocabulário e deve ser praticada. O importante é entender que não devemos nos restringir aos fatos, temos de expressar o impacto dos fatos e das palavras em nós mesmos de forma não violenta e sem vitimização, julgamento ou justificativa. Essa é a essência das provas de escuta e faz com que o interlocutor perceba o impacto dele em nós.

A conexão empática acontece ainda ao compartilharmos histórias pessoais, metáforas e analogias, que são formas de humanizar a conversa e abrir caminho para emoções genuínas e ações significativas. Antes que alguém possa ser inspirado a agir, deve ser tocado emocionalmente. Ao revelar nossas próprias experiências e vulnerabilidades, convidamos os outros a fazerem o mesmo, criando uma atmosfera de autenticidade e compreensão mútua.

Na mesma linha, as metáforas e as analogias são as cores que enriquecem o quadro da comunicação. Elas tornam conceitos complexos mais acessíveis transformando abstrações em imagens tangíveis. Ao usar metáforas e analogias, podemos ilustrar nossos pontos de forma cativante e compreensível promovendo uma maior identificação entre as histórias.

SUSPENSE

No storytelling, o suspense é o artifício que mantém a curiosidade acesa, estimulando nossas mentes a imaginar, questionar e mergulhar mais fundo na trama que se desenrola. Especialmente diante do ritmo acelerado que adotamos na vida, em que captar a atenção é desafiador, o recurso do suspense é essencial.

Imagine começar uma conversa, em lugar de uma afirmação, com uma pergunta intrigante, uma semente de mistério. É isso que o "storytelling ao vivo" nos ensina a fazer. Ao introduzir nossas ideias sem revelar o assunto de imediato, criamos um espaço no qual a mente do interlocutor é despertada para explorar e descobrir. Abrimos as gavetas na mente do outro antes de as preencher com conteúdo.

De forma prática: é comum iniciarmos reuniões com um tradicional "eu chamei vocês aqui para ...". É mais do mesmo! Prefira começar com um "teaser". Algo como "tenho um pedido especial para vocês e preciso da sua atenção"; "tenho um convite que preparei com carinho e estou curioso por sua resposta"; ou, ainda, "aconteceu algo que vocês mal vão acreditar".

Duas armadilhas das quais devemos escapar quando usamos o suspense no "storytelling ao vivo" é a bajulação e a exploração do negativo. Na primeira, que surge, por exemplo, quando dizemos algo como "você sabe o quanto gosto de você ...", o interlocutor percebe imediatamente que estamos tentando comprar a simpatia dele em troca de alguma coisa. Na segunda, deixamos o interlocutor armado e na defensiva e sem abertura para escutar e colaborar. É o que acontece quando começamos a conversa recorrendo ao negativo para captar a atenção do outro, por exemplo: "o gato subiu no telhado."

Nesta estratégia, temos de lembrar o que aprendemos no capítulo sobre provas de escuta: a importância de estruturar a sua fala usando "bullet points" verbais ou marcadores verbais. "Preparei três argumentos ..." ou "vou destacar dois pontos ..." são maneiras de estruturar as gavetas na cabeça do interlocutor criando uma expectativa que estimulará a escuta.

Como um autor habilidoso, você pode criar uma atmosfera de antecipação na qual as mentes estão ávidas por mais detalhes, mais respostas, mais reviravoltas na história. O suspense não é apenas uma ferramenta narrativa; é uma técnica que nos permite mergulhar profundamente na mente do outro, despertando sua imaginação e sua sede por mais conhecimento.

PROPÓSITO

No cerne das boas histórias, há um elemento poderoso e transformador: o propósito, que une experiências, fortalece conexões e constrói alicerces para nossas vidas. É a cola invisível que mantém unidas as páginas do livro da nossa jornada.

O "storytelling ao vivo" nos lembra de que não somos ilhas isoladas, mas parte de uma narrativa muito maior, na qual nossas escolhas, ações e interações têm um impacto duradouro. Estar consciente dessa conexão é o primeiro passo para uma comunicação verdadeira e autêntica.

Ir ao encontro daquilo que temos em comum com o interlocutor dissolve conflitos, aproxima. Uma busca que se realiza quando verbalizamos esse interesse em comum, o que pode ser feito com padrões de linguagem que tornem explícito esse movimento:

"você e eu acreditamos que ...";
"afinal nós dois queremos ...";
"é do interesse de cada um de nós ...";
"nosso objetivo maior é ...".

O propósito, quando é comum e compartilhado, é um escudo contra a adversidade. Quando sabemos que estamos contribuindo para algo maior do que nós mesmos, nossa resiliência é fortalecida. Os obstáculos tornam-se desafios, as derrotas se transformam em lições e as dificuldades se revelam como oportunidades para crescimento.

Às vezes, em situação de conflito, é difícil achar o que temos em comum com o outro. No entanto, à medida que haja esse esforço, sempre haverá algo, nem que seja a partir do uso de exemplos radicais e universais:

> "nós dois queremos sair vivos dessa conversa...";
> "nós dois queremos um mundo melhor para os nossos filhos...".

Quando estamos alinhados com um propósito significativo, nossas palavras e ações carregam um peso maior. As pessoas são naturalmente atraídas para aqueles que estão comprometidos com algo maior do que eles mesmos.

Em resumo, o propósito é o farol que guia nossas vidas e nossas conversas no mundo do "storytelling ao vivo". Ele nos lembra de que somos todos protagonistas em nossa própria história e nossa contribuição é essencial para a trama maior da humanidade.

TENSÃO E CLÍMAX

O storytelling convencional se apoia na construção de uma tensão narrativa. O clímax, o ápice narrativo, é a recompensa pela construção cuidadosa da tensão ao longo da história. É o ponto culminante da jornada narrativa. Funciona como o momento de reconciliação para fatos contraditórios. É aqui que as aparentes divergências na narrativa se unem de forma surpreendente e satisfatória. Essa resolução cria um senso de completude e entendimento que é profundamente gratificante para o público.

No "storytelling ao vivo", a preocupação é destacar ao longo da conversa os problemas a serem resolvidos, os paradoxos a serem compreendidos, as surpresas a serem desvendadas e as curiosidades a serem exploradas. Para isso, justapor o silêncio ou a inspiração e fatos antagonistas, criando uma tensão a ser resolvida.

Para que possamos visualizar melhor esse recurso, acompanhe as abordagens a seguir em três cenários distintos.

No primeiro caso, há uma negociação em andamento:

— Você me diz que você quer comprar por R$ 800.
(silêncio e inspiração)
Eu digo que não consigo vender por menos de R$ 1.000.
(espelho depois da pausa, que cria uma tensão narrativa com os R$ 800 da primeira frase)
Nós dois queremos fechar esse negócio um com o outro.
(interesse em comum)
E agora, o que fazemos?
O que você sugere? (busca da solução na cabeça do outro)

No segundo caso, estamos diante do feedback a um funcionário que costuma chegar atrasado ao trabalho. Em lugar de julgá-lo chamando-o de "atrasado", perceba qual deve ser a abordagem no "storytelling ao vivo":

— Eu percebi que você chegou às 9h37 hoje!
(silêncio e inspiração)
O combinado é chegar às 8h30.
(tensão narrativa entre 9h37 e 8h30 sem usar qualquer tipo de julgamento ou interpretação)
O que houve?

E no terceiro caso, o protagonista está propondo uma solução diante de um desafio:

— Todos os concorrentes estão desinvestindo.
(silêncio e inspiração)
Minha convicção é que esse é o melhor momento para nós investirmos.

A ambiguidade é uma parte natural da vida e da narrativa. O clímax é o palco onde essas ambiguidades são cuidadosamente conciliadas. Ele não busca respostas simplistas; busca um entendimento mais profundo das complexidades da história. É a aceitação de que, às vezes, a verdade está no meio do caminho.

Atente-se ainda para o silêncio que se destaca no diálogo. O clímax emerge nesse silêncio antes, entre e depois dos fatos antagonistas – o que nos remete ao ritmo, elemento do storytelling que trataremos em seguida.

O clímax não tem medo de desafiar convenções. É o local onde ideias que vão contra o senso comum têm a oportunidade de brilhar. O "storytelling ao vivo" nos ensina que as histórias mais cativantes muitas vezes apresentam perspectivas complexas, as vezes paradoxais e ousadas que provocam reflexão e inspiração.

PRECISÃO E DISCERNIMENTO

Uma história bem elaborada preza pela minúcia e pela sequência lógica dos eventos. Ela constrói imagens mentais vívidas e imparciais que estimulam a imaginação e aprofundam o entendimento. É um processo delicado que distingue realidades de interpretações, convidando o ouvinte a se inserir na narrativa, formar suas próprias percepções e descobrir seu próprio significado.

Pense que cada palavra que você escolhe é uma pincelada no quadro da mente do seu interlocutor. A arte está em permitir que o outro se veja na história que você está contando. Você não dita o que ele deve ver; você lhe oferece a liberdade de identificação. Cada pessoa que ouve sua história pode encontrar seu próprio reflexo nela criando conexões pessoais e significativas.

No coração do "storytelling ao vivo", encontramos a habilidade de precisão e discernimento. Por exemplo, ao escolher a sequência é mais eficiente começar com um "teaser", seguir com os fatos, neutros e brutos, e, só depois, expressar o impacto desses fatos em nós. Apenas após os fatos, apresentar nossas opiniões e interpretações e, a seguir, procurar um interesse em comum. Na sequência, apresentar nossas opiniões para então usar o recurso do interesse em comum. A pergunta que serve como um convite à ação deve ficar para o final da narrativa, uma de cada vez, até porque tudo aquilo que vier depois dela somente servirá para matar essa pergunta.

É essencial evitar a armadilha de empregar termos imprecisos. "Essa situação ..." ou "isso que você falou ...", ao contrário do que imaginamos, não são expressões explícitas o suficiente para que o ouvinte entenda a que você se refere. De qual situação você está falando? Isso o quê? A tendência a esquivar-se da repetição ou a falta de clareza nos nossos próprios termos não deve levar ao uso de frases ambíguas que resultam em comunicação menos clara e assertiva. Quantas vezes ouvimos pessoas conversando como se estivessem falando sobre o mesmo assunto, quando, na verdade, estão se referindo a coisas distintas?

O discernimento é uma ferramenta valiosa no arsenal do contador de histórias. Ao separar fatos de percepções, você cria uma narrativa mais objetiva e clara. Você permite que o outro veja a diferença entre o que é real e o que é interpretativo, promovendo uma compreensão mais profunda.

As palavras têm o poder de despertar emoções. No "storytelling ao vivo", é fundamental evitar gatilhos (sinais vermelhos) que possam levar a reações emocionais não desejadas. Além disso, não devemos levar para o pessoal as reações dos outros à nossa história. Afinal, cada pessoa é o autor de sua própria interpretação.

Neste palco de palavras, o "storytelling ao vivo" é uma forma de arte que permite que a mente viaje, que a imaginação voe e que as conexões se aprofundem.

RITMO

No palco do storytelling, o ritmo é a música que embala nossas palavras. Assim como um maestro regendo uma orquestra, o contador de histórias domina o ritmo criando momentos de paixão, reflexão e energia. É um jogo sutil que envolve pausas significativas e interações dinâmicas, nas quais até o silêncio tem sua voz.

No "storytelling ao vivo", esse fenômeno acontece pelo uso consciente das pausas, que são tão importantes quanto o que é dito. As pausas convidam à reflexão, dando ao ouvinte espaço para digerir as palavras e criar conexões.

Incorporar entusiasmo na narrativa, acelerar e desacelerar a fala e variar o tom são elementos de ritmo do diálogo. É como infundir energia na música mantendo o interlocutor envolvido e ansioso pelo próximo acorde.

O "storytelling ao vivo" nos lembra da importância de uma troca dinâmica de ideias. De termos várias interações curtas pontuadas por perguntas abertas em vez de longos monólogos. Essas interações criam um fluxo envolvente de diálogo, no qual as palavras são como passos de dança, fluindo suavemente entre os participantes.

O silêncio, muitas vezes subestimado, é uma ferramenta poderosa no arsenal do contador de histórias. Ele cria espaço para reflexão, permite que as palavras ecoem e dá tempo para que as mensagens sejam absorvidas. Como dito em *Jornalismo de rádio* (Contexto, 2004): "O silêncio informa, oferece interpretações ao ouvinte. É complemento da palavra ou muda-lhe o sentido". É o ponto de pausa na música, na qual a magia acontece.

No "storytelling ao vivo", o ritmo é o maestro que regula a conversa criando uma sinfonia de palavras que cativa e envolve. O ritmo é a essência que mantém a atenção focada e a energia vibrante.

COMO TRATAR OBJEÇÕES DE FORMA POSITIVA

Os elementos do "storytelling ao vivo" oferecem uma comunicação mais produtiva e colaborativa. Uma viagem na qual você não é o único protagonista, que não se faz sozinho, pois precisa necessariamente contar com o outro à medida que a intenção é cocriar um diálogo que nos permita alcançar o propósito maior da relação.

Nesse processo, temos de estar conscientes das objeções que tendem a surgir e respeitá-las. Afinal, uma objeção é uma prova de interesse. O risco diante de objeções e resistências é cair no padrão da justificativa, da argumentação querendo sobrepor a sua razão à do outro. Quantas vezes nos surpreendemos retrucando antes de o interlocutor ter terminado de falar. Eis a armadilha: posicionar-se antes de acolher a história do outro. Não tem nenhum problema em discordar e ter opiniões diferentes – isso pode ser enriquecedor para o debate –, o problema aparece quando impomos a nossa história antes de acolher a história do outro.

Uma abordagem eficaz para evitar que se caia nesta cilada é a técnica TOP – Tratar as Objeções de forma Positiva, um conceito criado por Brieu. Essa técnica começa com a substituição da reação automática por uma genuína curiosidade sobre as necessidades não atendidas do interlocutor. Isso requer uma mudança de mentalidade para sair do instintivo adotando uma postura mais aberta e menos defensiva semelhante à serenidade expressa no sorriso de Madre Teresa de Calcutá.

Nesse momento, para entender melhor a perspectiva do outro, a sugestão é usar perguntas abertas e neutras, como "o que houve?", "me diga mais?", "o que aconteceu?" ou "como assim?". Essas perguntas convidam o interlocutor a compartilhar seus pensamentos e sentimentos, a esvaziar a sua curva da emoção, sobre a qual conversamos anteriormente, abrindo espaço para um diálogo mais profundo e empático.

Em seguida, a ideia é dar provas de escuta, acolher e reconhecer a história do outro antes de colocar a sua na mesa. Para tal, Thomas Brieu sintetizou as melhores práticas da comunicação assertiva convidando as pessoas a usarem a ferramenta da "Roleta da Comunicação" promovendo uma comunicação respeitosa e eficaz, evitando respostas precipitadas e construindo uma base sólida para o entendimento mútuo.

PRATICANDO A ROLETA DA COMUNICAÇÃO

A "Roleta da Comunicação" é uma ferramenta prática para usar em qualquer situação em que precisamos responder ao nosso interlocutor, sobretudo quando existem emoções ou negociação na conversa.

O processo é fundamentado em dois movimentos essenciais: primeiramente, acolher; depois, posicionar-se. Atenção: acolher antes de se posicionar. Esta é uma coreografia universal que encontra paralelo na lei da reciprocidade: dar e receber. Cada passo da "Roleta da Comunicação" representa um recurso do "storytelling ao vivo". Cada interação com a "Roleta" é um exercício que pode ser repetido inúmeras vezes até que se alcance o propósito que nos move naquela conversa. Trata-se de um método estruturado que promove diálogos construtivos e colaborativos seguindo uma sequência de passos que visam aprimorar a compreensão recíproca e auxiliar na identificação de soluções consensuais.

Vamos desvendar o funcionamento dessa dinâmica de interação realçando as palavras-chave e as expressões relevantes em cada fase do processo. Você perceberá que estamos trazendo para cá conhecimentos sobre os quais conversamos anteriormente. A "Roleta da Comunicação" é o exercício que sintetiza todo esse saber.

Uma resposta produtiva se inicia com uma preparação interna. Aqui, a chave é desacelerar o seu raciocínio, reduzir a velocidade do pensamento e suspender temporariamente o ego. Essa pausa não é a negação da sua perspectiva; é abrir um espaço mental para acolher novas ideias. Dessa forma, criamos um ambiente propício no qual inspiramos profundamente antes de reagir visando a uma comunicação autêntica centrada no entendimento compartilhado, em vez da simples defesa de um ponto de vista. Em suma: inspire antes de responder.

Em seguida, mergulhamos na arte da escuta ativa. Aproveitamos as anotações das palavras exatas do outro para criar um rapport escolhendo onde queremos colocar o foco em primeiro lugar por intermédio do elevador do tempo, ferramenta sobre a qual conversamos no capítulo dedicado às provas de escuta. É aqui que serão bem-vindas frases que comecem com "quando você me diz..." ou "percebi que...." seguidas das palavras exatas que tenham sido expressas pelo interlocutor. Essa fase nos ensina a valorizar cada palavra dita reconhecendo a importância da perspectiva do outro.

Já aprendemos que, para alguém se sentir escutado de verdade, é crucial refletir o efeito que suas palavras têm sobre nós. Esse é o momento de verbalizar nosso sentimento usando expressões pessoais como "eu fiquei...", "isso me deixa..." ou "tenho a impressão de que eu..." seguidas de um vocabulário emocional rico e preciso. Por ser esse um poderoso meio de conexão humana, temos de investir no repertório indo além de respostas genéricas ou superficiais. Evite termos comuns como "preocupado", "triste", "feliz" ou "desconfortável" que, embora válidos, perdem impacto, desgastados que estão pelo uso excessivo. Invista em palavras mais expressivas, menos banais, como "perplexo", "pasmo", "inconformado" ou "agoniado", dentre tantas outras menos comuns no cotidiano que podem destacar-se pela singularidade no discurso – desde que, evidentemente, sejam empregadas com autenticidade e discernimento.

Há uma alternativa poderosa para demonstrar acolhimento e provas de escuta: reconhecer a legitimidade da história do outro. Nesse caso, pode-se empregar frases que ressoem com a validação da experiência alheia, como "realmente", "é natural", "faz sentido" ou "é legítimo" complementadas por uma breve narrativa ou uma mini-história que prove que ratificamos a legitimidade da história do outro. Ao fazê-lo, demonstramos nossa capacidade de entender e respeitar os sentimentos alheios, um elemento-chave para a construção de relações saudáveis e produtivas.

A tendência comum de responder com um simples "entendi", "compreendo" ou "faz sentido" é uma armadilha, pois tais expressões por si só raramente fazem com que alguém se sinta realmente escutado, entendido ou compreendido. Não são essas palavras que fazem com que o outro se sinta acolhido, é a história que contamos a seguir que acolhe.

Evitando essa armadilha e recorrendo à riqueza dos nossos sentimentos, percorremos um caminho que permite que reconheçamos e validemos as emoções do interlocutor. Ao fazê-lo, demonstramos nossa capacidade de entender e respeitar os sentimentos alheios, um elemento central para a construção de relações saudáveis e produtivas. Também criamos um ambiente seguro para que o diálogo continue de forma aberta e honesta. Isso encoraja uma comunicação mais franca e direta. Este caminho é particularmente eficaz em situações de conflito ou desacordo. Ao reconhecer a legitimidade da posição do outro, podemos desarmar tensões e buscar soluções de forma colaborativa.

Cada caminho tem suas próprias forças e pode ser escolhido com base no contexto específico da conversa. O que é crucial, no entanto, é a intenção por trás da escolha: escutar ativamente, validar o outro e promover um diálogo genuíno e produtivo.

Após estabelecer essa conexão emocional reconhecendo o papel de cada personagem, é momento de se posicionar, de expressar os nossos próprios interesses, necessidades e posição. A sugestão é seguir para o posicionamento, depois do acolhimento, com expressões como "eu preciso...", "eu espero que..." e "tenho a convicção...", ou qualquer alternativa de posicionamento, que mostrem o que desejamos ou esperamos da conversa. Essa fase estabelece clareza sobre nossos objetivos ao mesmo tempo em que mantivemos o respeito pelo ponto de vista do outro considerando o acolhimento anterior. Lembrando: a assertividade é essa habilidade de dizer o que sentimos e queremos a qualquer pessoa em quaisquer circunstâncias mantendo uma boa qualidade da relação. O importante é a ordem dos fatores: acolher antes de se posicionar; sentires antes de quereres. Se assim não fizermos, nos posicionando sem acolher, caímos na armadilha da oposição em comunicação.

Quando você tem outro ponto de vista, não deixe subentendido, verbalize. Fuja das conjunções adversativas: "mas", "entretanto", "contudo" e "porém". Prefira as aditivas: "e também", "ao mesmo tempo", "por outro lado", "além disso...". Seja transparente: "tenho uma opinião diferente ...", "enxergo de outra forma..." e "preciso me expressar melhor...". Não caia na tentação do plural majestático que esconde o sujeito da ação — já falamos disso. Ao mesmo tempo, não superestime a capacidade do outro de compreender o seu pensamento. Seja explícito! Com respeito, é lógico!

Uma vez verbalizados o acolhimento e o posicionamento, é momento de abrirmos espaço para a exploração conjunta de soluções. Aqui, as perguntas devem servir de convite ao outro para cocriarmos possíveis resoluções conforme cada situação. Portanto, o nosso recurso são as perguntas abertas: "o que sugere para resolver...?", "o que eu preciso fazer para que você...", "o que você acha de...?" e "como você fez para...?" levam a conversa a um terreno fértil para ideias, no qual ambas as partes podem contribuir de forma construtiva. Em que se prioriza buscar a solução na cabeça do outro antes de impor a sua.

Se, após explorar todas as possibilidades oferecidas pela "Roleta da Comunicação", a resolução ainda parecer distante e o entendimento mútuo insuficiente, talvez seja necessário recorrer à argumentação cuidadosa. Antes de avançarmos, considere as orientações a seguir, que têm como objetivo equilibrar a apresentação de argumentos com a receptividade às visões alheias, evitando o impasse dos contra-argumentos que tanto enfatizamos ao longo deste livro.

SETE LIÇÕES PARA UMA ARGUMENTAÇÃO EFICIENTE

Argumentos são afirmações ou conjuntos de afirmações destinadas a convencer alguém da validade de um ponto de vista específico apoiados por evidências e raciocínio lógico. Argumentar é uma habilidade que se expressa em debates, discussões acadêmicas, negociações e na vida cotidiana.

Mesmo assim, ao apresentar argumentos, é preciso estar ciente dos riscos. O primeiro é que recorrer à argumentação cedo demais traz a conversa para o campo de batalha deixando subentendido que estou do lado certo e o interlocutor está do lado errado. Afinal, argumentar é uma tentativa de colonização do pensamento do outro. Além disso, o surgimento de contra-argumentos traz o risco de transformar o diálogo em dois monólogos. Quando uma parte responde com suas próprias afirmações para desafiar a posição inicial, pode ocorrer uma escalada para conflitos, mal-entendidos e até o rompimento da comunicação, impedindo o alcance de um consenso ou entendimento mútuo.

Para mitigar esses riscos, é importante argumentar de forma construtiva ouvindo ativamente e considerando as perspectivas dos outros antes de responder.

Elencamos a seguir sete lições essenciais para fomentar uma argumentação eficaz sob a perspectiva do storytelling e da escutatória:

1. Escutar é o melhor argumento: Compreender antes de ser compreendido ou escutar antes de ser escutado. O melhor argumento muitas vezes não é uma fala eloquente, mas a habilidade de escutar. Iniciamos a argumentação explorando os critérios do outro e, para tanto, é preciso estar atento para anotar as palavras exatas do seu interlocutor. O escritor Stephen R. Covey, autor de *Os 7 hábitos das pessoas altamente eficazes*, enfatiza a importância de buscar primeiro compreender para depois ser compreendido. Este ensinamento ressalta a importância de entender a perspectiva do outro antes de formular argumentos, criando um ambiente de respeito mútuo e entendimento. Dean Rusk, que foi secretário de Estado dos Estados Unidos, ratifica essa ideia ao dizer que "a melhor maneira de persuadir os outros é com suas orelhas - ouvindo-os". Somente dessa forma será possível criar um rapport com o uso do elevador do tempo.
2. Nunca argumente antes da hora: Fale no tempo certo. Argumentar antes da hora é contraproducente. Devemos aguardar o momento ideal, seja a pedido do outro, seja criando um suspense que provoque essa solicitação. A ideia de argumentar no momento certo é ecoada na retórica clássica, onde o conceito de kairos – o momento

oportuno para persuadir – é crucial. Este conceito enfatiza a importância de se adaptar ao contexto e escolher o momento propício para apresentar um argumento, como defendido por Aristóteles. Um argumentador habilidoso deve ser capaz de avaliar a situação e adaptar sua argumentação para se alinhar com as circunstâncias e o estado de espírito do público. À medida que entendemos que uma justificativa é um argumento que não foi solicitado, para que o seu argumento não soe uma justificativa, faça com que ele seja pedido pelo outro, abra uma gaveta, crie um suspense antes de entregar o conteúdo.

3. Apenas se for necessário: Argumente para esclarecer, não para vencer. Devemos argumentar apenas quando necessário, como após um "não" ou diante de posições claramente antagônicas. Preserve a qualidade da sua relação dando espaço para que a outra parte se posicione até que um 'não' seja expressamente dito. Isso evita o desperdício de energia e garante que nossa fala tenha mais impacto. Este ensinamento ressoa com a ideia de "argumentação como diálogo" promovida por Douglas Walton, um especialista em teoria do argumento. Segundo Walton, argumentar deve ser uma forma de diálogo produtivo, não uma batalha, e deve ser empregado apenas quando realmente necessário para esclarecer pontos de discordância.
4. Um argumento por vez: É preciso ser claro e objetivo para uma comunicação eficaz. Diante disso, temos de apresentar um argumento de cada vez, seguido por perguntas ou silêncio. A partir de então, observamos e investigamos o impacto do nosso argumento no outro ajustando nossa abordagem conforme a resposta recebida. A eficácia de apresentar um argumento de cada vez está alinhada com os princípios da clareza e da focagem, conceito defendido

por autores como Dale Carnegie, que em *Como fazer amigos e influenciar pessoas* destaca a importância de ser claro e objetivo na comunicação.

5. Estrutura da confiança: Estruture argumentos para construir confiança. A eficácia na argumentação reside na força dos pontos apresentados e também em como esses pontos são organizados e comunicados. Uma estrutura clara e objetiva no discurso provoca confiança tanto quanto facilita o entendimento por parte do interlocutor. Este princípio ecoa as ideias de Stephen E. Toulmin, cujo modelo de argumentação ressalta a importância de um argumento bem estruturado. Segundo Toulmin, um argumento que liga de forma clara as evidências às conclusões, apoiado por garantias sólidas, é mais persuasivo e confiável. Ele destaca que a apresentação de argumentos deve ser lógica, acessível e convincente, aumentando a eficácia da comunicação e demonstrando respeito e consideração pelo processo cognitivo do interlocutor. Em suma, a clareza na estruturação dos argumentos é um pilar fundamental para estabelecer uma comunicação produtiva e colaborativa.
6. Traduzir características em benefícios: Transforme características em benefícios relevantes. Essa técnica converte informações abstratas em vantagens tangíveis — uma tarefa possível quando trazemos exemplos que ilustrem a situação. É uma estratégia clássica em vendas e marketing. Zig Ziglar, autor de *Revolução nas vendas,* distingue entre características — as propriedades ou os atributos de um produto ou serviço — e benefícios — o valor prático ou emocional que essas características trazem para o cliente. Ele enfatiza que os clientes estão mais interessados nos benefícios, ou seja, em como o produto ou serviço pode melhorar suas vidas ou resolver seus problemas.

7. O argumentador como chave: A essência da persuasão reside na autenticidade e na consistência do comunicador. Simon Sinek, em *Comece pelo porquê*, ilustra que a força de um argumento está profundamente enraizada na genuinidade e paixão de quem o apresenta. Esta visão destaca que o impacto da mensagem está ligado à credibilidade e ao entusiasmo do comunicador. Em comunicação interpessoal, a influência persuasiva não se limita ao conteúdo da mensagem, mas é amplificada pela maneira como o argumentador se conecta com seu público demonstrando convicção e integridade.

O STORYTELLING AO VIVO NA PRÁTICA

Para tornar ainda mais claro como explorar o "storytelling ao vivo", vamos considerar a seguinte situação: um produtor de flores enfrenta um desafio inesperado quando uma tempestade danifica sua plantação uma semana antes de uma grande entrega de Dia das Mães para uma rede de supermercados. Ele avisou o cliente por e-mail sobre a impossibilidade da entrega prevista e propôs algumas medidas de compensação. Não obteve resposta. No dia previsto da entrega, o produtor vai pessoalmente ao supermercado falar com o gerente.

Vamos analisar o comportamento a partir de alguns elementos que fazem para da estratégia da comunicação produtiva.

Gerente: "Você é um incompetente!"

Produtor de Flores (utilizando o primeiro passo do TOP — inspiração longa e profunda, seguida de uma pergunta neutra e em tom calmo, substituindo a resposta automática pela curiosidade): "Incompetente? Como assim?"

Gerente: "Você não me fez a entrega a tempo! Você não me avisou! Você é um grande incompetente!"

Produtor de Flores (fazendo uma escuta cirúrgica e separando as ideias):

1. "Você não fez a entrega a tempo."
2. "Você não me avisou."
3. "Você é um grande incompetente."

Análise das Etapas da Roda da Comunicação Produtiva:

1. Preparação para o Diálogo: O produtor se acalma e se prepara mentalmente para responder de maneira construtiva.
2. Escuta Ativa e Anotação: Ele identifica e mentalmente anota as principais reclamações do gerente preparando-se para abordá-las de maneira objetiva.
3. Escolhendo o Caminho de Resposta: O produtor decide abordar cada ponto levantado pelo gerente começando por aquilo que é mais justo, verdadeiro ou legítimo: nesse caso, percebe-se que a primeira reclamação (você não fez a entrega a tempo) é justa e verdadeira, ou seja, mais fácil de acolher.

Assim sendo, sobre o atraso, o produtor responde: "Realmente não conseguimos entregar no tempo certo. Sinto muito pelo prejuízo!"

A reclamação de número dois ("você não me avisou") expressa a necessidade não atendida: o gerente acredita não ter sido avisado, ou seja, provavelmente ele não viu o e-mail. Uma excelente oportunidade para dar uma prova de escuta empática:

"Puxa, agora caiu a ficha, é totalmente legítimo que você questione a nossa competência se você acha que não lhe avisamos. (Aqui aparece o acolhimento da legitimidade da história do outro sem necessariamente concordar com ela.) Por outro lado, enviamos um e-mail com antecedência explicando a impossibilidade dessa entrega pela tempestade (posicionamento). Sinto muito se você não chegou a ver. É a primeira vez em dez anos em que falhamos na entrega, e isso aconteceu por um motivo de força maior. Por isso, eu peço que não nos chame de incompetentes e nos dê uma segunda chance, que tal?"

Caso a pergunta final soe assertiva demais, existem infinitas alternativas, desde que sejam perguntas abertas sobre o futuro. Por exemplo:

Por isso, qual seria a melhor maneira de recuperar a sua confiança?

Por isso, como poderíamos nos comunicar melhor no futuro?

E agora, o que fazemos?

4. Propondo Soluções e Explorando Cenários: O produtor sugere continuar a relação comercial, apesar do incidente, oferecendo uma via para resolver o impasse de forma produtiva.
5. Encaminhamento para a Resolução: O gerente, ao ouvir a abordagem empática e racional do produtor, se acalma e aceita continuar a relação comercial.

Essa conversa mostra como a "Roleta da Comunicação" eficaz, mesmo em situações de tensão, pode levar a um entendimento mútuo e a soluções benéficas para ambas as partes. Eles escutaram ativamente, expressaram suas preocupações e necessidades, e colaboraram para encontrar uma solução que atendesse aos interesses de ambos. Essa é a essência do poder do "storytelling ao vivo", uma técnica que se revela fundamental na construção de narrativas envolventes e impactantes.

Inspirados por Sherazade, que usou suas histórias para transformar o destino e conquistar o coração do sultão, somos todos contadores de histórias com o poder de transformar nossa realidade diária. A prática constante do "storytelling ao vivo", especialmente nas situações desafiadoras que enfrentamos no cotidiano, é crucial para aprimorar essa habilidade. Narrar histórias, além de compartilhar vivências, é construir pontes de empatia, compreensão e unir as pessoas em torno de valores e sonhos comuns. Nossa capacidade de contar histórias, adaptando-as a diferentes contextos e audiências, é o que nos torna únicos e poderosos como comunicadores. A boa comunicação gera bem-estar, um caminho aberto na direção da felicidade.

12. Felicidade, onde se encontra a comunicação

Existe uma relação estreita entre felicidade e comunicação. Essa afirmação tanto pode fazer sentido para algumas pessoas, ainda que intuitivamente, quanto causar estranheza em outras. O fato, dito e comprovado, é que existe uma base científica que sustenta essa conexão, às vezes difícil de ser percebida devido à forma com que normalmente associamos a felicidade com algum objetivo a ser alcançado: a liberdade aos 18 anos, o fim da faculdade, o emprego dos sonhos, a pessoa certa para conviver, a aposentadoria... A ciência nos mostra que, na prática, é o contrário. Uma parte desse estado de espírito tem origem interna. Vem de dentro de cada um. O sucesso na vida afetiva, na vida profissional e na vida pessoal surge como consequência dessa felicidade.

Em *A ciência da felicidade* (Faro Editorial, 2019), livro escrito por Luiz Gaziri, professor de pós-graduação da FAE Business School, há um dado muito impactante extraído de um artigo científico publicado pelos pesquisadores Sonja Lyubomirsky, Kennon Sheldon e David Schkade em 2005. De acordo com os cientistas, 50% da nossa felicidade é genética e 10% vêm das circunstâncias nas quais nós vivemos — ter nascido em uma ou outra cidade, estar casado ou solteiro, viver em família estruturada ou sozinho, ganhar um salário um pouco maior ou um pouco menor, ter escolhido essa ou aquela profissão. Os restantes 40% vêm das decisões que tomamos no dia a dia. Isso é muito reconfortante porque quase metade da busca pela felicidade depende de nós mesmos. Essa consciência nos deixa mais atentos à possibilidade de fazermos escolhas mais saudáveis.

Gaziri baseou seu trabalho em estudos científicos publicados nas mais renomadas revistas internacionais, e, além disso, viajou e conversou diretamente com muitos dos autores das pesquisas sobre as quais se debruçou para traçar cinco aspectos que devem ser considerados quando lidamos com a felicidade.

Começa por corrigir a ideia que costumamos ter de usarmos a tristeza como contraponto da felicidade. Não o é, segundo o autor. O oposto da felicidade é a apatia — aquele estado de desmotivação e de falta de envolvimento com o que fazemos. A tristeza talvez nos leve a reagir; a apatia paralisa.

Em um segundo momento, alerta para o equívoco de acreditar que, quanto mais dinheiro ganhamos, mais somos felizes. O modo como gastamos o dinheiro é mais importante do que a quantidade que temos. Usá-lo em benefício do outro nos faz muito mais felizes.

Em seguida, o autor escreve que o dinheiro investido em experiência traz um nível de felicidade muito maior do que o investido em bens materiais. A compra de um carro potente e luxuoso deixa o proprietário em um estágio de felicidade mais elevado, é verdade. Mas dura pouco. Dias depois, a sensação de ter adquirido o bem se esvai e a pessoa volta ao seu nível basal de felicidade. Por outro lado, quando se investe em uma experiência, como uma viagem com a família, há momentos felizes ao longo de toda a jornada: dos planos iniciais à compra das passagens, da escolha dos pontos a serem visitados à viagem propriamente dita, do retorno para casa ao compartilhamento das experiências vividas, das histórias contadas às lembranças registradas em fotos e vídeos.

Um quarto ponto a ser considerado é reconhecermos que nós somos naturalmente negativos — falamos disso com você quando tratamos da estratégia do nosso cérebro primitivo, o sistema límbico. Ao secretarmos cortisol, o hormônio do estresse, realizamos uma metabolização muito lenta, como se ficássemos o dia seguinte todo ainda lidando com aquela questão que nos gerou infelicidade. Quando estamos felizes, secretamos ocitocina, um hormônio de absorção rápida. Por isso, momentos felizes são fugazes. Considerando isso, devemos nos dedicar a trazer à nossa memória periodicamente momentos que vivenciamos de forma positiva.

E, finalmente, o quinto aspecto sobre a felicidade, que diferencia dois conceitos muitas vezes usados erroneamente: ser positivo e pensar positivo. Gaziri baseia-se nas investigações feitas pelas cientistas Gabriele Oettingen e Doris Mayer, que concluíram que pessoas que somente pensam positivo têm mais dificuldade de alcançar seus objetivos. Diz a ciência que pensar positivamente dificulta a percepção de eventuais obstáculos no trajeto. Esse nível de dificuldade é menosprezado e muitas vezes não se alcança aquilo que se pretendia. A recomendação das pesquisadoras é provocar a mente com o que chamam de contraste mental, confrontando um desejo com os seus obstáculos — ou seja, contrapor o pensamento positivo com um negativo —, o que fará com que a pessoa pratique mais ações para atingir seu objetivo e desista dos sonhos distantes da realidade.

O estudo de Oettingen e Mayer está em sintonia com o resultado das pesquisas que impulsionam um dos cursos mais procurados na Universidade de Harvard, o que ensina felicidade. Shawn Achor, conhecido por sua defesa da psicologia positiva, em *O jeito Harvard de ser feliz* (Benvirá, 2012), discute os achados científicos relacionados ao tema da felicidade e escreve: "Nossa atitude mental muda a forma como nos sentimos em relação a uma experiência e altera os resultados objetivos dessa experiência." Em outras palavras: não é só o que nos acontece, é especialmente como lidamos com o que acontece.

Tal Ben-Shahar, sobre quem conversamos no início do capítulo que fala de feedback, ao olhar para a felicidade, faz referência à permissão de sermos humanos. Segundo ele, as pessoas muitas vezes acham que só são felizes quando desfrutam de sentimentos positivos, como alegria, prazer e contentamento. Só que, humanos que somos, estamos expostos ao sofrimento. Vivenciamos tristeza, raiva, ciúme e inveja. Isso é natural!

O primeiro ponto que Ben-Shahar traz é a necessidade de aceitarmos essa condição. Contundente em seus ensinamentos, diz que só não tem sentimentos negativos quem já morreu ou é psicótico.

O segundo ponto que aborda em suas análises é a forma como lidamos com o estresse. O professor, que criou o curso de felicidade em Harvard e atualmente é consultor de algumas das mais influentes empresas no mundo, ensina que qualquer um pode lidar com situações estressantes. Entende que o estresse, em si, é até benéfico. Para explicar essa lógica, recorre à analogia da atividade física: quando fazemos força com o bíceps, esse músculo está sendo estressado; é a partir desse estresse que o músculo se fortalece, ganha mais saúde, melhora a circulação do sangue e se desenvolve. A questão é o que fazemos com o estresse que alimentamos.

Precisamos revezar momentos estressantes com estratégias de recuperação. Sem tirar o foco do bíceps, Ben-Shahar lembra: vamos ter problemas no músculo se fizermos exercício o dia inteiro, sem o repouso necessário. A parada nos recupera. E pode ser por um momento breve. A recomendação é que se faça ao menos uma pausa de cerca de 15 minutos a cada duas horas de trabalho. Nesse momento, levante-se, beba água, bata um papo com alguém e afaste o estresse. Já a recuperação média equivale a ter uma boa noite de sono, fazer uma massagem relaxante, ir ao cinema assistir a um filme ou, por que não, ler este livro! A recuperação longa pode ser feita nos dias de férias com um período para viajar.

Incluir movimento no seu cotidiano é o terceiro aspecto abordado por Ben-Shahar. Não se refere à ginástica propriamente dita, mas a um estilo de vida que faça do movimento um hábito. Trocar o elevador pela escada, andar um pouco mais durante o dia, descer do ônibus uma parada antes do seu destino e almoçar no restaurante que fica um pouco além daquele da esquina são situações que atendem a essa sugestão. Pasmem! Pessoas que permanecem sentadas por cerca de seis horas acumulam uma quantidade de toxinas no corpo equivalente a fumar três maços de cigarro!

Um quarto passo que devemos dar é em direção à vivência de relacionamentos saudáveis. Finalmente, para termos o ciclo completo, é preciso expressar gratidão. Temos de olhar as coisas ao nosso redor e desenvolver o hábito de agradecer pelo tanto que nós temos. Ben-Shahar sugere que façamos uma lista diariamente de duas ou três coisas que nos agradaram e nos proporcionaram momentos felizes.

Das cinco sugestões, ao menos uma, a que se refere à criação de relacionamentos saudáveis, depende diretamente da maneira como nos comunicamos com os outros. No entanto, a relação entre felicidade e comunicação vai muito além desse aspecto, como identificamos nos mais diversos estudos científicos com que já tivemos contato.

Um consórcio de pesquisas de Harvard em 2006 constatou que pessoas com problemas de comunicação praticam e sofrem mais violência. A conclusão foi fruto da observação do comportamento comunicacional de presos de alta periculosidade e de vítimas de violência. Observou-se que a porcentagem de problemas de comunicação nesses dois grupos era maior do que na população em geral. Quando nos expressamos mal, geramos mais ruídos de comunicação. O ato de se comunicar pressupõe aproximação. Nos sentimos melhores, mais felizes, quando somos capazes de explicitar para o outro o que queremos, o que necessitamos e o que esperamos dele. Quando esse processo é prejudicado, corremos o risco de não ter o retorno desejado, o que aumenta o nível de infelicidade.

Se o comportamento agressivo é resultado de necessidades não atendidas, como aprendemos com Marshall Rosenberg, quando falamos da comunicação não violenta, precisamos ter clareza de quais são as nossas reais necessidades. Da mesma forma, devemos abrir o nosso olhar e a nossa escuta para identificar a necessidade daquele que se aproxima. É a partir dessa condição que conseguiremos vivenciar momentos felizes, afastados do risco de violência, que traz infelicidade para todos. A visão de Rosenberg conversa diretamente com o método SCARF ensinado por David Rock, sobre o qual tratamos anteriormente.

O mais longo estudo já feito sobre felicidade, não por acaso desenvolvido pela tricentenária Universidade de Harvard, se iniciou em 1938, quando pesquisadores resolveram acompanhar 724 homens de dois grupos bem diferentes. Um deles composto por alunos do segundo ano dos cursos de Harvard. Esses jovens cresceram, se desenvolveram em diversos aspectos e todos vivenciaram a Segunda Guerra Mundial, alguns inclusive serviram no exército americano. O segundo grupo era de jovens de baixa renda da periferia de Boston. Por 75 anos, eles foram observados — eles e seus descendentes — por meio de questionários e de exames para verificar as saúdes física e emocional.

A pesquisa constatou que os bons relacionamentos têm extrema importância entre os fatores que nos mantêm mais felizes e mais saudáveis. O psiquiatra Robert J. Waldinger, professor de psiquiatria na Harvard Medical School e atual diretor do Harvard Study of Adult Development, chama a atenção para o quanto a qualidade das nossas relações impacta no nosso desenvolvimento como seres humanos saudáveis dos pontos de vista físico e emocional. Cultivar boas relações é determinante para a nossa qualidade de vida.

Waldinger destaca três pontos a respeito dos relacionamentos. Primeiro, que conexões sociais nos fazem bem. A solidão mata! Nesse estudo, quanto mais os indivíduos estavam rodeados de pessoas, mais tempo viviam. Os que viviam sós morreram mais precocemente e relatavam nas avaliações periódicas um nível mais baixo de felicidade. O segundo aspecto que descobriram é que a qualidade dos relacionamentos é o que importa. Às vezes, o indivíduo vivia com apenas uma ou duas pessoas, mas com uma qualidade altíssima nessas relações. Outros até mantinham contato com várias pessoas, mas não se sentiam ligados a elas. A qualidade inadequada levava à infelicidade. E, finalmente, a terceira constatação: as relações saudáveis protegem o nosso corpo e o nosso cérebro. Os pesquisadores encontraram um vínculo entre relacionamentos de qualidade e melhores níveis de memória e de raciocínio.

São todas constatações que nos inspiram a buscar comportamentos que nos levem na direção de uma felicidade maior, e o interessante é que se trata de uma escolha ativa. Ressaltando que, se somos mais felizes quando nos relacionamos de uma maneira mais positiva, precisamos investir em uma comunicação qualificada, que não gere mal-entendidos nem respostas inadequadas, e nos permita cultivar boas relações.

Muitos dos líderes de empresas já têm essa consciência e buscam o aprimoramento na forma de se comportar com a intenção de melhorar as condições ao redor e exercer lideranças humanizadas em empresas humanizadas. As organizações também estão identificando que cuidar desse aspecto, muito além do bem-estar das pessoas, que é o benefício óbvio, é algo que produz resultados positivos. Uma pesquisa da consultoria Accenture divulgada em 2019 mostra que 83% dos consumidores brasileiros preferem comprar produtos e serviços de empresas que defendem causas alinhadas aos valores da vida. Dos 1.564 entrevistados no Brasil (foram 30 mil no mundo), 79% querem que as empresas se posicionem em relação a assuntos como meio ambiente, cultura e questões sociais; e 76% afirmam que as decisões de compra são influenciadas pelos valores que as marcas propagam e pelas ações de seus líderes.

Hoje em dia, se ocorrer uma conduta inadequada por parte de uma empresa, o impacto é muito grande, pois a repercussão chega rapidamente a um número expressivo de pessoas, colocando reputações sob risco. Esse é um cuidado constante que as organizações precisam tomar. O ponto fundamental, porém, é que elas devem ter valores bem definidos. E compartilhá-los de forma prática, pois ainda existem muitas empresas que ficam apenas no discurso. Levar isso em conta, muito além de fazer com que a empresa pareça ética e correta, é vital para a sobrevivência do negócio!

O líder deve estar atento à necessidade e à importância de traduzir, por meio de ações e atitudes, os valores de uma organização. É por esse motivo que a comunicação precisa ser muito clara para que os colaboradores entendam qual é a direção que estão seguindo e até para que os líderes possam dar autonomia a essas pessoas. As empresas com mentalidade moderna já estão completamente envolvidas nessas questões. Afinal, é muito melhor valorizar relacionamentos baseados em autenticidade ou em coerência entre o que se diz e o que se faz. Todo mundo ganha!

Aprendemos que o oposto da felicidade é a apatia, e não a tristeza. Da mesma forma temos de saber que felicidade não é sinônimo de euforia, pois apenas fazendo esta diferenciação encontraremos o ponto de equilíbrio ou o caminho do meio, no qual estão as virtudes, como ensinou Aristóteles. A euforia é um momento instrumentalizado, vamos dizer assim, pela dopamina, uma substância que o nosso cérebro secreta. A área responsável é o hipotálamo. Se pegarmos um chocolate e colocarmos na boca, a sensação vai ser de euforia, de prazer. Ela é intensa tanto quanto efêmera. Ainda bem! Se durasse muito, não teríamos o contraste que nos faz perceber a euforia.

Toda e qualquer situação de prazer vai resultar na secreção de dopamina pelo cérebro e isso vai trazer essa sensação. Também há medicamentos que contêm o estímulo à produção de dopamina. Antidepressivos, ansiolíticos, várias drogas que fazem com que o nosso cérebro secrete substâncias químicas que levam a essa sensação. Tiram a pessoa de um estado ruim, depressivo. E não entregam a felicidade, como muitas vezes nos iludimos.

Relacionamentos saudáveis, ao contrário, podem ser permanentes. E podem aumentar a sensação de felicidade até, eventualmente, quando as coisas não dão certo. Você vive um revés, alguma situação que independe da sua vontade e tem um amigo que escuta com empatia, ouve e dá conselhos. Você se sente apoiado. E se sentir apoiado melhora muito o seu estado. Então é importantíssimo que a gente cultive isso.

Outro dado que chama a atenção está em uma pesquisa feita pelos investigadores Philip Brickman, Dan Coates e Ronnie Janoff-Bulman, da Northwestern University e Massachusetts University. Eles compararam o patamar de felicidade entre ganhadores de loteria e pessoas que ficaram paraplégicas em acidentes. Ou seja, pessoas que foram impactadas por um evento de extrema alegria com pessoas que sofreram um revés importante. O estudo publicado no *Journal of Personality and Social Psychology* em 1978, que traz no título a pergunta "A felicidade é relativa?", constata que, depois de dois anos, o nível de satisfação pessoal dos dois grupos era exatamente o mesmo. Sorte e revés acabam tendo efeito zero na satisfação das pessoas após algum tempo. O que nos leva à máxima atribuída aos budistas: "Tanto coisa boa quanto coisa ruim, isso passa."

Daniel Kahneman, que recebeu o prêmio Nobel pelos estudos em economia comportamental em 2002, tentou entender a felicidade dos outros desde que deparou com os resultados de uma pesquisa que mediu essa sensação em famílias americanas. Foram feitas duas perguntas aos entrevistados: "Você se considera satisfeito com sua vida?" e "Você se considera uma pessoa feliz?". Satisfação e felicidade não andavam de mãos dadas, mostrou o estudo. "As coisas que tornam as pessoas satisfeitas com a vida não as fazem necessariamente felizes", concluiu o psicólogo americano-israelense ao verificar que não havia uma conexão direta entre as condições materiais e emocionais que tornam a vida mais ou menos prazerosa e os fatores que muitas vezes enxergamos como aqueles que nos levam à felicidade, tais como casamento, profissão, filhos e estabilidade financeira. Em entrevista por e-mail à revista *Época Negócios* (janeiro de 2009), Kahneman revelou quão complexo é o tema: "a questão da felicidade é imprecisa e misteriosa" — o que não surpreende, considerando que experimentamos atualmente essa realidade frágil, ansiosa, não linear e incompreensível descrita por Jamais Cascio.

PERDOE

Há algumas condições que devemos considerar para exercitarmos a nossa capacidade de ser feliz. Uma delas é a maneira como lidamos com os nossos sentimentos e emoções! A ciência chama muito a nossa atenção para a importância de desenvolvermos a habilidade de perdoar.

Costumamos associar o perdão a um benefício feito ao outro. Alguém fez algum mal para nós, nos magoou, nos deixou chateados e pensamos em perdoar como se fosse um benefício para o outro. Na verdade, o perdão é um benefício imenso e muito maior para quem perdoa. A pessoa perdoada, aliás, nem precisa saber que foi perdoada. O que importa é fazermos as pazes com esse passado, entender que é algo que ficou para trás e deve gerar aprendizado. O passado perdoado deixa de ocupar a nossa mente.

Fred Luskin, pioneiro na ciência e na prática do perdão, testou fórmulas e estudou comportamentos chegando a resultados que colaboraram para que diferentes pessoas e comunidades desistissem de seus rancores. Ele define o perdão como sendo a capacidade de fazer as pazes com a palavra "não" — não consigo e não recebi, não tive e não alcancei, não amei e não fui amado são negativas que a vida nos oferece e as quais acumulamos de tal maneira que passam a pesar em nossas relações e comportamentos. Autor do livro *O poder do perdão* (Novo Paradigma, 2002), Luskin explica que a essência do perdão é ser resiliente quando as coisas não acontecem do jeito que você quer.

A comunicação, que aproxima pessoas e pode tornar sensações e emoções mais transparentes, está no primeiro dos "nove passos para o perdão" que fazem parte do "tratamento" oferecido pelo diretor do Stanford Forgiveness Project (Projeto Perdão da Stanford, em tradução livre), da Universidade de Stanford:

1. Saiba exatamente como você se sente sobre o que aconteceu e seja capaz de articular o que não está bem na situação. Em seguida, conte a algumas pessoas de confiança sobre sua experiência;
2. Assuma o compromisso de se sentir melhor. O perdão é para você e mais ninguém;
3. Perdoar não significa necessariamente reconciliar-se com a pessoa que o aborreceu ou tolerar a ação. No perdão, você busca a paz e a compreensão que advêm de culpar menos as pessoas depois que elas o ofenderam e de levar essas ofensas de forma menos pessoal;
4. Tenha a perspectiva correta do que está acontecendo. Reconheça que sua angústia primária vem dos sentimentos feridos, pensamentos e problemas físicos que você está sofrendo agora, não do que o ofendeu ou machucou dois minutos ou dez anos atrás;

5. No momento em que você se sentir chateado, pratique o controle do estresse para aliviar a resposta de luta ou fuga do seu corpo;
6. Desista de esperar coisas da sua vida ou de outras pessoas que elas não escolheram lhe dar. Lembre-se de que você pode esperar por saúde, amor, amizade e prosperidade, e trabalhar duro para obtê-los. No entanto, essas são "regras inexequíveis": você sofrerá quando exigir que essas coisas ocorram porque não tem o poder de fazê-las acontecer;
7. Dedique sua energia à procura de outra maneira de alcançar seus objetivos positivos além da experiência que o feriu;
8. Lembre-se de que uma vida bem vivida é sua melhor vingança. Em vez de se concentrar em seus sentimentos feridos e, assim, dar poder sobre você à pessoa que lhe causou dor, aprenda a procurar o amor, a beleza e a bondade ao seu redor. Coloque mais energia em apreciar o que você tem em vez de se preocupar com o que não tem;
9. Corrija a maneira como você olha para o seu passado para se lembrar de sua escolha heroica de perdoar.

Ter relações de confiança — e já falamos de como a boa prática da comunicação oferece recursos para tal — é um antídoto para as dores que sentimos diante do que muitos consideram imperdoável. Assim, a comunicação vai colaborar para que você melhore seu bem-estar, mesmo diante das muitas negativas que a vida proporcionou. Até porque não perdoar faz mal à saúde, como provou a psicanalista Suzana Avezum em sua tese de mestrado em Ciências da Saúde pela Universidade de Santo Amaro em 2018. Ela avaliou 130 pacientes e concluiu que as pessoas que têm dificuldade de perdoar sofrem mais infarto do miocárdio. Os participantes foram divididos em dois grupos: os que tinham infartado em algum momento da vida e os que nunca infartaram.

Na investigação, descobriu-se que as pessoas do primeiro grupo haviam passado por situações em que não perdoaram com uma frequência muito maior do que as do segundo grupo.

A explicação é bastante simples. Quando alguma coisa gera uma mágoa, é óbvio que no momento em que acontece faz muito mal. Só que ao não perdoar, ou seja, quando aquilo fica no radar ocupando a mente de maneira exagerada, cada vez que se retoma a situação, volta-se a ter o mal-estar provocado no primeiro momento. E a resposta do nosso corpo a isso é a produção maior de adrenalina e cortisol, aqueles hormônios do estresse aos quais já nos referimos. Esses hormônios em excesso na corrente sanguínea vão prejudicar o funcionamento do coração. É algo que vai fazer mais mal para nós mesmos!

Perdoar é um exercício que precisamos buscar ativamente.

Primeiro, porque no mundo em que se vive, é cada vez mais comum, e até por problemas de comunicação, gerar mal-entendidos, situações de incômodo nas pessoas. Isso pode ocupar a nossa mente com coisas que vão nos fazer mal.

Segundo, pelo benefício que teremos quando se consegue deixar isso de lado e focalizar a questão do aprendizado. Sempre vale a pena refletir: "O que eu posso fazer daqui para a frente para evitar esse tipo de situação?", "como posso conduzir a minha vida para lidar melhor com isso?".

"Ah, mas eu não vou conseguir esquecer!" Não precisa! Até para que sirva de aprendizado mesmo. Perdoar é bem diferente de esquecer. É pensar no problema não como um machucado, mas como uma cicatriz. A cicatriz está lá, sabemos que existe, que é o resultado de uma situação vivenciada, mas não dói mais.

Perdoar é tirar a pessoa ou o fato do nosso radar. Deixar de vivenciar aquela situação de forma repetida, até ruminante mesmo. Quando a situação vem à lembrança, perturba novamente. Perdoar e passar de um lado para outro da curva das emoções.

Cada pessoa age de acordo com o que considera certo. Nós, de uma forma geral, somos muito diferentes, pensamos de forma diferente, muitas vezes agimos de forma diferente. Baseamos o nosso julgamento pelos nossos critérios. Uma sugestão é, caso se importe mais com o resultado final do que com o querer ter razão, lide com a pessoa de má-fé como se fosse o seu melhor amigo. Ou seja, suspenda o julgamento sobre a pessoa, olhe para os fatos como são e considere que a pessoa faz o melhor que ela pode nas circunstâncias em que se encontra. Isso não quer dizer que não existem pessoas de má-fé ou desonestas. Isso quer dizer que, na hora de interagir com elas, deixe de lado o seu julgamento, considere apenas os fatos e responda sobre eles expressando como você se sente em relação aos fatos e não em relação à pessoa. Haja inspiração! Para isso vale o cuidado de entendermos que aquilo que aparentemente nos magoou pode não ter sido de propósito, pode ter sido um mal-entendido ou uma dificuldade de comunicação.

Então, começar a relevar mais. Quando houver a oportunidade, conversar melhor com a pessoa, procurar esclarecer, às vezes até mostrar o tanto que aquilo nos chateou. De vez em quando, numa conversa franca com o outro, vamos até entender que a pessoa não teve realmente a mínima intenção e isso já vai acalmar o coração. E quando realmente não houver espaço para o entendimento, porque às vezes as diferenças são tão importantes que não há mesmo como conviver, é melhor nos despedirmos da situação, evitarmos o contato e seguirmos em frente. Fica como aprendizado.

USE O ESTRESSE PARA O SEU BEM

Há uma conhecida linha de efeitos subsequentes que se inicia naquilo que pensamos sobre algo, sobre alguma situação que vivemos. Cada pensamento gera uma emoção. Imagine que você esteja feliz da vida, que saia de casa para trabalhar e na primeira esquina o motorista de outro carro buzine de forma insistente para você sair da frente. Dependendo de como você reagir, emoções diferentes serão produzidas. Temos uma tendência a responder de forma bruta, e, neste caso, sem dúvida a emoção subsequente será raiva. Se você mudar sua forma de pensar e tentar entender a situação: "Coitado, deve estar com pressa e cheio de problemas!" A emoção certamente será outra: compaixão.

Cada forma de pensar, com sua emoção relacionada, nos levará a atitudes diferentes: no primeiro caso, você chegará ao destino incomodado de cara fechada e talvez descarregue esse sentimento sobre seus colegas. No segundo, provavelmente seguirá bem-humorado e aliviado por não ser você o portador de tantos problemas. Ao chegar ao seu destino, a gaveta do seu cérebro que se ocupou com aquela situação no momento em que aconteceu já estará esvaziada e à disposição para coisas muito melhores.

Veja que interessante: nossas ações, nossas atitudes são o resultado direto dos nossos pensamentos e emoções! Essa constatação é libertadora, já que nos possibilita o protagonismo das nossas ações.

Uma equipe de pesquisadores da Universidade de Wisconsin-Madison, nos Estados Unidos, pediu que quase 29 mil pessoas avaliassem seu nível de estresse no ano anterior. Quiseram saber, também, quanto os participantes acreditavam que esse estresse influenciou a saúde deles — um pouco, uma quantidade moderada ou muito. Os autores constataram que o risco de o estresse gerar impacto negativo depende diretamente da crença que cada um tem. As pessoas que relataram ter altos níveis de estresse e acreditavam que o estresse teve um grande impacto em sua saúde tiveram um aumento de 43% no risco de morte. Por outro lado, aqueles que experimentaram muito estresse, mas não perceberam seus efeitos como negativos, estavam entre os menos propensos a morrer em comparação com todos os outros participantes do estudo.

Há pessoas que consideram qualquer contratempo, qualquer falha numa previsão, como algo ameaçador, que nos coloca em situação de perigo. Quem pensa dessa forma, quem convive com esse conjunto de crenças, se coloca sempre no modo de luta ou fuga. Ao acionar esse sistema, o cérebro emite sinais para o nosso corpo se instrumentalizar para a defesa, para fugir ou atacar. Percebemos a descarga de adrenalina e de cortisol nos envolvendo, trazendo taquicardia, transpiração excessiva, tensão muscular. E claro que nessas condições teremos dificuldade de responder bem às demandas da nossa vida.

Há outras pessoas, porém, que encaram eventuais adversidades como desafios, como oportunidades de crescimento! Diante desse tipo de crença, a área do cérebro acionada é o neocórtex, nosso cérebro mais evoluído; este nos permite um rol imenso de possibilidades de resposta, certamente contemplando aquela melhor saída para a situação que estamos vivendo.

Estamos falando do estresse do bem, responsável por estimular as glândulas do nosso corpo a secretarem dopamina e endorfina, hormônios que trazem sensação de bem-estar e foco na ação, na solução.

Em uma pesquisa realizada em 2012 com jornalistas que entravam ao vivo na TV, atividade considerada estressante, os pesquisadores Maria Aparecida Coelho e Esdras Vasconcellos, do Instituto de Psicologia da Universidade de São Paulo, buscaram entender as influências desse agente estressor nos níveis de frequência cardíaca, de cortisol e na fala. O coração acelerou no peito dos repórteres nos momentos que antecederam a entrada no ar e constatou-se aumento expressivo de cortisol. Quanto à fala, variou de acordo com a forma como cada um encarou aquele momento. Os que pensaram nos riscos que corriam ao falar ao vivo e enxergaram a situação como ameaça tiveram maior dificuldade para superar a tarefa. Os que se entusiasmaram e viram no desafio uma tarefa a ser vencida, pois se sentiam mais bem preparados, tiveram desempenho melhor.

É muito bom termos acesso a esse conceito e o usarmos a nosso favor. Cabe a nós considerarmos as situações que se apresentam em nossa vida, no nosso trabalho como desafios e não como ameaças. A psicóloga americana Amy Cuddy, em seu livro *O poder da presença* (Sextante, 2016), descreve uma série imensa de pesquisas sobre como o nosso cérebro, a partir de suas crenças, gera efeitos subsequentes a situações vividas no nosso corpo.

Em um desses trabalhos, foi ministrada uma dose, segura, claro, de adrenalina para dois grupos de pessoas, que deveriam registrar num papel, depois de alguns minutos, o que estavam sentindo. Ninguém sabia o que estava ingerindo. Para cada um dos grupos havia um "pesquisador camuflado", que depois de alguns poucos minutos da ingestão passou a verbalizar o que sentia, sendo que um descreveu a sensação de nervosismo, e o outro de euforia. Em cada grupo, o relato dos participantes foi bastante próximo do que ouviram! Os pesquisadores identificaram que a nossa interpretação sobre o que sentimos pode ser influenciada, e é mais poderosa do que o efeito químico da substância!

Para usarmos o estresse a nosso favor, devemos recorrer a algo que os pesquisadores chamam de rito de passagem, que é o momento em que você se prepara para desenvolver alguma função relevante. Afaste-se do que aconteceu até aquele instante e evite pensar nas consequências do que virá depois porque, como já falamos anteriormente, o único lugar onde se tem conforto para corresponder a uma demanda importante é o presente: se estamos no passado, temos culpa e arrependimento; se estamos no futuro, temos estresse e ansiedade.

O recurso é intensamente explorado por esportistas de alta performance em momentos decisivos.

Uma imagem que faz parte da memória afetiva dos brasileiros é a da jogadora de basquete Hortência, considerada uma das melhores do mundo e a primeira brasileira a ter seu nome incluído no Hall da Fama do basquete feminino nos Estados Unidos. Um dos costumes da atleta, quando estava para arremessar na cesta em um lance livre, era segurar a bola com as duas mãos à sua frente, fechar os olhos, respirar fundo, soltar os ombros, abrir os olhos e em seguida executar o lance. Havia quem visse nessa "cerimônia" uma espécie de ritual da sorte porque o índice de acerto de Hortência era altíssimo. A própria jogadora costumava dizer que sempre teve muita sorte, especialmente depois de treinar quase mil arremessos por dia, e ensinava: "O lance livre num jogo é um presente que a regra te dá e você não pode jogar fora. Concentração é tudo e, na hora que eu abria o olho, a bola, na minha cabeça, já estava lá dentro mesmo antes dela sair da minha mão!"

Ritual da sorte, não! Rito de passagem! Que é a busca pelo estado de presença que passa pela respiração, recurso importante para nos colocar em sintonia com o momento que estamos vivenciando.

Outro gigante do esporte, o atacante da seleção portuguesa Cristiano Ronaldo, escolhido cinco vezes o melhor jogador de futebol do mundo pela FIFA, é exemplar nessa estratégia sempre que vai cobrar faltas ou pênaltis. A maneira como se concentra acariciando a bola no gramado enquanto a ajeita para o chute, os passos largos para trás enquanto se posiciona para a cobrança, o olhar fixo no seu objetivo, que é o gol, e a respiração cadenciada são ritos de passagem. Momentos em que usa o estresse a seu favor.

Em um processo de comunicação, por mais tenso e decisivo que possa ser, também é preciso controlar o pêndulo que existe na nossa mente que nos leva ao passado e ao futuro, quando deveria estar centralizado no presente, que é o único lugar que se tem conforto para corresponder a uma demanda importante.

Quando a mente está dispersa, temos a tendência de caminhar em direção ao transe, que é o momento em que nos tornamos ensimesmados, esquecemos da relação com o outro, perdemos a capacidade de nos conectar com a situação que estamos enfrentando e até a noção da responsabilidade. Os estudiosos chamam esse momento de sequestro da amígdala, que é a área do cérebro responsável pela censura e que nos impede de ter reações desproporcionais às diversas situações que enfrentamos no dia a dia.

Toda pessoa que está no meio profissional tem que ter a consciência da importância de se manter presente e o cuidado para saber o quanto isso é desafiador nesse mundo que nos solicita tanto de diversas maneiras. Ao perder essa noção, deixa-se de estabelecer o uso coerente dos três recursos da comunicação; nossa capacidade de ouvir o outro e de estabelecer uma boa conexão diminui; e corremos o risco de termos reações que fujam do nosso controle.

Assim, ganhe consciência disso e prepare-se emocionalmente para encarar um evento relevante como algo poderoso, considere o estresse como uma reação natural do nosso corpo diante de desafios, identifique a sua agitação interna como empolgação, e vá em frente!

SOMOS SERES DE CONVIVÊNCIA

Entender a si mesmo é dialogar internamente. É estar atento às reações que temos diante dos acontecimentos. Perceber o que nos leva de um sentimento a outro e como controlar esses movimentos de forma a tornar nossa convivência mais saudável. Porque, mais uma vez, a comunicação é via de mão dupla e, da mesma forma que nós somos influenciados por aqueles que nos cercam, também os influenciamos. É o caso das enfermeiras que foram foco de pesquisadores das universidades de Sheffield e Londres e citadas em livro pela psiquiatra Susan David — sobre o qual falamos em "Seja um líder inclusivo", no capítulo "Líder humanizado" Assim como é o caso de muitos de nós que já tivemos a experiência de chegar entusiasmados em um ambiente de trabalho e sermos recebidos por um colega de mau humor. Nosso "bom dia!" é respondido entre os dentes sem que sejamos acolhidos com o olhar que esperávamos, sem que a postura corporal se volte para nós. Tendemos a absorver aquela carga negativa que está evidente no vocal, no verbal e no não verbal do nosso parceiro. Nos deixamos levar pela tendência reativa. Interagimos, obtivemos uma resposta e reagimos.

Marshall Rosenberg ensina que precisamos estar atentos a essa tendência. Quando somos reativos, nós damos ao outro o poder de decidir o nosso comportamento. Segundo ele, a atitude mais interessante seria olharmos a situação com distanciamento e só depois escolhermos como agir naquele momento — ou seja, lembrarmo-nos da figura da girafa, símbolo da comunicação não violenta. Se afastar e olhar de cima ajudam na percepção de que a atitude pouco amistosa tem a ver com o sentimento do colega que, talvez, esteja vivendo um momento complicado. Não é sobre o nosso sentimento. Entender que esse é um processo dele e, também, que não temos elementos para julgar nem para deduzir o que está se passando. Precisamos estar atentos e nos responsabilizar pelo nosso estado, não nos deixar influenciar negativamente e evitar o padrão "bateu-levou".

Nós, seres humanos, agimos de forma intempestiva porque somos imperfeitos. Estamos em constante processo de evolução, de desenvolvimento. É preciso aceitar e acolher a nossa imperfeição e as nossas limitações para sermos empáticos com as imperfeições dos demais e perceber que, mesmo quando alguém nos inferniza a vida, talvez esteja fazendo o melhor que pode e o problema não é necessariamente conosco. Por conta dessa imperfeição, toda vez que deixarmos de vigiar os nossos pensamentos, produziremos respostas reativas. A nossa mente sofre a influência muito grande de tudo que está ao nosso redor. A caricatura do anjo e do diabo sobre nossos ombros, tentando nos convencer da atitude a tomar, ilustra bem essa situação. O anjo que aconselha: "respira, vai com calma", e o diabo que instiga: "Que absurdo! Não vai reagir, não?" Qual dos dois prevalecerá? Aquele que alimentarmos por meio das nossas atitudes, dos nossos pensamentos, das nossas palavras.

Quando sentindo algum incômodo, nos deixamos envolver pela emoção que, muitas vezes, não sabemos direito qual é; e agimos de maneira mais intuitiva. O recomendável é nos atermos ao fato, em vez de julgar, entendermos qual o sentimento que veio à tona, identificarmos as nossas necessidades. Por fim, elaborarmos um pedido. Fazer esse percurso requer que se pare e olhe para o que estamos sentindo. Uma conversa interna que exige uma autorreflexão antes de falar externamente.

Ao cumprir essas etapas, temos mais clareza sobre a situação. Com isso, nos capacitamos a interagir de forma ponderada com o outro, em vez de chegar com a emoção transbordando e despejar comentários, gerando respostas reativas em sequência. O problema é que, normalmente, nós negligenciamos as nossas emoções. Temos de entender que a emoção sempre tem uma razão de ser e é um recado para nós mesmos. Sentir raiva é um convite à ação; tristeza é um convite à reflexão, a uma interiorização maior; alegria, um convite à extroversão, ao contato com o outro. Em situações em que a emoção começa a crescer é justamente para se fazer presente e nos instigar a lidar com ela. Quando conseguimos olhar para dentro de nós mesmos, perceber e verbalizar aquilo que estamos sentindo, passamos a ter um controle muito maior sobre o nosso estado.

Você está incomodado, sentindo-se mal e agitado? É um alerta de algo querendo se manifestar internamente. Precisa identificar o que é, sair daquela sintonia e reassumir o seu controle interno. Respiração, meditação, leituras, cultivar a espiritualidade são caminhos que podem fortalecer a nós e o nosso equilíbrio. Alimentar o anjo e dar de ombros ao diabo da caricatura.

Você está feliz, sentindo-se confortável e superbem! Não precisa fazer nada? Precisa! Contagiar os outros, colocar esse bem-estar em prol de quem está ao seu redor, compartilhar as emoções positivas porque felicidade, calma, tranquilidade são estados interiores que só se somam quando os dividimos. Eles não gastam, se multiplicam.

A propósito, a Sociedade de Cardiologia do Estado de São Paulo publicou um documento em 2019 sobre como a espiritualidade atua na prevenção e no tratamento das doenças cardiovasculares. Pessoas que cultivam a espiritualidade ficam propensas a adoecerem menos e a darem melhores respostas aos tratamentos.

O cardiologista Álvaro Avezum, diretor do Departamento de Espiritualidade e Medicina Cardiovascular da Sociedade Brasileira de Cardiologia, faz uma distinção entre espiritualidade e religiosidade — sobre a qual já conversamos anteriormente. Segundo ele, religiosidade tem a ver com seguir uma religião, que tem seus dogmas e seus rituais. Já a espiritualidade tem a ver com o conjunto de valores morais, mentais e emocionais que regem as nossas condutas. Com isso, pode haver tanto religiosos quanto agnósticos e ateus espiritualizados porque são indivíduos que seguem uma conduta baseada em valores importantes na relação consigo mesmos e na convivência com as outras pessoas.

Considerado pela consultoria Thomson Reuters (2015) como um dos quatro cientistas brasileiros com produção acadêmica de maior impacto no mundo, Avezum explica que nós todos passamos por situações adversas que nos incomodam, que nos tiram do conforto e do bem-estar. Nessas ocasiões, temos duas possibilidades: o enfrentamento negativo e o positivo.

No enfrentamento negativo, lidamos com a adversidade demonstrando raiva, hostilidade, falta de perdão, mágoa e ruminação. Quanto mais ruminamos, mais revivemos na nossa mente o que nos aconteceu de ruim. É como se voltássemos a viver os efeitos daquela situação. Com isso, o nosso organismo produz e libera hormônios como adrenalina e cortisol na corrente sanguínea. Os estudos mostram que esses hormônios aumentam a atividade inflamatória e a pró-coagulante, que predispõem ao adoecimento cardiovascular.

No enfrentamento positivo, quando conseguimos lidar com as situações adversas trabalhando a tolerância, a aceitação do problema, a disposição ao perdão, melhoramos as condições para a nossa saúde cardiovascular.

O documento sobre a relevância da espiritualidade e de atributos como a compaixão e o perdão no tratamento de diversas doenças trouxe 368 referências internacionais, e levou a Sociedade de Cardiologia do Estado de São Paulo a orientar que as consultas contemplem também questões ligadas a esse conjunto de valores que regem as nossas condutas. Quando vamos a uma consulta, o médico geralmente faz uma série de perguntas para nós — chamada pelos profissionais de saúde de anamnese — relacionadas ao nosso estilo de vida, hábitos alimentares, atividade física, sono e estresse. A proposta é que haja também uma investigação a respeito da espiritualidade, dos valores que temos, de como lidamos com as situações do dia a dia, porque essas informações podem ser significativas para a conduta clínica.

A ciência está conseguindo comprovar o que antes era só uma impressão. Com essas constatações científicas, podemos de maneira consciente buscar esse estado de equilíbrio interno no nosso contato com nós mesmos e com as pessoas que nos cercam. Ao secretarmos hormônios como endorfina e dopamina, temos mais prazer e mais bem-estar.

Uma pessoa que está mal com a vida, reclamando, esbravejando, na verdade está explicitando um pedido de socorro. Nossa busca, como seres humanos, é pela felicidade. O nosso desenvolvimento, a partir do desapego daquilo que não tem importância, a partir do olhar mais compassivo para o outro, é o que nos leva a esse estado de felicidade. Ao estado de graça!

É claro que, por vezes, enfrentamos situações muito difíceis, que nos exigem uma grande capacidade de resiliência. Nem sempre as coisas saem como desejamos e nos vemos envolvidos em situações que independem da nossa vontade ou do nosso empenho. Evidentemente, essas ocasiões nos trazem sentimentos negativos. Mas é importante aceitarmos esses sentimentos como normais, fazem parte da vida, e buscarmos o equilíbrio, os recursos que vão nos ajudar a ajustar a gangorra para que possamos nos sentir bem.

Ocasionalmente, há situações que nos causam dor. Entretanto, a maneira como nós lidamos com essa dor faz muita diferença. Nós temos escolhas a fazer. Podemos encarar a dor envolvidos com esse grande sofrimento ou podemos buscar nos fortalecer, fazermos bem a nossa parte e ajudarmos as pessoas ao nosso redor no que estiver ao nosso alcance. Para começar a lidar com isso, precisamos aceitar a dor como algo real, mas sem cultivar sofrimento, sem nos vitimizarmos.

Durante a pandemia da covid-19, em que as pessoas foram levadas a permanecer em casa por longa data, havia os que viam a situação como "uma prisão" e os que enxergavam como "uma proteção". O mesmo comportamento poderia ser visto quanto ao uso da máscara, que para uns "incomodava" e, para outros, "protegia". E nesses casos, não estamos falando daqueles que negavam a necessidade desses recursos, mas de pessoas que lidavam de formas diferentes com as circunstâncias. Como muitas vezes não temos nenhuma autonomia, nenhuma possibilidade de mudar o mundo externo, precisamos lidar com a maneira como nós encaramos as situações que vivemos.

Estamos começando a ter uma clareza maior da importância de sermos generosos, de nos doarmos, de buscarmos atender quem está ao nosso redor, de olharmos para aquele que está numa condição mais desfavorável.

Esse olhar para fora é muito relevante e é um dos princípios da generosidade, de estarmos abertos para enxergar o outro e tirarmos o foco de nós mesmos. Muitas vezes, esse incômodo, essa lamentação, essa vitimização têm a ver com uma visão individualizada. Quando mudamos essa perspectiva, viramos os holofotes para quem está ao nosso redor, colocamos as coisas em um plano diferente e percebemos que temos diversas razões para sentirmos gratidão. Desse modo, começamos a identificar oportunidades de colaborarmos com quem está precisando. Esse exercício de nos colocarmos a serviço do outro nos abastece de energia, de bons sentimentos.

A nossa aproximação gera essa sensação de apoio. Quando conseguimos verbalizar a nossa intenção, o que desejamos oferecer para o outro, criamos uma energia forte, poderosa e capaz de tocar a pessoa. Aqui há um papel muito relevante da comunicação porque, para muito além daquilo que falamos, está a demonstração clara da nossa vontade de nos conectarmos.

O filósofo Mario Sergio Cortella defende a ideia de que o conceito de esperança advém do verbo esperançar e não de esperar. Isso é algo extremamente proativo. Quando alguém se aproxima de nós e nos dá a mão, esse convite à ação já permite que comecemos a mudar o nosso patamar, o contexto, aquele ambiente onde estamos inseridos. Esse desejo genuíno de aproximação com o outro, com uma comunicação aberta, generosa, empática, é o primeiro grande passo que leva motivação para quem está ao nosso lado mudar o estado das coisas.

Outro ponto relevante nessa mesma lógica é que, neste mundo interconectado, com aproximação maior entre as pessoas, e com menos peso das hierarquias nos ambientes corporativos, precisamos aprender a lidar com as diferenças. Por que é tão complicado interagir com quem pensa diferente? Porque as análises que fazemos se dão a partir dos nossos pressupostos, dos nossos valores, dos nossos receios e das nossas necessidades. Assim sendo, cada um de nós tem um modo parcial de ver as coisas.

O fator complicador é que nos apegamos a isso. Quando, por alguma razão, uma ideia nossa é confrontada, é como se fôssemos pessoalmente atingidos, isso nos atinge como uma ameaça pessoal. E entra em ação o cérebro das emoções, o sistema límbico. Claro que isso dificulta demais o diálogo, prejudica a nossa predisposição para trocarmos ideias e nos retira a oportunidade de enriquecermos com aquilo que o outro traz.

Felizmente, há uma luz no fim do túnel. Se tivermos consciência da necessidade de estarmos em contato com as pessoas e de nos relacionarmos bem, nós podemos partir para uma interação com um estoque maior de boa vontade e nos colocarmos de uma forma melhor. Lembre-se do que já destacamos anteriormente: escutar o outro é diferente de concordar. Não precisamos concordar com que o outro diz, mas devemos exercer a escuta com cuidado e empatia. É preciso transformar o bate-boca em bate-papo.

Se observarmos bem, muitas vezes o que causa estranhamento é só um pedaço do todo. Normalmente, existem muito mais pontos convergentes entre as pessoas. Daí a importância de nos abrirmos para essa escuta.

E, na hora da conversa, algumas medidas são recomendáveis e já tratamos de forma aprofundada nos capítulos anteriores.

A primeira delas é o que chamamos de convite. Uma espécie de permissão para tratar de determinado tema e explicar o porquê de debater aquele assunto. Vale nos despir do conceito de que só há o certo ou o errado, ou isso ou aquilo. O que o outro pensa é diferente, não necessariamente melhor nem pior.

A segunda é exercer a escuta evitando julgamentos, contra-argumentos e interrupções. Esperar o outro se colocar. Demonstrar empatia, manter o posicionamento de acolher procurando entender a diferença.

E a terceira é fazer perguntas mais abertas, que permitam até que o outro exponha eventuais pontos de concordância com os nossos.

Como seres humanos convivendo em sociedade, devemos nos abrir para essa possibilidade de olhar o outro com respeito.

Sejamos, então, capazes de modificar a nossa forma de olhar, de perceber a vida. Que possamos reestruturar, reinventar a maneira como nos relacionamos com as pessoas buscando a harmonia, o entendimento e o amor. Aplicando os conhecimentos da comunicação humanizada!

13. Caixa de ferramentas

Conceitos, histórias, referências, pesquisas e experiências na comunicação nos trouxeram até aqui. Agora, pretendemos oferecer a você de forma prática — além daquelas que já compartilhamos ao longo do livro — informações e dicas que podem potencializar sua capacidade de diálogo, negociação e persuasão. São sugestões que já foram testadas em pesquisas científicas e no exercício diário que realizamos nos mais diversos processos de comunicação: de palestras a entrevistas, de reuniões a apresentações, de conversas a debates. Usar as ferramentas que temos à disposição permite que a nossa comunicação, além de humanizada, seja poderosa.

USE PALAVRAS PODEROSAS

Os recursos verbais têm a ver com as escolhas que fazemos das palavras para transmitir a nossa mensagem, da forma como criamos as frases e das expressões que usamos. Para que seu uso seja apropriado, recomendamos que se tenha um norte bem definido em mente. Nosso discurso tem de seguir aquilo que Mílton Jung considera ser o mantra da boa comunicação: ser simples, ser direto e ser objetivo.

A simplicidade, que já foi inspiração neste livro, aqui se expressa no vocabulário que usamos, que tem de, inicialmente, caber na nossa boca. Ou seja, precisa ter intimidade com o nosso conhecimento. Palavras rebuscadas ou que não façam sentido no nosso cotidiano, que extraímos do dicionário para transparecer sabedoria, nos levam a uma perda de autenticidade. Não nos pertencem. Por outro lado, nos cabe desenvolver um repertório lexical para conseguir expressar por intermédio de palavras aquilo que sentimos e queremos de forma autêntica, sem cair em mais do mesmo. O que mais observamos nos cenários corporativos, em todos os níveis hierárquicos, da base até os C-levels, é a dificuldade de colocar palavras sobre o que sentimos e queremos. Isso acontece porque fomos acostumados a terceirizar esse tipo de expressão para o nosso corpo, para a comunicação não verbal. Quando diversificamos o vocabulário e colocamos palavras precisas, geramos conexão e clareza na comunicação; e isso começa com a escuta interna.

Saber aonde pretendemos chegar ou o que queremos provocar em nosso interlocutor é essencial no momento de decidir que conteúdo transmitir. Ao entrar em um processo de comunicação, identifique que mensagens você deseja que seu interlocutor considere, e sobretudo qual é a ação concreta que você espera dele como resultado da mensagem. Dê hierarquia a essas informações para saber a ordem com que você vai apresentar suas ideias — isso é importante ao considerarmos o tempo disponível do interlocutor para aquele diálogo. Sem essa definição, corremos o risco de perder tempo com assuntos sem importância, deixando pouco espaço para o que seria essencial.

Construa frases sempre na ordem direta e use a voz ativa é mais fácil de compreender porque é como costumamos falar no dia a dia. A diferença entre a voz ativa e a voz passiva é que na ativa o sujeito pratica a ação expressa pelo verbo e na voz passiva o sujeito sofre a ação expressa pelo verbo. Em lugar de "os projetos foram realizados pela minha equipe", prefira "minha equipe realizou os projetos".

Coloque o seu interlocutor como sujeito da ação, como protagonista. Em vez de "queria saber os resultados do mês passado", prefira "preciso que você me diga quais foram os resultados do mês passado". Na primeira locução, o outro não existe; na segunda, ele é sujeito da ação.

Evite estrangeirismos, jargões e palavras pernósticas. Para saber quais são os vocábulos mais apropriados, é preciso antes identificar o seu público-alvo. Faz todo sentido, em um encontro científico, falar de anquiloglossia; mas, se você estiver diante de público leigo, prefira a expressão "língua presa" para que todos possam entender.

Atenção com expressões que reduzem o valor do que está sendo dito. A não ser que seja a sua intenção, é preciso ter cuidado com os "achismos", pois passam insegurança para o interlocutor em lugar de convicção. "Eu penso" e "eu acredito" são melhores, mesmo assim ainda não passam firmeza e segurança. Como alternativa, na hora de se posicionar com clareza, opte por "tenho a convicção", "faço questão" ou ainda "o fato é que". Caso tenha receio de parecer prepotente, use expressões como "na minha visão" e "no meu ponto de vista".

Sobre a percepção de prepotência, autoritarismo ou aspereza, destacamos que essa nasce muito mais pela falta de acolhimento e de abertura do que pelos posicionamentos firmes e assertivos. Para garantir abertura e deixar o outro em liberdade nas conversas de negociação ou quando as emoções são fortes, privilegie perguntas abertas depois dos seus posicionamentos. Muito mais do que apenas falar a nossa visão, o importante é perceber de que forma ela impacta o nosso interlocutor.

Cuidado com os diminutivos que reforçam uma tendência natural de submissão, que pode ocorrer tanto diante de pessoas hierarquicamente superiores quanto em situações nas quais nos sentimos superiores — nesses casos, para não parecermos arrogantes, recorremos ao diminutivo. Desnecessário! Use o substantivo em seu devido grau. Por exemplo, peça "um minuto da atenção", jamais "um minutinho da atenção".

Se uma das boas práticas da comunicação é ser assertivo na mensagem transmitida — e é —, não tenha dúvida: elimine as palavras no condicional. "Gostaria", "queria" e "pretendia", por exemplo, são educadas tanto quanto corretas do ponto de vista gramatical. Devem ser usadas se a intenção é conjugar o verbo no futuro do pretérito. A realidade, porém, é que usamos esse recurso quando estamos desconfortáveis para pedir algo, na intenção inconsciente de enaltecer o interlocutor. O problema é que dessa forma acabamos nos diminuindo, deixamos de falar de igual para igual, e muitas vezes as perguntas não são claras e diretas. Muitas vezes em que recorremos ao condicional, a condição não existe. Ou seja, quando digo que "pretendia", na realidade eu "pretendo". Seja sincero!

Seja assertivo na mensagem e preciso nos números. Cuidado! Precisão aqui não é, necessariamente, explicitar número, numeral e algarismo em todas as suas formas. Conforme a situação, números redondos fazem mais sentido. Se forem ilustrados dentro do contexto das pessoas com quem você está conversando, melhor ainda.

Faça uma limpeza diária no seu discurso. Elimine as barreiras verbais que são palavras e expressões que costumamos repetir com uma frequência irritante e, na maioria das vezes, sem qualquer sentido. As barreiras se expressam na forma do "né", do "tá certo", do "entende" e do "ok". Também poluem nossa fala quando usadas como muletas em vogais prolongadas: "ééé...", "aaaa..." e outros vícios de linguagem. Geram hesitação e revelam falta de vocabulário.

Expressões que são lugares-comuns nas falas devem ser alvo desse apuro na linguagem que nos propomos. "Veja bem" costuma ser muleta para iniciar frases; mas, além de revelar falta de vocabulário, insinuamos que o outro não está enxergando a situação como deveria. "Na verdade", recurso que surge involuntariamente na fala, assim como o "então", costuma nos levar diretamente para a oposição.

Para reforçar uma ideia, costumamos repetir a mesma várias vezes nem sempre da forma correta que a faça ser percebida pelo outro. Tendemos a explicar a mesma ideia com palavras diferentes e isso pode causar confusão no interlocutor e provocar a sensação de que você está enrolando ou inseguro. A sugestão ao usar esse recurso é que você repita exatamente da mesma forma e com as mesmas palavras acentuando a importância com o tom de voz e o seu gestual. Até pode insistir falando: "e repito ..."

No mesmo sentido, importante também é expressar com palavras a estruturação do seu raciocínio. Se tiver três mensagens, comece anunciando que são três mensagens para que as pessoas já abram três gavetas no cérebro. Deixe claro para o ouvinte cada que vez que inicia e conclui uma dessas mensagens: "a minha primeira mensagem é..."; "agora, passando para a segunda mensagem..."; e "para concluir, a última...".

Recicle seu vocabulário e reveja seus conceitos. Muitas das palavras usadas no passado são hoje claramente preconceituosas: "judiar", "denegrir", "homossexualismo" e "inveja branca" são alguns exemplos. E a comunicação tem de ser usada para aproximar pessoas e construir relações, jamais para dividir.

Seja poderoso:

1. Identifique seu público.
2. Defina as mensagens principais e as ações que espera para cada uma delas.
3. Dê hierarquia às informações e as verbalize.
4. Inicie sua fala com um "teaser" e use o suspense para captar a atenção e abrir as gavetas antes de entregar o conteúdo.

5. Reforce as suas mensagens com exemplos, analogias e histórias sempre traduzindo em benefícios ou riscos para o seu público.
6. Seja simples, direto e objetivo.
7. As mensagens com tendência à polêmica, sustente com argumentos concretos e sempre baseado em dados e estáticas objetivas.
8. Pontue cada troca de tema.
9. Repita ao fim as mensagens principais e termine com um convite para uma ação concreta, mensurável e atingível.
10. Interaja para perceber o impacto e de que forma foi entendida pelo público.

ADOTE POSTURAS PODEROSAS

Pode parecer engraçado, mas a postura do super-herói tem benefícios para nós. Pode ajudar-nos a aumentar a confiança e a seguirmos em frente com nossa vida diária, mesmo diante de situações desafiadoras. Para alguns, trata-se do ingrediente secreto que fará toda a diferença entre um dia regular e um dia triunfante!

A disseminação da importância das posturas poderosas ocorreu na conferência TED Global em junho de 2012, quando Amy Cuddy, na sua apresentação, partilhou evidências convincentes acerca do impacto que as posturas de poder pessoal podem ter na gestão do estado emocional e no desenvolvimento da confiança.

A mensagem de Cuddy foi simples. Ela sugeriu que a nossa linguagem corporal influencia a forma como pensamos e sentimos sobre nós mesmos, e, consequentemente, a forma como movimentamos o nosso corpo pode ter um impacto nas nossas mentes. Por outras palavras, ao assumirmos uma postura poderosa, podemos realmente sentir que somos mais poderosos.

O estudo conduzido por Cuddy e seus colegas concluiu que, quando os participantes assumiram uma postura de poder expansiva durante pelo menos dois minutos, acabaram por se sentir mais fortalecidos e tiveram um desempenho melhor em entrevistas simuladas do que aqueles que não o fizeram.

É relevante compreender que a pesquisa de Cuddy trouxe-nos duas descobertas fundamentais.

A primeira foi a de que as pessoas que exibiram posições de poder elevado se sentiam mais poderosas do que aquelas que exibiram posturas fracas.

A segunda foi a de que as posturas poderosas alteraram a nossa bioquímica, ou seja, aqueles que manifestaram posturas expansivas revelaram um aumento na testosterona, hormônio associado ao poder pessoal e à dominância territorial, e uma diminuição no cortisol, associado à ansiedade e à dificuldade de adaptação a situações novas. Cuddy interpretou esses efeitos hormonais como mais uma evidência do aumento da sensação de poder.

Curiosamente, um estudo de dois pesquisadores da Universidade da Pensilvânia, que buscava replicar a investigação de Cuddy, falhou. Na investigação promovida por Joseph Simmons e Uri Simonsohn, a experiência com as mesmas condições e procedimentos foi repetida; no entanto, os resultados não foram os mesmos. Um ano mais tarde, as posturas poderosas voltaram a ser legitimadas por Cuddy e dois de seus colegas da Universidade de Harvard que, ao analisarem 55 estudos, demonstraram uma ligação entre posturas expansivas e sentimentos de poder.

Apesar de ainda existirem muitas perguntas sem resposta nessa área e de ser necessário realizarmos mais investigações, a adoção de posturas de poder pessoal pode ter consequências positivas em diversos domínios da nossa vida.

Por isso, a próxima vez que tiver de enfrentar um grande evento ou tarefa importante, enfim, um momento da verdade, adote a postura do Super-Homem ou da Mulher-Maravilha e imagine como estes personagens enfrentariam os seus maiores inimigos.

Convencidos disso, as ferramentas que temos à disposição, antes de brilhar no palco, são: afaste os pés na largura dos ombros, coloque as mãos nos quadris, mantenha a cabeça erguida com o queixo para cima e, por fim, expanda o peito. Mantenha essa postura por dois minutos respirando profundamente. Assim que terminar, procure identificar o que se alterou no seu estado emocional. Talvez você se surpreenda com o poder que guardava escondido.

Diante dos mais diversos processos de comunicação, existem outros instrumentos que podem tornar sua presença ainda mais poderosa: demonstre claramente, por meio do seu corpo, o desejo genuíno de se comunicar; direcione o tronco para o seu interlocutor — esse gesto demonstra intenção de interagir, de estabelecer conexão; mantenha a base do corpo firme, apoiada e a coluna ereta; volte o seu olhar para o olhar da pessoa com quem você estiver conversando; e, se houver mais de uma, quem sabe dezenas ou centenas, passeie pela plateia com o seu olhar para interagir e incluir todos naquele diálogo; adote uma expressão facial tranquila demonstrando acolhimento; faça gestos naturais da comunicação e evite elevar os gestos acima da linha do tronco — isso pode competir com a expressão facial, além de passar uma sensação de descontrole.

Seja poderoso:

1. Mantenha a base de seu corpo bem apoiada e estável.
2. Divida o peso do corpo de modo simétrico nas duas pernas.

3. Mantenha o tronco ereto e confortável.
4. Sentado, apoie os quadris de forma equilibrada.
5. Volte o tronco para o seu interlocutor.
6. Posicione os braços permitindo gestos naturais.
7. Se usar o microfone, mantenha-o à distância de um palmo da boca.
8. Se ele estiver na mão, mantenha o microfone imóvel.
9. Relaxe a face para permitir as mudanças de expressão.
10. Vista-se de acordo com a liturgia do cargo e do momento.

TENHA UMA VOZ PODEROSA

Os recursos vocais têm de estar sintonizados com a nossa intenção de comunicação e dão brilho ao "conjunto da obra". É a partir deles que valorizamos a palavra escolhida e fortalecemos o gestual que impactará nosso interlocutor tanto quanto a nossa postura. Da voz, esperamos tom apropriado, velocidade condizente com a situação, articulação precisa, ênfase e pausas a enriquecer o discurso.

Dê preferência a um tom que facilite a fluidez do diálogo e a um volume que respeite a distância entre você e seu interlocutor — em locais de muito barulho, há risco de se falar mais alto do que o necessário e invadir o espaço do outro. Sempre que usar recursos tecnológicos — microfone, por exemplo —, certifique-se de que a altura do som ocupará apenas o espaço entre você e seu interlocutor. O som tem de valorizar a mensagem; caso contrário, transforma-se em ruído.

Capriche na articulação. Isso se consegue com o movimento da boca para que as palavras sejam emitidas com clareza e precisão — parece óbvio, mas muitas pessoas costumam falar com a boca fechada, prejudicando a emissão do som e a pronúncia de letras, sílabas e palavras. Além de favorecer o entendimento da mensagem, transmite sensações de credibilidade e segurança.

Pessoas que tendem a falar com rapidez devem acentuar ainda mais a articulação, o que ajudará a não ultrapassar a velocidade permitida. Essa também é uma excelente ferramenta para quando você perceber que está cansado, o que nos leva a abrir menos a boca, tornando as palavras incompreensíveis.

Evite a monotonia, use ênfase nos trechos relevantes e faça pausas — isso contribui para manter a atenção do interlocutor. A ênfase é um destaque dado a um determinado trecho do discurso, a uma palavra que merece ser ressaltada ou a uma ideia que precisa ser bem absorvida. O critério universal para usá-la é identificar a parte mais importante da fala. A ênfase gera uma mensagem subliminar que faz com que o interlocutor compreenda nas entrelinhas o que envolve a questão abordada.

Imagine que um amigo faltou a um compromisso que havia combinado com você. Ao encontrá-lo no dia seguinte, incomodado, você fala: "Fui ao centro às seis da tarde, estava chovendo e VOCÊ não veio!" Ao enfatizar o "você", é como se, nas entrelinhas, estivesse dizendo: "Fiquei ainda mais chateado porque você, que é um grande amigo, fez isso comigo."

Seu incômodo poderia ter sido o deslocamento ao centro da cidade, em vez de a um shopping center onde ao menos estaria protegido da chuva. A frase segue sendo a mesma, a ênfase muda: "Fui ao CENTRO às seis da tarde, estava chovendo e você não veio!"

Qual é o critério de fala para a escolha da ênfase? É a importância do que quero priorizar. E para quem ouve? É o foco da resposta que oferecerá para atender à expectativa do interlocutor.

A pausa, por sua vez, exerce várias funções.

Separa em blocos de significados em sua função didática, pois facilita a assimilação do conteúdo da mensagem. Serve também para chamar a atenção para algo de interesse maior que será falado em seguida, é a pausa do suspense. Tem a função interativa: toda vez que falamos com alguém presencialmente, ao fazer pausas, abrimos espaços para o outro sinalizar se está compreendendo a mensagem. Pode ser um aceno positivo com a cabeça ou uma expressão de interrogação — nesse caso, ganhamos a oportunidade de falar a mesma coisa de outra forma. Além disso, quem fala sem pausar pode passar a impressão de que o outro não está sendo considerado naquela relação de comunicação.

A pausa é terapêutica, como vimos no capítulo da curva das emoções. Silenciar enquanto seu interlocutor reage com as emoções que estão no lado esquerdo da curva — negação, raiva, medo, tristeza e inflexão — é respeitar o espaço dele e impedir que interrupções malfeitas impeçam o avanço para um diálogo de tolerância e compreensão.

Se uso uma pausa que transmite a ideia de que estou procurando a melhor palavra para traduzir a minha mensagem, é um sinal positivo de um esforço para entregar melhor a informação. De forma alguma devemos buscar preencher o silêncio a qualquer custo e sair falando desgovernadamente.

Cabe fazer uma distinção — mais uma. A pausa plena, que cumpre todas essas funções, é diferente daquele espaço que surge quando há uma barreira verbal que passa a sensação de falta de convicção — e isso falamos anteriormente.

Muitas vezes, o que separa essas situações são sutilezas. Por isso, a primeira sugestão é saborear as pausas, usá-las como recurso de expressão no discurso. Entender que é natural, vez ou outra, parar para buscar a melhor palavra. Na maioria das vezes, a pausa não é tão grande quanto aparenta ser para quem fala.

Em termos práticos para um aprimoramento, vale gravar um trecho de uma fala sua e analisá-la. Ouvir um áudio um pouco mais longo no WhatsApp, por exemplo, com essa escuta crítica. Observe! Há uma tendência de preencher as pausas falando qualquer coisa? Volte a gravar a mesma fala cuidando mais das pausas plenas. Peça ajuda às pessoas ao seu redor que, talvez, até já tenham percebido algumas falhas na maneira de conversar com você, mas não se sentem confortáveis para fazer comentários.

Esses treinos fora de uma situação relevante de comunicação ajudarão você a se condicionar para falas mais envolventes. Se deixar para executar isso apenas na hora em que estiver num palco, numa reunião importante, numa entrevista, corre-se o risco de não dar conta de todos esses pontos. Sugerimos que qualquer situação mais corriqueira, da conversa com amigos a uma mensagem de áudio, seja vista como uma oportunidade de aprimorar a expressividade.

Nesse processo, certamente aparecerão sinais positivos, que devem ser valorizados para aumentar o potencial da nossa comunicação. Os negativos também surgirão e têm de ser encarados como oportunidades para aperfeiçoamento. Identificar as nossas fortalezas e as nossas fraquezas faz parte do processo de autoconhecimento. Desse modo, conseguiremos caminhar na direção de uma comunicação mais poderosa.

Seja poderoso:

1. Cuide da saúde vocal.
2. A hidratação é essencial.
3. Cigarro, jamais.
4. Evite bebidas destiladas.
5. Sucos cítricos aumentam a salivação e diminuem a sensação de boca seca.
6. Tenha um sono de qualidade.
7. Frutas duras preparam os músculos articuladores.
8. Distribua a ressonância do som na laringe, na boca e no nariz
9. Relaxe seu pescoço para garantir um tom de voz mais agradável.
10. Observe sua voz e explore suas variações e riqueza!

Leny Kyrillos
A minha voz tem o poder de mudar meu estado emocional?

"A voz sofre influências e também pode influenciar. Há uma pesquisa que pediu para pessoas lerem trechos de histórias de livros. Textos neutros, tipo: 'Eu fui até o fim da rua e lá eu encontrei alguma coisa.' Essas pessoas liam esses textos e, por meio de um fone de ouvido, se ouviam lendo de uma maneira distorcida. Elas não sabiam! O que o aparelho fazia? Eu dizia 'as pessoas voltaram para casa' de forma neutra; e escutava a mesma frase com um dos dois padrões: alegria ou tristeza.

Os pesquisadores descobriram que, quando você está falando e começa a se escutar de uma maneira tal, acaba incorporando aquele ajuste. No meio da gravação, os pesquisadores colocavam o retorno sem a distorção; mas, como as pessoas já estavam contaminadas por um sentimento, seguiam em frente no padrão para a qual forma induzidas.

E o mais curioso: quando acabava a leitura, essas pessoas foram perguntadas sobre como estavam se sentindo, e o grupo que ficou do lado do padrão da tristeza falava coisas do tipo: 'Ah, estou meio desanimado', 'Ah, não sei se ficou legal, se quiser, eu repito.' E o outro grupo: 'Nossa, estou me sentindo superbem, legal!' O que acontece? É o que a neurociência chama de biofeedback: meu estado emocional impacta na minha voz e a minha voz impacta no meu estado emocional."

14. Comunicação remota e de salto alto

A comunicação nunca foi fácil! Nem nos velhos tempos — sejam eles o que for em sua memória, que certamente o trai no instante em que, saudosista, remonta ao passado. Esquecemos a dificuldade que tínhamos para trocar informações; a distância entre a mensagem escrita em carta e a recebida pelo destinatário; a paciência para esperar a telefonista conectar a ligação entre dois pontos; e, quando os telefones ainda eram fixos, apesar de mais modernos, a necessidade de a pessoa que buscávamos estar na sala onde o aparelho tocaria.

A transformação tecnológica e o fácil acesso aos diversos canais de comunicação aceleraram os processos e aproximaram as pessoas; da mesma maneira que trouxeram efeitos colaterais, que, no diagnóstico do filósofo suíço Alain de Botton, fizeram da sociedade atual um bando de pessoas viciadas em notícias. Talvez a doença seja outra, apesar de a causa ser a mesma. A velocidade com que trocamos mensagens, relevantes ou não, nos causa uma ansiedade informacional, que se caracteriza pela pressa em enviar e receber, pela necessidade de consumir informações a todo momento, seja rolando a tela do celular e clicando freneticamente de um post a outro, seja escrevendo para diversas pessoas ao mesmo tempo.

Nesse cenário, as relações são mais virtuais do que presenciais em um modelo para o qual parte da humanidade foi forçosamente obrigada a aderir diante do impacto da pandemia. Por mais que as plataformas permitissem, as conversas ocorressem e as empresas explorassem os contatos à distância, via computador ou celular, o que antes era opção transformou-se em obrigação pela emergência dos fatos. Os escritórios se desconstruíram e o home office, até então alternativa no modelo de trabalho, foi imposto a funcionários que, muitas vezes, não tinham infraestrutura suficiente para a demanda que surgiu. A dramaticidade da situação exigiu que uma parcela significativa de profissionais achasse soluções para seguir realizando suas atividades num cenário completamente diferente do habitual. E sem treinamento prévio.

Reuniões de trabalho, desenvolvimento de projetos, encontros com parceiros de negócio, conversas e trocas de informações corporativas continuaram sendo realizados. Só que agora tudo on-line. Dessa forma tivemos de aprender a fazer coisas antigas de maneiras novas.

Anne Richards, que foi governadora do estado do Texas, em seu discurso na convenção nacional do partido Democrata, em 1988, fez uma analogia que ganhou fama e ilustrou os desafios enfrentados por homens e mulheres: "Ginger Rogers fez tudo o que Fred Astaire fez. Ela apenas fez isso de trás para a frente e de salto alto." A frase foi lembrada por Guy Itzchakov na apresentação de pesquisa sobre a "escuta de alta qualidade na era da covid-19" — da qual falaremos mais à frente.

Podemos tirar proveito da lembrança do investigador israelense para refletir sobre essa comparação que para ele é adequada ao tema da escuta e para nós pode ser ampliada para todo o processo de comunicação. Se compararmos nosso comportamento antes e depois da pandemia, estamos novamente trabalhando com os mesmos princípios, mas parece que estamos dançando para trás e de salto alto enquanto tentamos recuperar o equilíbrio da comunicação.

Se não, vejamos! No ambiente on-line, a busca segue sendo no sentido de usar de forma harmônica e coerente o verbal, o não verbal e o vocal. Todos unidos e sintonizados! Da mesma forma que no presencial. Mas... perdoe-nos pela adversativa... a comunicação remota tem as suas especificidades.

Em uma reunião na sede da empresa, você olha para a pessoa que fala, e alterna o olhar eventualmente para a tela em que estão projetados os slides. Alguém entra na sala, você desvia a sua atenção para a porta e observa a chegada, talvez cumprimente a pessoa. Em seguida, comenta algo com o colega ao lado. Esses vários estímulos mobilizam diferentes áreas do cérebro.

Quando estamos numa interação on-line, o nosso olhar está o tempo todo mirando o mesmo ponto. A área correspondente do nosso cérebro começa a entrar em fadiga. Daí as queixas de cansaço, de dificuldade de concentração e de memorização.

É importante considerar que estamos lidando com um tipo de contato para o qual não fomos moldados. Nós temos um cérebro social, que busca o tempo todo a conexão com o outro. Isso, inclusive, foi muito útil quando éramos seres pré-históricos. Na época em que andávamos pela floresta, ao perceber alguma aproximação, precisávamos entender com bastante rapidez se aquela situação nos ofereceria alguma ameaça.

Assim como temos um cérebro social, também somos seres sociais. O ser humano, ao nascer, já depende da ajuda do outro para sobreviver. Ajuda que muitas vezes se realiza pelo toque — esse que eliminamos nas interações remotas. A ciência ensina que o contato é uma necessidade vital porque constrói relações bem antes da linguagem. Recém-nascidos e crianças educados com essa proximidade e contato têm um desenvolvimento cerebral mais harmonioso, sofrem menos de estresse e têm sistema imunológico mais robusto. Por isso, o nosso cérebro busca conexões com as pessoas o contato interpessoal aprimora nosso desenvolvimento e nos traz mais felicidade. Conexão é fundamental. O nosso cérebro tornou-se extremamente apto a observar sinais.

Porém, numa relação mediada por uma tela, essa nossa capacidade de percebermos os sinais fica reduzida. Em vez das três dimensões do presencial, existe uma dimensão única.

Numa videoconferência, a intenção é clara! Aquele evento acontece por algum motivo relevante ou necessário. Que alguém entendeu ser importante. É uma interação em que se espera algum tipo de retorno de liderados, pares e superiores, assim como acontecia nas reuniões presenciais. Nessas, porém, éramos Fred Astaire; nas remotas, somos Ginger Rogers — que teve seu talento reconhecido sendo uma das atrizes mais bem pagas de Hollywood nos anos de 1940. Que a valorização do talento dela nos fortaleça no desafio de permanecermos sem cair do salto alto.

Leny Kyrillos
Com tantos recursos, por que nos comunicamos mal?

"Porque estamos perdendo uma condição essencial dos seres humanos: a empatia. Quando falo com você na minha frente, considerando que você é um ser humano que interage comigo, eu fico atenta aos sinais que você emite. Estudos recentes mostram que crianças americanas praticamente perderam a empatia, que está sendo ensinada nas escolas. Lá se usam de uma forma mais frequente robôs, aparelhos aos quais você pode dar ordens. Qual a orientação quando você vai ditar um texto para virar mensagem? Ser bem contundente. 'Acenda a luz!', 'Ligue o chuveiro!'. O que aconteceu? Essas crianças estão aprendendo a se comunicar de uma forma impositiva, sem considerar o outro. Elas têm dificuldade de perceber. A gente está se comunicando pior porque está deixando de exercitar a empatia, deixando de exercitar a função mor da comunicação, que é estabelecer vínculo, que é fazer conexão, que é gerar entendimento. Ao viver num mundo onde isso é pouco exercitado, a gente vai se distanciando dessa humanidade e perde capacidade. Os relacionamentos são rompidos por meio de uma mensagem."

SETE DICAS PARA REUNIÕES VIRTUAIS

Para nos mantermos equilibrados em nossa comunicação, mesmo em situações de distanciamento pessoal e relacionamento remoto, devemos explorar os três recursos da comunicação, potencializando-os diante das restrições e explorando as ferramentas disponíveis. Da mesma forma que a pandemia acelerou as pesquisas na saúde, os cientistas da comunicação investigaram o conhecimento disponível para explicar os instrumentos aos quais devemos recorrer para alcançarmos a excelência.

Um dos pesquisadores com importante produção nos anos pandêmicos foi Guy Itzchakov, sobre o qual nos referimos anteriormente. Em um estudo com a intenção de facilitar uma melhor escuta virtual na era pós-pandemia, Itzchakov e sua colega Jennifer Grau conversaram com gestores para conhecer suas experiências de liderança em ambientes virtuais e listaram sete desafios e recomendações:

1. Os limites do não verbal: as plataformas virtuais limitam o acesso ao comportamento da pessoa ou das pessoas com quem estamos conversando. O ângulo fixo da câmera impede ou restringe a interpretação de posturas e gestos que transmitem informações sobre emoções, interesses e necessidades. Dependendo da plataforma, ainda existem limites para o número de pessoas que aparecem na tela.

   Para superar essa perda do não verbal, coloque foco adicional nas pistas vocais. Por exemplo, após discutir um tema, observe se a fala da sua equipe parece entusiasmada (rápida, com variedade vocal e com poucas pausas) ou hesitante (lenta, mais monótona e com longas pausas). Na dúvida, pergunte como o seu colega se sente.
2. A tela vira espelho: uma consequência desanimadora da interação virtual é ver a nós mesmos enquanto falamos e

escutamos. Isso é semelhante a interagir na frente de um espelho e tira a nossa atenção do falante.

Antes da reunião, explore as configurações da câmera e da plataforma, algumas permitem que você "se esconda de você mesmo" enquanto os outros o veem. Uma gambiarra salvadora: coloque um post-it sobre sua imagem para prestar atenção na reunião e não no estado do seu cabelo.

A propósito do alerta de Itzchakov e Grau, você pode usufruir do efeito tela-espelho à medida que ultrapasse o desconforto da própria imagem. Transforme-o em oportunidade para exercitar sua comunicação não verbal. Aproveite para explorar seus gestos, suas mãos e suas expressões faciais, e experimentar novos movimentos para ilustrar a sua narrativa. A repetição de gestos pode desconcentrar e cansar a plateia. Diversifique o seu repertório gestual e aproveite o fato de ter um feedback em tempo real!

3. Sinais vocais limitados e distorcidos: problemas no áudio, desde o som baixo até eco e falta de sincronia entre voz e visual, acontecem em reuniões virtuais. Em lugar de interromper o encontro, os ouvintes lutam para entender o que está sendo dito e temem ser rudes pedindo para que o falante repita sua informação.

Escolha compreensão sobre polidez. Se em uma reunião presencial pedir para a pessoa repetir as últimas palavras pode parecer, às vezes, falta de atenção; na virtual, demonstra compromisso com a escuta efetiva. Não se acanhe, peça. É provável que outros colegas também não estejam entendendo; mas, para não parecerem mal-educados, fiquem em silêncio — e sem a informação.

Para melhorar a qualidade do som, solicite às pessoas que fechem os aplicativos desnecessários e, dependendo do caso, desliguem as câmeras ou refaçam a conexão, talvez em outra sala de reunião ou plataforma. É muito ruim quando, em vez de nos concentrarmos na interpretação e na análise crítica, estamos nos esforçando para simplesmente ouvir um som.

4. Sem intervalo para pensar: a facilidade de sair de uma reunião para outra sem deixar a frente do computador encurtou o intervalo e eliminou o tempo que as pessoas podiam relaxar e, consciente ou inconscientemente, aproveitavam para sintetizar as ideias da reunião anterior e preparar a próxima.

   Tente não ser refém da sua agenda. Considere reduzir o tempo das reuniões: cinquenta minutos em vez de uma hora; são dez minutos a mais para você se movimentar, alongar, tomar café, se hidratar e refletir. Nossos corpos não foram feitos para ficar sentados em frente a uma tela por horas a fio.

   Nos cinco minutos antes de sua próxima reunião, liste os pontos que pretende falar ou as perguntas que espera que sejam respondidas. Isso o torna um orador melhor e permite que você se concentre em ouvir com mais facilidade.

5. Use novos métodos para engajar e estimular: é muito mais difícil promover a discussão em grupo quando os participantes estão na frente dos computadores. As pessoas podem desligar suas câmeras; além disso, é quase impossível saber se estão assistindo à reunião, respondendo a e-mails ou navegando na internet.

   Use os recursos da plataforma para estimular a participação; há profissionais que preferem escrever do que falar, então convide-os a participarem pela sala de bate-papo. Considere dividir a reunião em interações em pequenos grupos utilizando salas temáticas — funcionalidade de algumas plataformas. Discussões em grupos menores tornam mais fácil para a maioria das pessoas ouvirem umas às outras.

6. Isolamento e perda de conexão humana: a comunicação virtual não oferece a mesma conexão humana que a presencial. Isso resulta em sentimentos de isolamento e solidão.

   Faça do contato com cada membro da equipe uma prioridade. Agende algum tipo de conversa individual, seja uma ligação telefônica de 15 minutos, bate-papo por vídeo, seja até mesmo uma troca de e-mail com foco em "como estão as coisas?".

   Inicie as reuniões com uma pergunta rápida ou solicitação para medir a temperatura do grupo. Isso não apenas dá uma noção de como as pessoas estão se saindo, mas também fornece um tempo para resolver problemas técnicos para aqueles que têm desafios ao fazer login, sem perder o objetivo da reunião.

7. Lidando com a emoção: a comunicação virtual e as dificuldades associadas podem ter um custo emocional. Exaustão, raiva, frustração, irritação, constrangimento e até solidão são partes invisíveis do nosso ambiente de trabalho. Os desafios de áudio provocam incômodos semelhantes àqueles que as pessoas se sentem quando são interrompidas ou cortadas durante conversas pessoais. As câmeras são desligadas como uma rotina defensiva para evitar o constrangimento associado à arrumação e à aparência. Apesar dos desafios que a comunicação virtual apresenta, a necessidade de conexão, de se sentir ouvido e compreendido, persiste e pode ser exacerbada.

   Preste muita atenção às dicas não verbais que você recebe durante as reuniões. Faça pleno uso de boas perguntas, reflexões e habilidades de reconhecimento. Faça pausas quando puder. Use a melhor tecnologia e conexão disponíveis para você.

Os líderes precisam ter empatia no momento em que problemas aparecerem. Diante da dificuldade do áudio, por exemplo, diga: "Eu sei que o eco, o feedback, a distorção etc., tudo isso é irritante e torna muito difícil ouvir e manter o foco." Em seguida, dê opções: "Queremos reagendar, tentar sair e entrar novamente, trocar de plataforma, fazer uma teleconferência, perseverar."

E MAIS ALGUNS CUIDADOS

Fomos buscar na experiência de cada um de nós e nos contatos diários que temos com executivos, gestores e profissionais da comunicação outras recomendações que nos ajudem a tornar mais produtivos e saudáveis os encontros remotos. Separamos as sugestões por recursos para facilitar a sua visualização e absorção das mensagens; considere, porém, que é ao conjugar em um mesmo tempo o vocal, o verbal e o não verbal que alcançaremos os melhores resultados. Da mesma forma, perceba que muitas das afirmações que faremos são verdadeiras em todo e qualquer ambiente, virtual ou presencial. Porque, independentemente do meio tecnológico que iremos explorar para levar nossa mensagem adiante, a autonomia de como ocuparemos esse espaço é nossa. E relembrando o que nos ensinou Chris Anderson: "É a dimensão humana que transforma informação em inspiração."

NÃO VERBAL

Em encontros virtuais, é preciso tomar cuidados básicos em relação ao local de onde se vai falar. Esteja em um ambiente em que você se sinta confortável. Se houver mais pessoas na mesma sala, avise a todas sobre seu compromisso e peça a colaboração delas em relação especialmente ao silêncio.

Mantenha todas as coisas necessárias por perto. Não apenas aquelas para o andamento da reunião, como materiais, relatórios, mas também itens que garantam conforto durante a interação, como garrafa de água, lenços de papel e controle remoto do ar-condicionado. Isso aumenta a segurança e evita ter de se levantar durante a reunião para procurar alguma coisa.

Fique alerta em relação ao cenário; tenha certeza, os outros estarão atentos. Nada escapa da visão alheia. Evite objetos que desviem o foco da conversa. E lembre-se de preservar sua privacidade atentando para fotos, documentos ou outros objetos de interesse pessoal que possam causar algum constrangimento se estiverem à vista.

Se necessário, use as ferramentas das plataformas que permitem o desfoque da imagem ao fundo. Mas cuidado com aquelas que geram imagens artificiais, pois se a iluminação, a câmera ou a conexão não forem boas, poderão causar distorção na sua imagem.

O importante é que você se destaque no vídeo sem a concorrência de diversos outros elementos. Para tanto, uma iluminação adequada ajuda a criar a sensação de conforto e valoriza sua imagem no vídeo.

Privilegie webcam com lentes grande-angulares ou use a câmera do celular, que costuma ser de melhor resolução e, sobretudo, permite colocar na tela um cenário maior do que as câmeras convencionais dos computadores portáteis. Dessa forma é possível explorar toda a parte superior do corpo, incluindo as mãos e os braços e não apenas o rosto.

Coloque a câmera do computador à altura do seu rosto para evitar um olhar de superioridade. Se a câmera estiver sobre a mesa, o mais provável é que você olhe de cima para baixo, o que transmite um poder negativo na relação, pois passamos a mensagem de que estamos em uma posição de superioridade.

Tenha certeza de que sua imagem está centralizada, de que o espaço entre o topo da imagem e a sua cabeça está equilibrado.

Olhe para a câmera como se olhasse para o rosto do seu interlocutor. E sorria. Ao agir dessa maneira, estamos enviando um convite eletrônico para que o outro se conecte emocionalmente conosco.

Para não cair na tentação de ficar olhando para outros pontos da tela, coloque um post-it atrás da câmera com uma mensagem positiva, de forma a chamar a atenção do seu olhar e gerir melhor as suas emoções.

Os gestos são componentes fundamentais e uma das formas de destacá-los é ficar um pouco mais distante da câmera garantindo que seu movimento seja observado pelos outros. Atenção: evite grandes oscilações do corpo — como balançar de trás para a frente ou para os lados —, o que causa desconforto para quem está assistindo.

Com os limites da imagem, sua expressividade se concentrará no rosto e nas mãos. Se usarmos os gestos com consciência, progressivamente, vamos nos portar com maior naturalidade.

Lembre-se de que o gesto da palma da mão para cima pode transmitir transparência e abertura. O gesto da palma da mão para baixo pode comunicar autoridade sobre o tema. O gesto da bolsa da sabedoria, que consiste em juntar os dedos de uma mão com os da outra formando uma configuração que nos faz recordar a torre de um sino, pode transmitir autoconfiança.

Observe como as pessoas estão se portando durante a reunião. Isso ajuda a ordenar a participação de cada integrante.

António Sacavém
Com tanta informação, por que nos comunicamos mal?

"Isso é um problema gravíssimo porque eu já não consigo com a clareza de quarenta, cinquenta, sessenta anos atrás distinguir o que é o bem e o que é o mal. Parece que o bem e o mal, no meio disso tudo, se tornam uma noção difusa. Isso, para mim, é o início de algo muito perigoso, quando nós já não temos noção de que existem princípios universais e atemporais que representam o bem — a amizade, o amor, a compaixão — e princípios universais e atemporais que representam o mal — o ego, o afastamento, a opressão.

Qual é a cultura no mundo que desafia isso? Me parece que essa cultura torna tudo mais difuso e, com isso, surgem fenômenos da política, que, para alguns de nós, parecem totalmente despropositais, mas que se justificam à luz dessa teatralização cada vez maior. Porque apenas é preciso haver teatro, independentemente de esse teatro ser verdadeiro ou falso. Há tanta informação competindo pela minha atenção que é muito fácil eu me perder, me sentir ludibriado, quase que drogado, quase que numa hipnose coletiva, que são as notícias constantes, que é a agenda do dia a dia e tal. Essa hipnose me afasta da minha essência, daquilo que é verdade, daquilo que é o propósito. Estou sempre na agenda de um outro qualquer, que quer me puxar e me sugar para essa dinâmica, para esse teatro."

VERBAL

As palavras e as frases devem ser ainda mais valorizadas e ditas com clareza à medida que o não verbal desaparece ou tem impacto reduzido na transmissão remota. Por descuido ou falta de treinamento, tendemos a falar remotamente como falamos presencialmente. Nessas situações, o verbal precisa ser usado com cuidado, consciência e preparo. Expresse com palavras, verbalmente, aquilo que o corpo deixou de falar. Siga à risca o mantra da boa comunicação: seja simples, direto e objetivo expressando com precisão e clareza sentimentos e desejos.

O responsável pela condução da reunião deve explicar como será o encontro, quais os objetivos e o tempo de duração. Combine com os demais participantes como e quando poderão ser feitas as intervenções com perguntas ou comentários. Aliás, como deve ser em todo e qualquer tipo de reunião.

A objetividade é um fator decisivo nos contatos virtuais. Se a reunião se estender, durar mais que o necessário, geram-se ansiedade e impaciência, além de se causar desgaste físico e mental. Respeite o tempo do outro.

Seja firme na forma e aberto nas ideias. Firme no sentido de explicar como será o encontro e aberto no sentido de acolher as diferenças, eventuais resistências e novas ideias.

Ao fim, para reforçar, esclareça o que se espera dos outros membros da reunião.

VOCAL

Prezar pela qualidade do som, seja com boa conexão de internet, seja com microfone apropriado, elimina parte dos ruídos que tendem a competir com a sua voz. Microfones acoplados em fones de ouvido podem causar ruídos se tiverem contato com a roupa ou outros acessórios.

Apesar de você estar distante fisicamente das pessoas, o som que emite está muito próximo delas — muitas talvez estejam ouvindo com fones. Portanto, não é preciso falar mais alto do que de costume. Se o sistema de som é bom, sua voz será captada por todos. Se for ruim, gritar só vai causar mais irritação.

Capriche na articulação das palavras para superar a barreira do distanciamento. Movimentar bem a boca traz mais clareza e constrói uma percepção de credibilidade. Tendemos a acreditar mais em quem tem a fala mais bem articulada.

Evite um tom de voz monótono, sem variação. Enfatize as palavras dos trechos mais importantes da mensagem. E, se necessário, repita esses trechos.

Mesmo que a palavra esteja com você, a pausa pode ser o momento que permite aferir a receptividade do outro, seja com um gesto afirmativo balançando a cabeça, seja em um gestual de inquietude, que pode sinalizar dúvida ou incompreensão.

THOMAS BRIEU
COMO LIDAR COM O EXCESSO DE INFORMAÇÕES QUE RECEBEMOS?

"É um exercício sem fim. Riqueza de informação provoca uma pobreza de atenção. Quanto mais informações, mais difícil fica lidar com todas elas e mais pobre vai ser a nossa atenção. Antes, a escassez estava nos fatores de produção e no investimento. Hoje, a escassez está na escuta do consumidor, das pessoas. Você me pergunta como eu consigo selecionar. Aí surge um grande dilema porque, como a nossa seleção é baseada em emoção, local e narrativa, existem pessoas que ficam selecionando por nós. Porque elas nos conhecem bem. Pelo nosso rastro digital na internet, deixamos claro o que nos provoca emoção, do que gostamos. Temos a sensação de ter um livre-arbítrio com isso, quando existem algoritmos e especialistas que juntos elaboram o *storytelling* que capta a nossa atenção. É a contação de história que usa esses elementos: emoção, local e narrativa para que nos lembremos daquela parte da história que elas querem nos fazer recordar."

Estamos sendo manipulados?

"Eu preciso me conhecer um pouco mais do que o sistema me conhece. É nisso que o escritor israelense Yuval Harari insiste: precisamos nos conhecer um pouco mais para evitar que outros invadam a nossa mente. Isto requer um esforço de autoconhecimento, de concentração. Ele fala de meditação, de *mindfulness*... então, é ter um exercício de presença, de atenção. Tem a ver com tudo que escutamos falar sobre atenção."

O QUE PODEM AS MÁSCARAS NOS ENSINAR?

Coube ao francês Claude Lévi-Strauss, em seus estudos com grupos indígenas na costa nordeste do Pacífico, provocar no campo da lógica, e não apenas das artes, como se imaginava inicialmente, o pensamento sobre os enigmas que a etnologia não se atrevia a responder: o que podem as máscaras nos ensinar? A pergunta, feita em análise do livro *La Voie des Masques* (Plon, 1979) pelo também antropólogo brasileiro Roberto Cardoso de Oliveira, é tão instigante agora como foi lá atrás.

Diante da experiência que a humanidade enfrentou desde o início da pandemia da covid-19, em março de 2020, é provocador o pensamento sobre o que diria atualmente Lévi-Strauss, que escreveu que "... uma máscara não é inicialmente o que ela representa, mas o que ela transforma". Estaríamos ou estamos diante de uma transformação cultural em que máscaras, antes de significarem uma expressão de arte, salvam vidas e revelam o caráter do indivíduo diante do coletivo? Com a palavra, antropólogos, etnólogos, estudiosos das culturas e investigadores das coisas da humanidade.

A nós, especialistas em comunicação, nos interessa agora entender como vão interagir com os outros aqueles que mantiverem o hábito de encobrir boca e nariz com máscaras. Ao longo da pandemia, assim se relacionou a humanidade. A maioria de nós foi apresentada a esse acessório, que nos países ocidentais geralmente está ligado ao cotidiano de profissionais de saúde ou trabalhadores em funções insalubres. No Oriente, em especial no Japão, vestir máscaras para evitar que uma pessoa doente contamine as demais é algo cultural. O hábito teria se iniciado no Período Edo, que se estendeu de 1603 a 1868 — quando a máscara, na época feita de pedaços de papel ou ramos de uma planta, tinha a intenção de impedir que se expelisse o "hálito sujo". O instrumento se transformou em proteção sanitária entre os japoneses, no início do século 20, durante a pandemia da Gripe

Espanhola. Foi quando as pessoas assumiram a máscara como parte de seus costumes em uma demonstração clara da crença que tinham na ciência.

Curiosamente, não foram os japoneses que introduziram a máscara como recurso de proteção sanitária coletiva, mas os chineses! A partir da obstinação do médico Wu Lien-teh, nascido na Malásia, que, em 1910, identificou que uma pandemia desconhecida no norte da China era provocada pela peste pneumônica, que poderia ser transmitida pela expiração e por fluidos humanos, contrariando a sabedoria ocidental, na qual se considerava que a responsabilidade era das pulgas que transmitiam a doença. Entre as várias medidas de proteção criadas pelo doutor Wu, a mais revolucionária foi o incremento de máscaras cirúrgicas feitas à base de algodão e gaze, às quais acrescentou camadas de tecido para filtrar as inalações. Foi a salvação!

O uso das máscaras foi, também, uma das medidas mais eficientes para se reduzir a transmissão do Sars-Cov-2 na pandemia. É difícil saber se a proteção fará parte do cotidiano de toda a população — só o tempo dirá. Há médicos que acreditam na possibilidade de as máscaras passarem a fazer parte do nosso dia a dia da mesma maneira que ocorre no Japão. Mesmo que não seja obrigatória, seria utilizada por pessoas que tenham contraído alguma doença respiratória — gripe, faringite, bronquite, por exemplo. Andar com uma máscara na bolsa ou no bolso poderá ser tão comum quanto foi o uso de lenços de tecido, principalmente por homens, e que perderam a utilidade pelo motivo de os lenços descartáveis serem mais higiênicos.

O que, então, as máscaras nos ensinaram, ao menos do ponto de vista da comunicação?

Conversar com a boca e o nariz cobertos foi mais um dos desafios que a pandemia impôs à comunicação. A máscara esconde metade do nosso rosto e já aprendemos que a nossa expressão facial é uma forma não verbal de comunicação extremamente importante e por meio da qual identificamos muitos sinais do nosso interlocutor. Além disso, pesquisadores de universidades de Nova York e de Israel identificaram que a máscara simples abafa cerca de 3 a 4 dB (decibel) do volume da nossa voz, e até 12 dB se for máscara do tipo N95 — as que mais protegem. A título de referência: o limiar da audição começa em 10 dB, que é o volume da respiração, e vai até 140 dB. Uma conversa em tom normal atinge 50 dB.

Para quem fala, a sensação de esforço é maior e, consequentemente, de mais cansaço. Há também a dificuldade de se fazer entender. Para quem ouve, há uma redução na sensação de proximidade na conexão com o outro. Por isso, é comum termos que repetir o que falamos ou pedir para que o nosso interlocutor repita — nossos ouvidos estão acostumados com outro padrão de som.

Considere ainda que tudo o que não podemos demonstrar pela nossa expressão temos de verbalizar. Ou seja, para transmitir o prazer de receber o outro, a satisfação por servir e o sorriso que revela alegria, temos de recorrer ao verbal. Quanto ao não verbal, diante do rosto escondido e as microexpressões faciais limitadas, temos de valorizar a expressão do corpo como um todo. A inclinação, a forma de se movimentar, de se aproximar e de se afastar do outro.

Se a máscara esconde tanto quanto nos protege, precisamos encontrar outros instrumentos para sermos transparentes. O mundo precisa como nunca de compreensão, acolhimento, clareza e entendimento. Precisamos cada vez mais valorizar o contato, a solidariedade e o amor. Mascarados, protegidos e protegendo, que sejamos transformados — como imaginava Lévi-Strauss — e capazes de disseminar esses valores por meio de uma comunicação humana que atinja e impacte todos ao redor nessa onda de proximidade e conexão.

Seja poderoso:

1. Use máscaras que se ajustem no seu rosto.
2. Verbalize seus sentimentos.
3. Lembre-se: toda a nossa expressão estará concentrada nos olhos.
4. Reforce o olhar nos olhos do outro durante toda a conversa.
5. Fale um pouco mais alto do que de costume.
6. Capriche ainda mais na articulação das palavras.
7. Faça pausas regulares para garantir a clareza da mensagem.
8. Enfatize os trechos mais importantes.
9. Se não entendeu, sem constrangimento peça para repetir.
10. Mentalize o desejo genuíno de interagir.

NO VIRTUAL, ATENÇÃO À PALAVRA PROPRIAMENTE DITA

A comunicação remota se realiza muito além das fronteiras das plataformas de videoconferência. Antes mesmo da efervescência do home office e das reuniões virtuais, trocávamos informações em alta velocidade e com ansiedade pelos serviços de mensagens eletrônicas, que provocaram uma revolução na maneira de conversarmos com nossos colegas de trabalho, amigos e parentes. Não que fosse uma novidade no século passado contatos à distância. O telefone fixo já nos proporcionava essa sensação de interagir com pessoas que não estávamos vendo, apesar de nos permitir sentir e saber pelo que a voz e a palavra nos indicavam. Os celulares também. É verdade que, com o avanço tecnológico, a ligação telefônica deixou de ser prioridade, e o aparelho ganhou centenas de funcionalidades.

Muitas trocas de informações no cotidiano digital têm duas características que precisam ser examinadas. A primeira é que o recurso verbal tem sido mais explorado do que o vocal. A segunda é que a comunicação sincrônica perdeu espaço para a comunicação assincrônica. Entender como isso impacta nossas relações oferecerá a cada um de nós um potencial incrível de melhora nos relacionamentos.

Comecemos pela palavra. Esse recurso domina a troca de informações por serviços de mensageria, como é o caso do WhatsApp, o mais popular, com cerca de 2 bilhões de usuários ativos no mundo, conforme números de 2021. Apesar de ter aumentado a preferência pelo uso do envio de voz desde que o aplicativo ativou essa funcionalidade, em 2013, o texto ainda é a vedete.

Um levantamento da plataforma de pesquisa digital MindMiners, feito no Brasil em 2020 por encomenda da revista *Exame*, mostrou que 56% das pessoas gostam ou gostam muito de enviar áudios, e 57% de recebê-los. Em compensação, mais de 80% dos participantes da pesquisa disseram ter as mensagens tradicionais como meio de comunicação preferencial. Se projetarmos esse percentual no número total de usuários do serviço no país, são 96 milhões de pessoas digitando em seus celulares e recorrendo à palavra, esse recurso que pode ser tão rico e poderoso quanto frio, rápido e impessoal.

A comunicação escrita depende exclusivamente do valor da palavra; não há ênfase, entonação ou gestos para se fazer entender. É o preto no branco! Se um simples "olá" dito pode ser entendido de diversas formas conforme a intenção vocal, o "olá" escrito é apenas mais um "olá". Se é feliz, triste, acolhedor ou formal, o desenrolar da conversa dirá. Sem a ajuda do vocal e do não verbal, a palavra tem de ser precisa quando usada, especialmente nas conversas corporativas. Em família, tende-se a corrigir o mal-entendido sem que o prejuízo represente a perda do emprego ou do status profissional diante dos colegas. Quando muito, deixamos de ser convidados para o almoço de domingo.

Mario Quintana, poeta brasileiro, maestro das palavras em seu tempo, que se encerrou antes da existência do telefone celular, acusava a dificuldade que se enfrenta quando temos a palavra como único recurso: "A gente pensa uma coisa, acaba escrevendo outra e o leitor entende uma terceira coisa... e, enquanto se passa tudo isso, a coisa propriamente dita começa a desconfiar que não foi propriamente dita."

O problema da comunicação escrita da forma como é feita, especialmente pressionada pela velocidade proporcionada pelas redes sociais, é que continuamos escrevendo como falamos. Esquecemos que voz e corpo desaparecem. E queremos que nosso interlocutor entenda perfeitamente nossas intenções. Não vai! Quando nossa voz e nosso corpo se tornam invisíveis no processo de comunicação, a mensagem será interpretada de acordo com o estado de espírito, o sentimento e suas suposições do interlocutor. O controle está nas mãos do outro.

Estar consciente dessa ausência de corpo e voz é o primeiro passo para reaprendermos a falar por meio da escrita. Enriquecer nosso vocabulário, redobrar o cuidado com a grafia das palavras e caprichar na expressão de nossas intenções e emoções são instrumentos primordiais para que a comunicação seja eficiente e poderosa.

Para nos salvaguardar da deficiência na escrita, surgiram os emoticons, que têm nome autoexplicativo: ícones de emoção. São signos de imagem digital que surgiram como alternativa de interação descomplicada, informal e lúdica, consequentemente mais atrativa, escreve a mestre em semiótica Audrey Danielle de Brito. Um recurso validado na informalidade dos diálogos, mas ainda pouco aceito no ambiente corporativo, apesar de haver linguistas, como a americana Gretchen McCulloch, que veem as linguagens acadêmica e científica como caminhos naturais dos emojis. Pouco provável, se considerarmos que nesses ambientes há espaço para se explorar a riqueza da palavra.

O segundo aspecto para o qual queremos chamar a sua atenção atinge a essência da comunicação interpessoal, que é um processo interativo de ações e reações com uma sucessão de retornos recíprocos. Uma dinâmica que é influenciada pelo tempo que essa reciprocidade se realiza.

Nas interações presenciais, a comunicação é sincrônica. É imediata. Ocorre ao mesmo tempo. Pergunta e resposta. Argumento e contra-argumento. No popular, "bateu, levou!". Um perigo se não estivermos devidamente preparados para o ritmo que esse diálogo exige. Se, por exemplo, não dominarmos a prática da escutatória que nos oferece subsídios para absorver a mensagem em sua plenitude e, no tempo apropriado, oferecer uma resposta. Uma bênção, se considerarmos o diagnóstico de ansiedade informacional que atinge a saúde da sociedade contemporânea.

Essa dinâmica se transforma de acordo com o meio em que a mensagem é transmitida. No e-mail, nos serviços de mensageria e outras ferramentas de comunicação mais voltadas ao ambiente digital corporativo, a comunicação vira assíncrona. Perdemos o controle em relação ao tempo de resposta. Perguntamos, reclamamos, pedimos e comentamos. O que nos resta? Esperar! E com a espera, vêm a ansiedade, a angústia e a insegurança. Podemos usar nossa autoridade e exigirmos resposta imediata. Mesmo assim, estaremos diante de uma situação de pressão e estresse que prejudica interações de qualidade.

Ao profissional distante do escritório e do contato direto com sua liderança, a comunicação assíncrona exige tomadas de decisão autônomas. É preciso desenvolver a capacidade de autogestão, conforme algumas escolhas precisam ser feitas no momento imediato.

Para ambas as partes, a objetividade e a clareza da mensagem escrita se fazem necessárias no sentido de reduzir o risco de atrasar o fluxo de trabalho pelos mal-entendidos e demora na ação e reação que são essenciais na comunicação. Uma mensagem enviada por e-mail ou WhatsApp pode, naturalmente, demorar para ser respondida. É uma comunicação assíncrona. Um tempo que será ainda maior tanto quanto for a incapacidade do mensageiro de registrar por escrito sua demanda. O modelo assíncrono é mais lento e, por isso, precisa ser ainda mais efetivo do que o síncrono.

Outro prejuízo que se tem nas comunicações assíncronas é a perda das reações espontâneas, o que, dependendo da situação, pode ser visto como vantagem, pois temos tempo de ler, refletir, escrever e, se for o caso, apagar e reescrever. Ou silenciar para evitar um mal maior.

Cada meio, uma mensagem:

1. Mensagem de texto: serve para conversas transacionais e operacionais que não exijam negociações complexas. Enviar arquivos apenas de uso imediato.
2. Mensagem de áudio: informações mais complexas; são registradas com o reforço das emoções e intenções; diminuem chance de mal-entendidos; devem ser enviadas com duração de até um minuto com atenção para serem simples e objetivas; se passar disso, sempre se tem o recurso de ouvirmos em velocidade maior, mas pense em respeitar o tempo do seu interlocutor.
3. E-mails: importantes para registros e armazenamento de informações; servem para anexar arquivos e informações complexas; perdem eficiência em comunicados que exigem brevidade na pergunta e resposta.
4. Conferências remotas: necessárias para negociações; ideais para ter feedback e respostas em tempo real; o corpo se transforma em aliado dos demais recursos da comunicação.

O distanciamento presencial provoca o desaparecimento do corpo e de boa parte de sua expressão; nossos sentimentos e emoções são testados diante das novidades impostas ou adquiridas tanto quanto das perdas de interação social; a intermediação da tecnologia, que limita por um lado, oferece novas oportunidades e agilidade nas relações. Essa realidade frágil e ainda incompreensível, que tende a se expandir para cenários virtuais ainda mais complexos, requer um reaprendizado na forma de se comunicar e reforça a necessidade de explorarmos toda a capacidade que os recursos da comunicação nos proporcionam.

O QUE A GENTE AINDA NÃO FALOU E DEVERIA TER FALADO?

Leny Kyrillos

"O nosso corpo não foi feito para falar. A necessidade da comunicação é algo tão premente, tão importante nas nossas vidas, que, por nossa conta e risco, adaptamos órgãos e estruturas para buscar essa comunicação. É ela que nos humaniza, que nos faz seres humanos. É uma das únicas coisas que nos diferencia dos animais, essa comunicação da forma como a gente entende e avalia. Temos que ter sempre em mente a vontade e o desejo genuíno de nos fazermos entender, de nos aproximarmos efetivamente. E devemos fazer isso com o espírito da vontade dessa interação a partir de uma escuta empática e ativa do outro, de quem é o outro, das necessidades do outro e de uma intenção clara de gerarmos esse entendimento buscando por meio de todos os recursos que existem — verbais, não verbais, vocais — um uso coerente e harmônico para atingirmos esse grande objetivo. Para que possamos nos entender!"

António Sacavém

"Há uma pergunta que me parece interessante: até que ponto é possível nessas questões distinguirmos a verdade da mentira? As pessoas têm muito aquela coisa de que com esta ciência ganha-se a possibilidade de ter uma bola de cristal à frente e, a partir daí, começam a perceber claramente quando estão dizendo a verdade ou a mentira. Cada vez mais, a ciência diz o contrário. Não é a procura da mentira, é a procura da verdade! O ser humano treinado é relativamente bom até para a verdade. O ser humano treinado ou não treinado é sempre ruim até para a mentira."

Thomas Brieu

"Quando eu trabalho a comunicação humana, de alguma maneira também falo de ecologia da linguagem. Trabalhar a comunicação humana e diminuir o espaço entre as pessoas são o primeiro passo para a sustentabilidade. Como eu vou lidar com os outros reinos — vegetal, animal e mineral — se eu não consigo lidar comigo mesmo, que faço parte do reino humano?

Se eu trabalho escutatória, comunicação, é porque vejo que este caminho de empatia é o que vai fazer com que eu tenha empatia não apenas com as abelhas e com os animais fofinhos, mas também com as minhocas, com os mosquitos, com os fungos e as bactérias de que tanto precisamos. O que me deixa inconformado é o quanto estamos cegos em relação às outras formas de vida à nossa volta e aos mecanismos de interação e cooperação entre elas. Começar pela comunicação humana, com empatia para lidar com as diferenças é o primeiro passo nessa direção."

15. Como a inteligência artificial transforma nosso diálogo

Em tempos antigos, nossa comunicação se baseava em histórias contadas ao redor do fogo e mensagens transmitidas por emissários. Com o passar dos séculos, evoluímos para manuscritos, prensas de impressão, telégrafos, rádio e telefones. No entanto, a era moderna, com a internet e dispositivos móveis, trouxe revoluções que alteraram radicalmente nosso diálogo, aproximando culturas e expandindo horizontes.

A inteligência artificial (IA) já se insinuava neste panorama evoluindo silenciosamente ao longo das décadas. Apesar de o assunto ter se popularizado recentemente, essa tecnologia vem sendo trabalhada desde os anos de 1950. Seu nascimento oficial deu-se em agosto de 1955, quando o termo surgiu em documento assinado por quatro pesquisadores em uma proposta para formação de um grupo de cientistas que, no verão seguinte, se reuniriam no Dartmouth College para explorar se a inteligência humana poderia ser tão precisamente descrita que máquinas poderiam ser programadas para simular suas funções.

Sua evolução foi lenta como costumam ser as ideias tecnológicas que revolucionam os tempos porque, a partir de sua concepção, precisam encontrar as condições apropriadas para se desenvolverem e impactarem a forma de se viver. No início, a capacidade de computação representou o primeiro grande obstáculo para o desenvolvimento da IA. As máquinas iniciais eram limitadas em termos de poder de processamento, o que restringia os avanços e as aplicações práticas da inteligência artificial. Com o advento e a evolução dos microprocessadores e, posteriormente, da computação em nuvem, a IA teve o impulso necessário para realizar operações complexas em frações de segundo, pavimentando o caminho para aplicações mais avançadas.

Entretanto, a mera capacidade de computação não era suficiente; a IA também precisava de uma vasta quantidade de dados para "aprender" e operar eficientemente. Assim, a crescente digitalização e interconexão do mundo moderno alimentaram esta necessidade fornecendo uma quantidade quase infinita de dados para treinar, otimizar e aperfeiçoar algoritmos. E, por fim, para que a IA realmente se consolidasse e se transformasse, era fundamental que ela fosse facilmente acessível e utilizável. Interfaces intuitivas, integrações suaves com outras tecnologias e plataformas amigáveis trouxeram a IA para o cotidiano das pessoas e empresas, permitindo que suas potencialidades transformadoras fossem plenamente realizadas.

Foi justamente no último ano, coincidindo com o lançamento da primeira edição deste livro, que um grande marco se estabeleceu permitindo que a IA deixasse de ser domínio de alguns para oferecer oportunidades a todos ou quase todos: o surgimento do ChatGPT. Este fenômeno introduziu avanços tecnológicos e se tornou um símbolo cultural, consolidando a IA como um participante ativo, um interlocutor em nossas conversas diárias. Foi quando também passamos a deparar com a expressão Inteligência Artificial Generativa, que se refere a sistemas de IA que criam ou geram novos conteúdos, como imagens, músicas ou textos, com base nos dados com os quais foram treinados. Uma analogia útil seria pensar nesses sistemas como um artista que, depois de observar e estudar muitas obras de arte, começa a criar suas próprias peças únicas refletindo o que aprendeu, e também introduzindo sua própria interpretação e estilo.

Essa mudança monumental nos levou a uma reavaliação profunda do nosso modo de proceder e das nossas relações com as pessoas e com o trabalho. A relação entre homem e máquina nunca foi tão simbiótica. A IA, especialmente com a ascensão de plataformas como o ChatGPT, DALL-E, Midjourney e todos os concorrentes que aceleraram seu desenvolvimento mais recentemente, amplia nossas capacidades tanto quanto molda e redefine os próprios fundamentos da comunicação. Em meio a essa transformação, surge a necessidade de revisitar e aprofundar as discussões iniciadas anteriormente. Estamos em uma encruzilhada na qual o passado se encontra com um presente tecnológico vibrante, pavimentando o caminho para um futuro repleto de possibilidades na arte da comunicação. E de riscos!

Nossa intenção é compartilhar as informações que temos disponíveis sobre o impacto que a IA gera nas três dimensões da comunicação: verbal, não verbal e vocal. E pensar como esse arsenal de conceitos e ferramentas influenciará a forma de liderar empresas e grupos de trabalho. Falaremos de cenários, desejados e indesejados, com base nas tendências atuais, nas oportunidades que existem ou nas possibilidades que estão ao alcance da nossa imaginação. Nenhuma pretensão em trabalhar com o futurismo, não é nossa especialidade. Porém, com o desejo de, ao perceber a transformação tecnológica que está em andamento, dividir com você previsões e preocupações para que juntos possamos refletir sobre o momento que vivemos e como tudo isso influenciará a forma como nos relacionamos com o outro e com as máquinas.

A ALQUIMIA DA PALAVRA: A IA E A COMUNICAÇÃO VERBAL

A inteligência artificial redefine a dinâmica de diálogo, uma prática valorizada desde os tempos de Sócrates. O diálogo é o meio pelo qual busca-se conhecimento, no qual perguntas e respostas se entrelaçam no caminho da verdade. Na era moderna, adaptamo-nos a conversas mediadas pela tecnologia e, agora, pela inteligência artificial generativa, enfrentamos desafios e oportunidades sem precedentes em nossa comunicação.

Para refletir sobre este assunto, é essencial compreender que é a primeira vez que a humanidade está diante de uma tecnologia autônoma e com a capacidade de tomar decisões por sua conta e risco — ou melhor, nosso risco — e de ter ideias novas, criar a partir dela própria e sem nossa intervenção e controle, com potencial para interferir no diálogo humano. Talvez essas afirmações possam parecer alarmistas. Antes de negá-las, é preciso compreender que a IA que temos hoje ainda está vivenciando sua pré-adolescência tecnológica.

Por mais relevante que seja essa discussão, vamos nos centrar na interseção da IA e da comunicação. A inteligência artificial, com sua capacidade de processar e gerar linguagem de maneira sofisticada, pode ampliar os horizontes da comunicação verbal. Quando pensamos nesse recurso da comunicação, os chatbots são frequentemente os primeiros a virem à mente. Essas ferramentas, em sua essência, eram projetadas para serem assistentes de texto simples programados para responder a comandos específicos. A expansão da inteligência artificial os transformou em assistentes virtuais conversacionais eficientes. Tomemos como exemplo Siri, Alexa e o Google Assistente. Assim como eles respondem a perguntas, também compreendem contextos complexos, aprendem com interações, realizam tarefas e até fazem piadas! São representantes de uma nova era na qual máquinas compreendem e respondem à linguagem humana com uma precisão cada vez maior.

Aqui já cabe um alerta a partir de constatações feitas em pesquisa: a comunicação com as máquinas pode influenciar negativamente a maneira de as pessoas, em especial as crianças, se comunicarem. Um estudo da Universidade de Cambridge publicado em 2022 mostra que os assistentes virtuais podem ter um impacto de longo prazo nos desenvolvimentos social e cognitivo das crianças, especificamente em suas habilidades de empatia, compaixão e pensamento crítico.

De acordo com um dos responsáveis pela pesquisa, Anmol Arora, a preocupação principal é as crianças começarem a atribuir características humanas a dispositivos de voz que na realidade são apenas conjuntos de palavras e sons programados. Há o risco de elas imitarem esses dispositivos, adotando a mesma incapacidade de mudar tom de voz, volume ou ênfase, e também não aprenderem a importância de usar expressões de cortesia como "por favor" e "obrigado", pois os dispositivos não as exigem.

A despeito do risco, também é verdade que a IA trouxe melhorias significativas na queda de barreiras linguísticas entre pessoas. Considere estar em um país estrangeiro e, em vez de carregar um dicionário físico ou depender de traduções desajeitadas, ter em seu bolso um dispositivo capaz de traduzir instantaneamente sua língua para a do local. A IA generativa tornou a tradução instantânea uma realidade.

Outra evolução da IA na comunicação é a capacidade de tradução em tempo real durante videoconferências. Imagine a dinâmica de um encontro empresarial virtual com participantes de diferentes partes do mundo. Antigamente, barreiras linguísticas poderiam ser um obstáculo considerável, exigindo intérpretes humanos para facilitar a comunicação. No entanto, com o advento da IA, plataformas modernas de videoconferência agora integram recursos de tradução automática em tempo real. Os participantes podem falar em seus idiomas nativos, e as falas são instantaneamente traduzidas e legendadas no vídeo ou convertidas em áudio na língua do ouvinte. Isso torna as comunicações mais eficientes e abre portas para uma colaboração mais inclusiva e global unindo pessoas de diferentes culturas e origens linguísticas em um espaço comum de entendimento.

É uma manifestação tangível do poder transformador da IA generativa, tornando o mundo um pouco menor e mais compreensível. É quase como reverter a antiga história da "Torre de Babel", onde a linguagem foi confundida e grupos divididos. Com a inteligência artificial, estamos reconectando culturas e tornando a comunicação global mais fluida do que nunca. Inclusive com nossos ancestrais.

Em 2023, cientistas e arqueólogos israelitas alcançaram um marco extraordinário: a partir de uma tecnologia inovadora de tradução por inteligência artificial generativa, conseguiram decifrar e traduzir com sucesso um dos idiomas mais antigos do mundo. O acádio pertence à família das línguas semíticas e foi falado na antiga Mesopotâmia, principalmente nos estados da Assíria e da Babilônia, por volta do terceiro ao primeiro milênio a.C. Graças à IA estamos sendo expostos aos primeiros dias da história e à civilização daquelas pessoas, como destacou um dos cientistas que participaram do processo de tradução.

Se já podemos ler o que ficou perdido no passado, a IA pode colaborar para a evolução de como falaremos no futuro. Diante do dinamismo das línguas, essa tecnologia possibilita um constante monitoramento e análise da web detectando o surgimento de novos termos, gírias e jargões que estejam ganhando popularidade. Atuaria como um "tutor linguístico" sugerindo essas novas palavras e contextos de uso para as pessoas, tanto em conversas casuais como em apresentações corporativas.

Pense nos profissionais da área de tecnologia que precisam se manter atualizados com os termos mais recentes. A IA pode não apenas informá-los sobre novos conceitos, mas também fornecer definições, usos em sentenças e até origens. Da mesma forma, na medicina, com novas descobertas, doenças e tratamentos emergindo, a inteligência artificial pode ajudar médicos e profissionais de saúde a se manterem atualizados com terminologias e práticas recentes.

Essa revolução tecnológica também levanta questões sobre a autenticidade e a profundidade de nossas conversas. Neil Postman, autor e professor americano, em seus trabalhos já destacava a tensão entre tecnologia e cultura. Em *Technopoly* (Vintage, 1992), Postman nos leva ao diálogo de Sócrates em *Fedro*, descrito por Platão, no qual se conta a lenda do rei Tamuz e o deus Thoth, o inventor da escrita.

Thoth argumenta que sua invenção aumentaria a sabedoria e a memória das pessoas. Contudo, Tamuz contrapõe refletindo que a escrita poderia, na verdade, atrofiar a memória e proporcionar apenas uma ilusão de sabedoria. Esta narrativa destaca como as inovações, mesmo aquelas que parecem trazer somente benefícios, têm implicações mais profundas na maneira como vivemos e pensamos. Tal como Sócrates destacou, as inovações carregam tanto benefícios quanto desvantagens, e não podemos anunciar apenas um dos sentidos. O meio-termo é o que se quer na relação da cultura e da tecnologia.

Assim, inspirado em *Fedro*, Postman nos lembra que cada inovação, como a escrita em sua época, traz o dilema da escolha entre o novo e o antigo. A IA promete um ambiente no qual barreiras linguísticas são diminuídas e a troca intercultural se torna mais acessível. Poderemos dialogar com pessoas que falam línguas diferentes. No entanto, precisamos ponderar sobre a uniformidade que essa tecnologia trará.

O risco de nos tornarmos excessivamente dependentes desses sistemas e de permitir que eles moldem ou até restrinjam nossa linguagem é real. Quando as plataformas de IA são treinadas com dados majoritariamente de uma determinada cultura ou linguagem dominante, existe o risco de que elas possam favorecer e perpetuar esses padrões. Em vez de enriquecer nosso vocabulário, podemos acabar perdendo nossas diversidades linguística e cultural.

Por exemplo, ao treinar um algoritmo de tradução, se a maioria dos dados vem de variantes mais "convencionais" ou "formais" de um idioma, diferenças e dialetos regionais podem ser negligenciados ou mal interpretados. Isso tem implicações profundas, principalmente para línguas e culturas já em risco, nas quais peculiaridades e particularidades podem ser eclipsadas por interpretações predominantes.

Além disso, a forma como a inteligência artificial generativa é moldada por seus dados de treinamento pode influenciar não apenas a maneira como ela interpreta informações, mas também como nós, seres humanos, recebemos e entendemos as informações processadas ou transmitidas por IA. Esse efeito de retroalimentação pode, inadvertidamente, direcionar conversas, opiniões e até mesmo culturas para um ponto de vista mais homogêneo.

Nada muito diferente do perigo que enfrentamos hoje quando as culturas locais são impactadas, por exemplo, pela cultura americana diante da ampla difusão de seus valores, comportamentos e aspirações por meio de meios de comunicação como cinema, televisão, música e internet. Não muito diferente mas com um potencial exponencialmente maior. Ao integrar a IA em nossos meios de comunicação, é essencial ter consciência do viés inerente aos dados com os quais as máquinas são treinadas. Apenas com essa consciência podemos trabalhar para garantir que a inteligência artificial respeite, celebre e amplie as diversidades linguística e cultural, em vez de restringi-las.

Em "The Shallows: What the Internet Is Doing to Our Brains" (W. W. Norton & Company, 2010), o jornalista de tecnologia e cultura Nicholas Carr investiga como a internet, especialmente o design baseado em algoritmos de plataformas online, está reconfigurando nossos padrões de pensamento e, consequentemente, nossa capacidade de reflexão profunda e atenção sustentada. Esta análise se torna especialmente relevante quando consideramos os algoritmos de IA generativa presentes em nossas plataformas de comunicação e redes sociais diárias.

O conceito de "filtro de bolha", cunhado por Eli Pariser, presidente do conselho da MoveOn, um dos principais portais de ativismo online, ilustra perfeitamente como a IA pode moldar e limitar nossa comunicação. Ao usar algoritmos para determinar que tipo de conteúdo um usuário provavelmente gostaria de ver com base em seu histórico de navegação, comportamento online e interações sociais, plataformas digitais criam "bolhas" personalizadas de informação. Estas bolhas, apesar de oferecerem conteúdo que agrada ao usuário, também filtram e excluem automaticamente informações que são consideradas irrelevantes ou contrárias às preferências do usuário.

Este fenômeno tem implicações profundas para a comunicação e o diálogo. Ao se comunicar dentro dessas bolhas, os usuários são mais frequentemente expostos a ideias e opiniões que reforçam suas próprias crenças e perspectivas, reduzindo a chance de encontro com opiniões divergentes ou novas informações. Esse efeito de câmara de eco pode limitar a diversidade de pensamento, restringir a empatia e a compreensão intercultural, e polarizar discussões.

Enquanto a IA tem o potencial de ampliar nossos horizontes abrindo portas para uma comunicação global mais fluida e uma maior compreensão mútua, a forma como esses algoritmos são atualmente projetados e implementados frequentemente contraria esse ideal. A chave, então, é buscar um equilíbrio no qual a tecnologia pode ser usada para ampliar, e não limitar, nosso espectro de comunicação e entendimento. À medida que a interconexão global se intensifica, é imperativo que estejamos cientes de como as ferramentas que usamos para nos comunicar podem influenciar, moldar e restringir o conteúdo e a natureza de nossas conversas.

O conceito de "garbage in, garbage out" (lixo entra, lixo sai), familiar à ciência da computação, é pertinente nesta discussão. Se fornecermos à IA perguntas mal formuladas ou informações imprecisas, as respostas que receberemos serão, na melhor das hipóteses, insatisfatórias. Essa tecnologia tem o potencial de nos dar tantas e qualificadas respostas quantas e quão forem sofisticadas as nossas perguntas. O que nos coloca no dilema das personagens de Douglas Adams, em "O Guia do Mochileiro das Galáxias" (Arqueiro, 2007), série de ficção científica. Elas esperam milhões de anos e gerações para que o Pensador Profundo, um supercomputador, processe inúmeras operações para oferecer resposta ao que consideram ser a pergunta definitiva: qual é a questão fundamental da vida, o universo e tudo mais? A partir de uma resposta pouco convencional, o Pensador anuncia uma regra que deve nos pautar diante das soluções que buscamos na inteligência artificial: "quando vocês souberem qual é exatamente a pergunta, vocês saberão o que significa a resposta". Para aproveitar ao máximo a IA na comunicação verbal, é essencial que cultivemos uma profunda capacidade de atenção e questionamento.

Essa capacidade de atenção é ainda mais crítica diante da quantidade de informações que recebemos, isso porque a tendência é terceirizar a nossa escuta para a IA. Por exemplo, pedindo para fazer resumos ou destacar as mensagens mais relevantes. Como garantir a pertinência dos critérios que a IA irá usar nessas horas?

Enquanto navegamos por este novo território da comunicação mediada pela IA, devemos lembrar as lições de Sócrates e Postman. A inteligência artificial é uma ferramenta poderosa, mas somos nós, seres humanos, que decidimos como usar essa ferramenta. Devemos fazer isso de forma consciente, preservando a riqueza, a diversidade e a profundidade de nossa comunicação verbal. Cada um de nós tem um papel vital nesse cenário, e é nossa responsabilidade garantir que a tecnologia amplifique, e não diminua, a essência da nossa humanidade. Como guardiões do verbo, é imperativo que abracemos esta responsabilidade e conduzamos a nova era digital com consciência e propósito — essa será a verdadeira alquimia da palavra.

ALÉM DAS PALAVRAS: A IA NA COMUNICAÇÃO NÃO VERBAL

Quando nos aventuramos no recurso verbal, somos confrontados com assistentes virtuais, chatbots e sistemas de tradução que têm a capacidade de entender, responder e até mesmo iniciar conversas. Mas o que realmente torna esta experiência fascinante é o poder da inteligência artificial generativa de adaptar-se, aprender e até mesmo prever nossas necessidades verbais. A rapidez com que essas máquinas processam informações e a precisão com que podem responder são notáveis. No entanto, a essência e a sutileza que a comunicação humana carrega muitas vezes são deixadas de fora. Uma coisa é certa: a IA pode processar linguagem. Mas pode realmente compreendê-la?

Conforme nos deslocamos do verbal para o não verbal, a complexidade se aprofunda. Como mencionamos em capítulos anteriores, o não verbal é um meio poderoso e carrega consigo pormenores e matizes que muitas vezes falam mais alto do que as palavras. Agora, imagine a IA tentando navegar por esse terreno. Então, estamos em um limiar. Por um lado, a IA está revolucionando a maneira como interagimos verbalmente, tornando a comunicação mais rápida, eficiente e global. Por outro lado, enquanto se aventura no domínio do não verbal, apesar de seu progresso, ainda luta para capturar a essência genuína da emoção e da intenção humanas.

Neste enfrentamento, deparamos novamente com o fato de que, por mais avançada que esteja a inteligência artificial, não está imune a falhas inerentes aos dados que a alimentam. Se esses dados carregarem preconceitos ou visões estreitas, a IA inevitavelmente refletirá tais inclinações. Isso é especialmente preocupante quando consideramos a interpretação da comunicação não verbal de diferentes culturas e contextos sociais. O que pode ser considerado um gesto de respeito em uma cultura pode ser interpretado de forma diferente em outra. Assim, se a IA for treinada com dados que não representem adequadamente a riqueza e a diversidade das expressões humanas globais, corre-se o risco de ela fazer julgamentos ou análises que sejam imprecisos e, também, potencialmente ofensivos ou prejudiciais. Esta questão destaca a necessidade crítica de garantir que os conjuntos de dados utilizados para treinar essas máquinas sejam tão abrangentes, diversificados e isentos de preconceitos quanto possíveis.

Um dos pensadores contemporâneos mais influentes quando se trata de discutir o impacto da tecnologia na sociedade e no futuro da humanidade é Yuval Noah Harari, autor de *Sapiens*, *Homo Deus* e *21 Lições para o Século 21*. Ele delineou suas reflexões sobre a distinção entre inteligência e consciência, particularmente no contexto da IA generativa. Harari argumenta que a inteligência, em sua essência, refere-se à capacidade de resolver problemas e alcançar metas, seja vencendo um jogo de xadrez, seja diagnosticando uma doença. Por outro lado, a consciência está intimamente ligada à capacidade de sentir — experimentar as sensações de dor, prazer, amor e ódio. Harari ressalta que, enquanto seres humanos e outros animais possuem ambas — inteligência e consciência — intimamente entrelaçadas, é possível ter inteligência sem consciência. Isso é evidente, por exemplo, em computadores que, apesar de serem altamente inteligentes, não possuem emoções ou consciência genuína.

Enquanto consideramos o papel presente da inteligência artificial na interpretação e na reprodução da comunicação não verbal, precisamos necessariamente especular sobre seu futuro. Muitos especialistas debatem até que ponto a IA pode evoluir. Será que, em algum momento, essas máquinas poderiam realmente "sentir" ou manifestar uma forma de consciência que se assemelha à humana? Embora isso pareça algo retirado de uma obra de ficção científica, as inovações tecnológicas têm consistentemente superado as expectativas. Se a IA fosse, de fato, adquirir uma forma de emoção ou consciência, isso traria uma miríade de implicações. Teríamos que reavaliar nossas definições de consciência, de ética em relação ao tratamento dessas máquinas e, claro, da validade de suas interpretações da comunicação humana. Se a inteligência artificial começasse a "sentir", sua interpretação da comunicação não verbal poderia ser influenciada por suas "emoções", assim como ocorre com os seres humanos. Esta possibilidade destaca a necessidade de abordar o desenvolvimento da IA com cautela, consciência e um compromisso com os valores éticos.

Olhando mais de perto para as aplicações práticas, percebemos que a IA não é apenas sobre grandes conceitos; ela está afetando nossas vidas cotidianas de maneiras tangíveis. É com sua inteligência que as ferramentas de IA se habilitam a reconhecer faces, fazer a leitura de microexpressões e interpretar gestos, áreas pelas quais têm feito incursões. Considere um cenário em que uma usuária de um site de compras online fica frustrada porque o serviço não está processando seu pagamento. Enquanto tenta descobrir o problema, a webcam do site, que teve acesso habilitado e autorizado no início do processo, identifica sinais de frustração no rosto dela. Rapidamente, um chatbot aparece oferecendo ajuda com base na leitura emocional feita pela IA.

Ao mesmo tempo que a inteligência artificial se aperfeiçoa para interpretar a comunicação não verbal, surge um conjunto intrincado de dilemas éticos. A leitura e a interpretação de microexpressões, gestos e outros sinais não verbais pela IA podem proporcionar benefícios significativos em diversos campos, desde o atendimento ao cliente até diagnósticos médicos. Contudo, esse progresso traz preocupações sobre a privacidade e o consentimento. A título de ilustração, se um sistema de IA monitora constantemente a expressão facial de um usuário para otimizar a experiência dele, até que ponto essa coleta contínua de dados é invasiva? E, mais crucialmente, os usuários estão plenamente cientes e concordam com a extensão dessa monitorização?

Entre as diversas ferramentas sob o guarda-chuva da IA, algumas merecem destaque especial devido ao seu impacto direto. A tecnologia de reconhecimento facial avançou tremendamente e se capacita a fazer essa intervenção. Tanto identifica rostos quanto também pode ler microexpressões. Empresas estão usando essa habilidade para entender melhor a satisfação do cliente, adaptar suas estratégias instantaneamente e proporcionar uma experiência mais personalizada. No entanto, a autenticidade e o "sentimento" real por trás dessas ações ainda são questionáveis.

Para entender melhor o papel da inteligência artificial generativa neste domínio, é essencial primeiro apreciar a importância da comunicação não verbal em nossa história. Sabemos que a comunicação não verbal surgiu como um pilar vital nas interações humanas. Desde um aceno de cabeça, uma elevação sutil da sobrancelha até a tensão de um aperto de mão, cada gesto carrega uma complexidade de significados que, muitas vezes, palavras não conseguem expressar. É uma linguagem por assim dizer silenciosa, mas profundamente eloquente, transmitindo camadas de emoções, intenções e sentimentos. Com suas capacidades em constante expansão, a IA agora pode identificar e, até certo ponto, replicar essa linguagem silenciosa. Mas, assim como uma fotocópia pálida de uma pintura vibrante, a reprodução pela IA da comunicação não verbal humana carece da vitalidade e da riqueza do original.

A IA, por sua natureza, opera com base em dados, padrões e algoritmos. Ela pode identificar um gesto e categorizá-lo como "feliz" ou "triste", mas não pode compreender a profundidade de um momento vivido que desencadeou tal reação. A inteligência artificial, mesmo a de última geração, não tem memórias de infância, não sentiu o calor do sol em um dia frio nem a angústia de uma despedida. Em essência, ela não "sente" — ela calcula. Além disso, a intuição humana é forjada por meio de experiências, aprendizados e empatia. Quando vemos lágrimas nos olhos de alguém, não apenas reconhecemos tristeza, mas sentimos uma pontada em nosso próprio coração, evocando memórias e sentimentos similares. Essa capacidade de empatia, de "sentir com", é intrinsecamente humana e ainda inalcançável para a IA.

A despeito dessas realidades, o que assistimos neste momento é que a jornada da IA não para por aí. Se o progresso em reconhecer faces e expressões humanas é impressionante, os avatares virtuais, alimentados por IA, elevam essa conversa a outro patamar. Estes "seres" digitais têm a aparência, movimento e, em algumas instâncias, até emulam emoções de forma assombrosamente realista. Em contextos de atendimento ao cliente, por exemplo, sua semelhança com humanos pode proporcionar uma sensação de conforto e familiaridade.

Com avatares tão realistas, a linha entre a realidade e a virtualidade pode ficar tênue. Porém, o que é fascinante é como isso amplia as possibilidades de comunicação. Pense em conferências virtuais. Em vez de simplesmente ouvir uma voz, poderíamos interagir com um avatar realista de um colega ou cliente de outro continente, tornando a comunicação mais rica e engajadora. Talvez encontrássemos nesse cenário a resposta para a perda do poder do não verbal nas comunicações online, como alertamos em capítulo anterior.

Além das complexidades técnica e ética, há também implicações humanas a serem consideradas. À proporção que nos tornamos mais acostumados a interagir com máquinas programadas para responder de maneira ideal aos nossos sinais não verbais, podemos nos deparar com uma diminuição inadvertida de nossa paciência ou habilidade de decodificar a comunicação não verbal imperfeita, mas autêntica, de outros seres humanos. Afinal, os humanos, com suas emoções complexas e respostas imprevisíveis, não são programados para responder sempre de maneira ideal. Se nos tornarmos excessivamente dependentes da previsibilidade das máquinas, corremos o risco de erodir nossa empatia, compreensão e capacidade de se adaptar às nuances reais das interações humanas.

Entretanto, essa proximidade com a realidade levanta questões cruciais: esses avatares, por mais realistas que sejam, podem verdadeiramente replicar a riqueza e a perspicácia da comunicação não verbal humana? Um sorriso, uma pausa, um olhar — cada um carrega consigo um peso de experiências e emoções que a inteligência artificial, por mais sofisticada que seja, pode nunca entender completamente. Podemos programar um avatar para mostrar tristeza, mas esse sentimento é autêntico? A IA pode replicar uma sensação, mas pode realmente experienciá-la? E sem essa experiência autêntica, a comunicação não verbal do avatar pode ser percebida como superficial ou desprovida de verdadeira emoção.

Diante do desenvolvimento que essa realidade virtual pode alcançar, amplia-se o risco de começarmos a depender demais de avatares e IAs para comunicação, diluindo-se o valor intrínseco da interação humana autêntica. Além disso, se considerarmos a comunicação em contextos mais sensíveis — por exemplo, um paciente recebendo notícias de um médico ou um cliente discutindo preocupações pessoais —, a empatia humana e a comunicação não verbal autêntica são absolutamente cruciais. Em tais situações, um avatar, por mais avançado que seja, pode não ser adequado.

No entanto, podemos começar a encontrar nessa interação com a máquina virtual aspectos que são negligenciados na relação humana. Um deles passa por tema central deste livro: a escuta e o desejo de sermos ouvidos e compreendidos. Harari é quem destaca esse paradoxo: enquanto as emoções humanas podem ser barreiras na comunicação, a IA, desprovida de sentimentos próprios, tem o potencial de ser um ouvinte perfeito, totalmente atento ao interlocutor:

"Uma das coisas que torna a conversa mais difícil são nossas próprias emoções. Você está dizendo algo e eu realmente não estou ouvindo você porque há algo que quero dizer, e estou apenas esperando até você terminar para que eu possa interromper, ou estou tão obcecado com minha raiva ou irritação, ou seja lá o que for, que não presto atenção no que você está sentindo. Esse é um dos maiores obstáculos nos relacionamentos humanos. Computadores não têm esse problema porque não têm emoções. Quando um computador fala com você, pode focar 100% de sua atenção no que você está dizendo e no que você está sentindo porque não tem sentimentos próprios." (Em entrevista para o podcast de Lex Fridmann, cientista da computação e pesquisador de inteligência artificial, em julho de 2023.)

Devemos entender computadores não como aquela máquina que usamos para as tarefas do cotidiano, mas todas as traquitanas digitais que nossa mente possa imaginar, de avatares virtuais a robôs "humanizados". Máquinas programadas que, segundo Harari, seriam capazes de escutar o outro melhor do que qualquer ser humano escutaria o seu próximo. Talvez até mesmo projetada para ter o mínimo necessário de desatenção para simular a humanidade das relações. Depois de a engenharia digital há algum tempo criar as redes sociais com seus algoritmos calculados para capturar a atenção das pessoas, as máquinas começam a ser projetadas para sequestrar a intimidade humana. "É muito mais perigoso e assustador", alerta Harari.

Enquanto celebramos os avanços e as possibilidades, devemos também ser críticos e reflexivos sobre o papel da IA em nossa comunicação. Será que estamos prontos para confiar em máquinas para transmitir nossas emoções mais profundas e pensamentos mais complexos? E à medida que a IA se torna mais integrada, como garantimos que a essência da comunicação humana, rica em emoção e refinamento, não seja perdida no processo? Estas são perguntas que todos nós, como sociedade, precisamos considerar enquanto navegamos por este novo território da comunicação na era digital.

A MELODIA DA VOZ: A IA E A INFLUÊNCIA NA COMUNICAÇÃO VOCAL

Exploramos até agora a capacidade da IA em simular e interpretar a complexa teia das comunicações verbal e não verbal. Essa capacidade é motivo tanto de satisfação quanto de preocupação. A riqueza do vocabulário humano, que descreve as diversas situações vivenciadas juntamente com gestos e expressões faciais, oferece pistas valiosas sobre nossos sentimentos. Quando essa habilidade é replicada tecnologicamente, emergem receios de computadores enganarem seres humanos. Agora, imagine o potencial dessas máquinas à medida que dominam — como já demonstraram ser capazes — os recursos da comunicação vocal.

É na voz, com sua melodia única e ressonante, que muitas vezes revelamos nossas emoções mais íntimas. Ela transmite sentimentos e pensamentos que palavras isoladas, às vezes, falham em comunicar. A detecção de emoção na voz é uma das vertentes mais promissoras e fascinantes da IA generativa aplicada à comunicação. Ao analisar elementos como tom, ritmo e variações na fala, sistemas inteligentes conseguem discernir se alguém está feliz, melancólico, irritado ou apático. Com a ascensão da inteligência artificial, estamos não apenas decodificando esses intrincados padrões vocais, mas também abrindo possibilidades nas quais vozes podem ser replicadas, otimizadas e, até mesmo, recriadas por máquinas.

Esta revolução sonora já está sendo aproveitada em ambientes práticos, como call centers. Empresas contemporâneas estão se munindo dessa tecnologia, utilizando-a para identificar rapidamente sentimentos de insatisfação ou frustração na voz do cliente — somando-se aos recursos da comunicação não verbal, como vimos anteriormente. Essa detecção permite uma reação ágil, redirecionando a chamada para um especialista humano ou ajustando a resposta do assistente virtual, tudo em favor de uma experiência de comunicação mais empática e eficiente.

Na educação, o impacto da IA na comunicação vocal é potencialmente transformador, especialmente no aprendizado de idiomas. A pronúncia correta, muitas vezes um desafio para estudantes de uma nova língua, pode ser aperfeiçoada com a ajuda de ferramentas baseadas em inteligência artificial. Ao falar uma palavra ou frase, softwares avançados avaliam instantaneamente a comunicação vocal do aluno identificando matizes e oferecendo feedback em tempo real. Este feedback imediato não apenas corrige erros de pronúncia, mas também fortalece a confiança do aluno, acelerando o processo de aprendizagem e incentivando a prática contínua.

Esse avanço tecnológico ajuda também no desenvolvimento profissional. Nos últimos anos, surgiram ferramentas inovadoras que oferecem feedback vocal em tempo real. Imagine um orador se preparando para uma apresentação importante: usando um aplicativo de análise vocal baseado em IA, ele recebe sugestões imediatas sobre como melhorar sua projeção, evitar monotonia ou aprimorar sua dicção. Na música, artistas têm a oportunidade de experimentar com modulações vocais, criar harmonias ou até mesmo duetos com vozes sintéticas, expandindo as fronteiras da criatividade sonora. Essas ferramentas são capazes de ajudá-los a identificar variações de tonalidade que, quando ajustadas, fazem a diferença entre uma atuação medíocre e uma performance memorável.

Na esfera do entretenimento, ainda, a habilidade da IA em replicar e manipular vozes abre uma avenida repleta de inovações. No cinema e na televisão, dublagens podem ser aperfeiçoadas e até mesmo personalizadas para diferentes públicos com o auxílio da inteligência artificial, garantindo uma transmissão de emoções mais precisa e um encaixe perfeito com os lábios dos atores. Videogames e animações podem se beneficiar da criação de personagens com vozes únicas, geradas por IA, proporcionando uma imersão sem precedentes para os jogadores e espectadores.

Da mesma forma que a inteligência artificial generativa redefine o universo do entretenimento com suas capacidades vocais, ela também está fazendo avanços significativos em áreas mais terapêuticas e curativas. A IA está desempenhando um papel transformador na terapia da fala. Pacientes com distúrbios vocais, desde gagueira a afasias resultantes de acidentes vasculares cerebrais, agora têm acesso a plataformas que identificam padrões irregulares na fala. Baseando-se nesses dados, programas personalizados são elaborados, facilitando uma recuperação mais eficaz. Para ilustrar: uma criança com gagueira, ou disfemia, usaria um aplicativo que identifica os momentos exatos de hesitação e oferece exercícios específicos para superar essas barreiras, tudo isso enquanto joga um jogo interativo no tablet. Estas inovações não apenas tornam o tratamento vocal mais acessível, mas também introduzem uma dimensão lúdica e interativa ao processo de cura.

Entretanto, é vital enfatizar a necessidade de orientação profissional. Ferramentas de IA oferecem soluções valiosas e podem servir como complemento no aprimoramento vocal, mas não substituem a expertise de fonoaudiólogos e outros especialistas vocais. Eles possuem uma compreensão profunda da anatomia e fisiologia vocais, além de anos de treinamento para identificar e tratar diversas condições e desafios relacionados à saúde da voz. Considere-se, ainda, o fato de que a solução para alguma dificuldade vocal que apresentamos necessariamente não passa por um ajuste estético, mas clínico. Ou seja, é preciso abordar a questão de maneira terapêutica para tratar a causa subjacente da dificuldade.

A bem da verdade, antes de demonizar a IA, temos de convir que o risco de as pessoas considerarem os recursos digitais mais eficientes ou acessíveis do que os profissionais da saúde, explorando-os na esperança de terem soluções para seus problemas e dúvidas, não surge com a inteligência artificial generativa. Isso acontece ao menos desde que os motores de busca na internet, como Google e Bing, nos foram apresentados. A busca da cura sem respaldo médico é tão danosa quanto a automedicação — ambos efeitos colaterais da profusão de informações sobre as mais diversas doenças, nem todas publicadas com o apuro necessário.

Precisamos, sim, explorar as múltiplas possibilidades que a IA oferece. Hoje, já é possível usá-la para auxiliar terapeutas da fala no diagnóstico e tratamento de distúrbios. Por meio da análise de padrões vocais, a IA identifica desvios e sugere exercícios específicos para tratamento. Algumas soluções são capazes, ainda, de detectar emoções e níveis de estresse na voz de um falante. Isso será útil em uma terapia na qual entender o estado emocional pode guiar a comunicação de forma mais empática — da mesma forma que acontece no exemplo dos call centers citado anteriormente.

Um dos pilares que sustentam o avanço nas pesquisas e soluções da IA é o Processamento de Linguagem Natural (PLN), que se dedica a entender, interpretar e produzir linguagem humana de uma maneira que possa ser significativa para máquinas. É o que torna possível a "mágica" dos assistentes virtuais. No entanto, o PLN não se limita apenas a responder nossas perguntas triviais ou tocar nossa música favorita. Suas aplicações vão muito além, especialmente no campo da medicina.

Entre os pesquisadores na vanguarda do PLN, está Regina Barzilay, doutora e professora do Instituto de Tecnologia de Massachusetts. Com um extenso portfólio, que abrange desde a síntese de texto até a tradução automática, Barzilay também se dedica a explorar como o PLN pode ser aplicado na oncologia, a especialidade médica que trata dos tumores e do câncer. Sob a liderança da pesquisadora do MIT, as aplicações do PLN na oncologia têm potencial para revolucionar o diagnóstico, o tratamento e o monitoramento do câncer. Ao analisar prontuários médicos, por exemplo, o PLN encontra padrões e nuances na linguagem que indicariam o início ou a progressão de uma doença. Em termos práticos, isso significa diagnósticos mais precoces e, consequentemente, melhores chances de tratamento bem-sucedido. O que já se fez, a partir das pesquisas que ela e sua equipe publicaram, ao demonstrar serem capazes de antecipar em até cinco anos o diagnóstico dos cânceres de mama e de pulmão.

A habilidade com que se manipula hoje a técnica do PLN, associada ao machine learning (o aprendizado de máquinas), que permite que sistemas aprendam diretamente de grandes conjuntos de dados linguísticos e melhorem seu desempenho, nos leva a imaginar avanços ainda mais notáveis. Há a possibilidade de os profissionais da saúde vocal e oncologistas terem à disposição instrumentos para diagnosticar, por exemplo, câncer de laringe, apenas com base em sons emitidos por uma pessoa.

Aqui, também, cabem cuidados específicos para que os padrões linguísticos que servem de base para esse conhecimento não sejam propulsores de mais desigualdade e injustiça. O alerta é da própria Barzilay, que se diz preocupada pelo fato de muitos pesquisadores de IA não estarem validando os seus produtos em diferentes grupos de pessoas. Considerando as diferenças genéticas de uma população, seus pacientes podem ser excluídos dos benefícios de diagnósticos baseados em inteligência artificial e PLN. Para que se tenha ideia do risco prático, testes para câncer de mama tendiam a dar melhor resultado em grupos de mulheres brancas do que em mulheres com ascendência africana ou asiática.

A IA, assim como compreende a voz humana e seus sinais emocionais, também aprendeu a replicá-la, questionando a singularidade da nossa identidade vocal. Esta capacidade da inteligência artificial generativa pode redefinir nossa percepção de autenticidade nas comunicações. Historicamente, confiávamos na voz como um selo de identidade, uma maneira de reconhecer e se conectar com os outros. Com a IA sendo capaz de imitar tão fielmente a voz humana, corremos o risco de entrar em uma era na qual a distinção entre o que é genuíno e o que é replicado se torna turva. Isso pode gerar ceticismo e desconfiança nas interações cotidianas, exigindo novas formas de verificação e confirmação de identidade. Ao mesmo tempo, essa evolução também nos desafia a refletir sobre o valor e o significado da autenticidade em uma sociedade mediada pela tecnologia. As inovações tecnológicas agora permitem que vozes sintéticas sejam fabricadas com um grau de realismo impressionante. As empresas veem oportunidades nisso, moldando vozes únicas via IA para comunicar-se de forma mais personalizada com seus públicos.

Essa inovação traz um raio de esperança, especialmente para aqueles que sofrem com doenças degenerativas. De acordo com o Project Revoice, uma iniciativa sem fins lucrativos que utiliza tecnologia para recriar a voz de pacientes de esclerose lateral amiotrófica (ELA), as possibilidades são promissoras. Além disso, pesquisas como as conduzidas pelo Google DeepMind, que introduziu a técnica WaveNet, mostram a capacidade da IA de replicar vozes com uma qualidade sem precedentes. Portanto, com a contínua evolução da IA e suas possibilidades, essas pessoas podem ter a chance de continuar a comunicar-se com uma voz que soa familiar, mesmo depois de perderem sua habilidade vocal.

Contudo, nem todas as aplicações da tecnologia de voz têm intenções benignas. Em um caso alarmante na Alemanha em 2019, criminosos usaram a tecnologia de IA para imitar a voz do CEO de uma empresa alemã instruindo o chefe de uma filial do Reino Unido a transferir €220.000 para uma conta húngara. A voz foi tão convincente que o funcionário não duvidou da autenticidade da chamada e realizou a transferência. A fraude foi descoberta apenas mais tarde, e acredita-se que a tecnologia de deepfake de voz tenha sido a responsável pela imitação. O incidente serve como mais um lembrete severo dos riscos que acompanham as inovações.

A questão da segurança e privacidade na era da inteligência artificial é inegavelmente crítica, sobretudo quando tratamos da replicação e armazenamento de vozes. As características únicas da nossa voz não são apenas identificadores emocionais, mas também biométricos. Assim, o armazenamento indevido ou a interceptação ilícita de dados vocais podem resultar em violações de privacidade com consequências potencialmente graves, desde a manipulação de gravações para fins fraudulentos até o uso indevido em sistemas de autenticação baseados em reconhecimento vocal. É imperativo que, à medida que evoluímos tecnologicamente, implementemos soluções robustas de segurança. Criptografia avançada, autenticação de dois fatores e sistemas de monitoramento constante são apenas algumas das medidas necessárias para garantir que os dados vocais sejam tratados com o nível de proteção que merecem.

É amplamente reconhecido que a distinção entre vozes humanas autênticas e vozes sintetizadas pode ser sutil e, em algumas circunstâncias, pode levar a confusões ao serem ouvidas naturalmente no dia a dia. Um estudo da University College London mostrou que as pessoas só conseguem identificar deepfakes de voz em 73% dos casos. Os pesquisadores usaram um algoritmo treinado em inglês e mandarim para criar 50 amostras deepfake em cada idioma e as testaram com 529 participantes. Mesmo após treinamento para reconhecer deepfakes, a detecção melhorou pouco.

Vale ressaltar que deepfake de voz é uma técnica avançada de síntese de áudio que usa inteligência artificial e aprendizado de máquina para criar clipes de voz que soam como uma pessoa específica. Utilizando grandes quantidades de dados de áudio da pessoa a ser imitada, o algoritmo aprende a replicar seu padrão de fala, tom e cadência, tornando possível gerar falas que parecem naturais e que podem enganar quem ouve a acreditar que é realmente a pessoa em questão falando.

Por outro lado, quando submetidas a métodos rigorosos de análise acústica, as diferenças entre uma voz real e uma criada artificialmente tornam-se claramente discerníveis. A análise acústica de voz utiliza padrões científicos para examinar características como tom, intensidade, frequência e modulações, permitindo uma identificação precisa e desambiguada da origem da voz. Isso tem implicações importantes não apenas para a segurança em sistemas de verificação de identidade, mas também para o desenvolvimento de tecnologias de assistência vocal que buscam uma interação mais natural e compreensível com os usuários.

Embarcando nesta nova era vocal propiciada pela inteligência artificial, deparamos com dilemas sobre o que é autêntico e o que é simulado. Ainda assim, é inquestionável o impacto revolucionário que ela está tendo sobre nossa comunicação. Ao passo que navegamos por este mar de inovação sonora, devemos ser guiados pela bússola da ética, garantindo que nossa voz, seja ela natural, seja auxiliada pela tecnologia, ressoe verdade e integridade.

A INFLUÊNCIA DA IA NA COMUNICAÇÃO DOS LÍDERES

Conforme o século 21 se desenrolava, a fusão da tecnologia com a comunicação começou a descortinar um labirinto de complexidades. Neste cenário, os desafios corporativos, as estratégias de ação e a liderança se mesclam em uma dança digital influenciada pela inteligência artificial generativa. No livro *The Inevitable* (Viking Press, 2016), Kevin Kelly vislumbrou uma época em que a tecnologia permeia nossas vidas, e sua perspicácia ressoa mais do que nunca. No coração desta metamorfose tecnológica, líderes empresariais são confrontados com novas provocações e brindados com oportunidades sem precedentes.

A IA personaliza mensagens no atendimento ao cliente e, também, tem o potencial de refinar e influenciar a voz e o tom de um líder. Assim como um algoritmo pode recomendar conteúdo com base nas preferências do usuário, a mesma tecnologia analisa a eficácia da comunicação do líder com diferentes públicos-alvo. Isso resulta na capacidade de moldar uma narrativa, escolher palavras que ressoam e adaptar o estilo de comunicação para atender a uma audiência específica, tornando a mensagem do líder mais impactante e relevante. Em meio à saturação de informação, esta adaptação personalizada não é apenas uma vantagem; é essencial.

E não se trata apenas de interações externas. Internamente, as empresas têm a possibilidade de revolucionar a forma como treinam e desenvolvem seus colaboradores. A IA, com sua capacidade de simulação, permite que os colaboradores experimentem cenários realistas adaptando-se e aprendendo em ambientes virtuais seguros. Este tipo de treinamento hiper-realista e personalizado é apenas um vislumbre do que está por vir.

A avaliação do clima organizacional e a previsão de possíveis problemas comportamentais ou psicológicos em funcionários também são potencializadas por ferramentas de IA, permitindo a atuação preventiva da empresa em benefício da saúde de suas equipes. Estes sistemas, ao observarem nuances na produtividade e nas atitudes dos colaboradores, conseguem detectar alterações que sugerem estresse ou excesso de trabalho. Imagine um empregado, geralmente proativo em suas atividades e comunicações, que repentinamente reduz sua participação ou adota jornadas de trabalho incomuns, como trabalhar muito tarde da noite; isso pode indicar sinais de exaustão profissional.

Outras técnicas sofisticadas de análise de sentimentos podem colaborar nessa melhoria de ambiente e examinar textos, como e-mails ou chats, em busca de indícios de frustração ou insatisfação. Além disso, plataformas modernas podem obter feedbacks recorrentes dos colaboradores de maneira anônima, empregando essa análise para reconhecer tendências ou alertas que não seriam perceptíveis em métodos convencionais de avaliação.

Aqui novamente uma advertência se faz necessária: o uso da IA para monitorar o bem-estar e o clima organizacional dos funcionários carrega riscos significativos. As preocupações com a privacidade emergem quando os funcionários são monitorados, mesmo que seja para seu benefício, exigindo transparência e consentimento claro. O uso transparente e consensual da inteligência artificial exige dos líderes uma abordagem deliberada e ponderada.

Primeiramente, a transparência é fundamental: isso significa não apenas informar as partes interessadas sobre o uso de IA, mas também ser claro sobre como os algoritmos funcionam, quais dados são usados e porquê. O consentimento, por sua vez, envolve garantir que os indivíduos saibam quando suas informações estão sendo coletadas e processadas por sistemas de IA, dando-lhes a opção de optar por participar ou não. Mas, além destes passos básicos, os líderes devem também cultivar uma mentalidade ética, na qual as decisões relacionadas à IA são tomadas não apenas com base na eficácia ou no lucro, mas também considerando os impactos humanos e sociais mais amplos. Em tempos cada vez mais orientados por dados, a liderança ética torna-se um pilar fundamental para garantir a confiança e a integridade em todas as interações empresariais. Ademais, a confidencialidade dos dados coletados é primordial, evitando usos prejudiciais ou discriminatórios. Por fim, embora a IA possa discernir padrões, a interpretação e as decisões baseadas nesses dados devem ser conduzidas por seres humanos, garantindo sensibilidade e compreensão adequadas.

A superabundância de dados tem sido motivo de preocupação nas mais diversas esferas. As previsões sempre apontaram nesse sentido. No livro *The Singularity Is Near* (Viking, 2005), o inventor e futurista Ray Kurzweil discute como a tecnologia da informação, que inclui tudo, desde computadores até genômica, está dobrando seu poder a cada ano, resultando em uma "explosão" de capacidade computacional e coleta de dados. Ele prevê que haverá um bilhão de vezes mais capacidade computacional do que toda a computação humana até 2045. O que assistimos até aqui não nos leva a pensar que será diferente disso.

Portanto, os líderes atuais estão navegando por um mar de transformações, no qual os dados são a bússola. Suas empresas terão acesso a um volume de informações sem precedentes sobre clientes, colaboradores, mercados e operações internas. Isso promete uma era de abundância informativa, na qual a hiperpersonalização e a eficiência atingem patamares nunca vistos. Esse excesso traz desafios. O primeiro deles é o fato de que uma gestão de dados inadequada pode levar a informações errôneas, decisões mal-informadas e, no pior dos casos, a uma desconexão total com o público-alvo. Em seguida, esses líderes terão de aprender a equilibrar a intuição humana com ideias orientadas por dados, garantindo que suas decisões não sejam apenas informadas, mas também empáticas.

Outro ponto de reflexão ética e responsabilidade frente ao advento da IA na comunicação dos líderes: sabendo que é possível personalizar cada interação, onde traçamos a linha? Como garantimos que a tecnologia seja usada para aprimorar a comunicação e não manipulá-la? O dilema que se impõe aos proprietários das redes sociais, acusados de usar essas informações para manipular seu público, transformando-o em produto do seu negócio, se estenderá aos líderes das empresas no instante em tiverem de traçar suas estratégias de comunicação.

Kevin Kelly fala de um mundo no qual a tecnologia é inevitável, no qual ela se torna parte integrante de nossa existência. No cenário corporativo, isso se manifesta na estratégia orientada por inteligência artificial generativa. As empresas não estão apenas usando a IA, estão integrando-a em sua essência fazendo dela a espinha dorsal de suas estratégias de comunicação.

No coração dessa paisagem em constante evolução, surge o "Líder AI-Driver" (Artificial Intelligence-Driver) —, aquele que conduz e não é apenas conduzido pela inteligência artificial generativa. Um líder tanto tecnólogo quanto humanista. Que vê a inteligência artificial como um complemento, uma ferramenta que, quando usada corretamente, amplifica as capacidades humanas, não as substitui. Este gestor proativo integra a IA em sua tomada de decisão e gestão aproveitando o poder dos sistemas inteligentes. Ele reconhece a complexidade crescente do ambiente de negócios e o dilúvio de informações disponíveis. Em vez de ser sobrecarregado por isso, explora a IA como uma ferramenta para filtrar, analisar e interpretar essas informações, tornando-as ações tangíveis e estratégicas.

A integração de soluções baseadas em IA em uma organização não é uma jornada simples ou linear. Um dos primeiros obstáculos frequentemente enfrentados é a resistência interna, que pode surgir de equipes ou indivíduos que veem a inteligência artificial como uma ameaça ao seu papel ou que têm preocupações sobre a adaptabilidade aos novos sistemas. Além disso, aspectos técnicos como a compatibilidade com infraestruturas existentes, a necessidade de atualizações regulares e desafios na integração de diferentes sistemas podem surgir. Do ponto de vista orçamentário, embora a implementação da IA prometa retornos substanciais a longo prazo, o investimento inicial e os custos de manutenção podem ser significativos. Os líderes precisam estar preparados para enfrentar e superar esses desafios, garantindo que a transição para uma organização orientada pela IA seja tão suave e eficaz quanto possível.

Para estar pronto a liderar empresas e grupos de trabalho neste novo cenário, são necessárias algumas características-chave:

1. Liderando, não sendo liderado: enquanto líderes usam a IA para tomar suas decisões, os "Líderes AI-Driver" não se deixam substituir por ela. Eles reconhecem o valor da intuição humana e da experiência, usando a IA como uma ferramenta complementar.
2. Decisão Ágil: com a capacidade de analisar rapidamente grandes conjuntos de dados e informações, esses líderes são capazes de tomar decisões informadas de maneira mais eficiente, sem sacrificar a precisão ou a qualidade.
3. Visão de Futuro: eles têm uma compreensão clara das capacidades e do potencial da IA, assim como de seus limites. Isso permite que planejem e inovem com uma visão de futuro, antecipando mudanças e adaptando-se a elas.
4. Colaboração com IA: veem a inteligência artificial não apenas como uma ferramenta, mas como uma colaboradora. Eles estão em sintonia com as capacidades de

seus sistemas e sabem quando confiar em suas análises e quando aplicar seu próprio julgamento.

5. Liderança Ética: dada a natureza poderosa e, às vezes, ambígua da IA, os Líderes AI-Driver têm um forte senso de ética e responsabilidade. Eles consideram as implicações morais de suas decisões, particularmente quando se trata de dados e privacidade.
6. Aprendizado Contínuo: reconhecem a evolução constante da IA e estão comprometidos com o aprendizado contínuo, deles e de seus profissionais, assegurando que permaneçam à frente das mudanças.
7. Foco no Humano: mesmo enquanto incorporam a IA em sua liderança, eles mantêm a humanidade no centro de suas decisões e estratégias. Reconhecem que a tecnologia é uma ferramenta, mas as pessoas são o cerne de qualquer organização.

O "Líder AI-Driver" se adapta ao digital e o molda tecendo a inteligência artificial em sua liderança de forma consciente e ética. Ele mais do que usa a IA: ele se empodera capitalizando sua força para liderar em uma era que muda a cada segundo.

Nossa comunicação corporativa está em plena metamorfose. Enquanto nos adaptamos a esta realidade emergente, uma certeza se destaca: a tecnologia é nossa aliada. Mas a verdadeira magia reside na nossa capacidade de usá-la para potencializar, e não eclipsar, nossa humanidade.

Agradecimentos

Fosse necessária uma só palavra para este agradecimento final, esta seria CONFIANÇA — característica que se constrói com a comunicação efetiva e afetiva, como aprendemos na leitura desta obra. É, também, conceito positivo que se tem a respeito de alguém ou algo; é o estado de quem acredita plenamente com firmeza e fé. É palavra escassa nas relações interpessoais de um mundo que, de tão veloz, mal nos oferece tempo para aprofundar sentimentos. É também palavra abundante nas interações que tornaram possível este livro.

Foi a confiança que nos uniu. Nos fez acreditar que, a despeito de pouco nos conhecermos pessoalmente, a capacidade que cada um desenvolveu em sua área de atuação tornaria possível o sonho de construirmos este projeto. Sendo fiel à realidade: quase ninguém aqui se conhecia pessoalmente, mas havia alguém que conhecia a todos. Foi a confiança de todos nessa pessoa que possibilitou nossa união.

Confiamos nosso conhecimento ao outro. Confiamos no conhecimento do outro. E fomos retribuídos pela confiança de muita gente para chegarmos até aqui. A todos esses, dedicamos nosso agradecimento final. Uma turma que nos conhecia intimamente, outra apenas de ouvir falar e aquela que sabia muito bem a quem entregava a responsabilidade deste livro.

Começamos por agradecer a esses últimos que, uns mais e outros menos, nos conhecendo acreditaram no nosso potencial e ofereceram o prestígio da Editora Rocco. Em especial, ao Bruno Zolotar, diretor comercial, o primeiro, fora de nosso círculo mais próximo, a confiar neste trabalho nos dando liberdade para criar e sem impor amarras às ideias que muitas vezes surgem mesmo depois de o projeto editorial já ter sido desenhado. Com as portas abertas pelo Bruno, encontramos na Rocco uma equipe editorial entusiasmada sob o comando da Ana Lima, o olhar da Catarina Notaroberto e a revisão preciosa de Rodrigo Austregésilo, Giuliana Alonso, Armenio Dutra, Yasmine de Lucca, Vanessa Raposo e Ana Sara Holandino — todos sempre propondo melhorias, sugerindo acréscimos, evitando excessos e tornando a escrita mais agradável.

Nossa gratidão também aos que, por nos conhecerem intimamente, sabem que, diante de compromissos literários e da responsabilidade com que assumimos esses desafios, ficamos mais sensíveis a tensões, ansiedades e humores — e, por confiarem na gente, se mostram acolhedores tanto quanto inspiradores de nossos sonhos.

Da casa de Portugal, agradecemos à Ana Sacavém — que esteve ao nosso lado nas discussões sobre que rumo deveríamos adotar e nos ajudou a organizar o calendário e as ideias do livro. O António também contou com a generosidade dos filhos Carolina, Alexandre e Mariana — essa gurizada da qual ficou mais próximo, como revela na primeira conversa que tivemos.

Aqui no Brasil, somos gratos ao Cláudio e ao Leonardo, sempre dispostos a entender a intensidade com que a Leny vivencia seus projetos profissionais. Ao Rodrigo, que dedica seu carinho e inteligência ao Thomas, nosso colega que durante a escrita do livro teve de reforçar o coração em uma sala de cirurgia e, para tal, contou com o apoio dos pais Marie-Anne e Christian. À Abigail, ao Gregório e ao Lorenzo, que sabem como o Mílton se apaixona pelo que faz, e exercitam a paciência e a escuta como poucos toda vez que ele quer compartilhar uma nova etapa do trabalho em execução.

Cada um com seu jeito, ao longo de todo esse tempo, soube escutar, falar e expressar a confiança que depositava no trabalho que estávamos realizando. Um comportamento que fez com que nós, autores, também nos fortalecêssemos sempre que um questionamento surgia ou uma dúvida emperrava o texto. Agradecemos por tudo que vocês fizeram por nós. O gesto de vocês nos deu confiança em levar este livro às mãos dos leitores!

Bibliografia

ABERJE. Clima organizacional, engajamento e saúde mental do profissional de comunicação. São Paulo: Aberje, 2021. (Pesquisa)

ALVES, R. *As melhores crônicas de Rubem Alves*. 4ª ed. São Paulo: Papirus, 2008.

ACHOR, S. *O jeito Harvard de ser feliz*. 1ª ed. São Paulo: Benvirá, 2012.

ADAMS, D. *O Guia do Mochileiro das Galáxias*. Tradução de Paulo Henriques Britto e Carlos Irineu da Costa. São Paulo: Arqueiro, 2011.

ANDERSON, C. *Ted Talks: O guia oficial do TED para falar em público*. Rio de Janeiro: Intrínseca, 2016. Tradução de Donaldson Garschagen e Renata Guerra.

BARRERA, M. E., & Maurer, D. (1981). The perception of facial expressions by the three-month-old. *Child development*, 203-206.

BARSADE, S. G., Coutifaris, C. G. V., & Pillemer, J. Emotional contagion in organizational life. *Research in Organizational Behavior*, v. 38, p. 137-151, 2018.

BEHLAU, M., PONTES, P. *Avaliação e tratamento das disfonias*. São Paulo: Lovise, 1995.

BEN-SHAHAR, T. *Seja mais feliz: Aprenda a ver alegria nas pequenas coisas para uma satisfação permanente*. 1ª ed. [S.I.]: Academia, 2008.

BODDY, C. R. (2017). Psychopathic leadership a case study of a corporate psychopath CEO. *Journal of business ethics*, 145(1), 141-156.

BOND, C. F., Omar, A., Mahmoud, A., & Bonser, R. N. (1990). Lie detection across cultures. *Journal of nonverbal behavior*, 14(3), 189-204.

BONO, J. E., & Ilies, R. (2006). Charisma, positive emotions and mood contagion. *The Leadership Quarterly*, 17(4), 317-334. doi: 10.1016/j.leaqua.2006.04.008.

BRADBERRY, T., & Greaves, J. *Inteligência emocional 2.0: Você sabe usar a sua*. [S.I.]: HSM, 2016.

BUYL, T., Boone, C., & Wade, J. B. (2019). CEO narcissism, risk-taking, and resilience: An empirical analysis in US commercial banks. *Journal of management*, 45(4), 1372-1400.

CAIN, S. *O poder dos quietos: Como os tímidos e introvertidos podem mudar um mundo que não para de falar.* 1ª ed. [S.I.]: Sextante, 2019.

COLEMAN-MERRITT, J. (2020). Inclusive Leadership and Emotional Intelligence. In: *The routledge companion to inclusive leadership*, 99-108.

CAMPBELL, J. *O herói de mil faces*. São Paulo: Pensamento, 2009.

CANIËLS, M. C., Semeijn, J. H., & Renders, I. H. (2018). *Mind the mindset! The interaction of proactive personality, transformational leadership and growth mindset for engagement at work*. Career Development International.

CAPALBO, F., Frino, A., Lim, M. Y., Mollica, V., & Palumbo, R. (2018). The impact of CEO narcissism on earnings management. *Abacus*, 54(2), 210-226.

CARNEY, D. R., Cuddy, A. J., & Yap, A. J. (2010). Power posing: Brief nonverbal displays affect neuroendocrine levels and risk tolerance. *Psychological science*, 21(10), 1363-1368.

CARR, N. *A geração superficial: O que a internet está fazendo com nossos cérebros*. Rio de Janeiro: Agir, 2011.

CHARTRAND, T. L., & Bargh, J. A. (1999). The chameleon effect: The perception-behavior link and social interaction. *Journal of personality and social psychology*, 76(6), 893-910.

CHARTRAND, T. L., Maddux, W. W., & Lakin, J. L. (2005). Beyond the perception-behavior link: The ubiquitous utility and motivational moderators of nonconscious mimicry. *The new unconscious*, 334-361.

CÔTE, S., DeCelles, K. A., McCarthy, J. M., Van Kleef, G. A., & Hideg, I. (2011). The Jekyll and Hyde of emotional intelligence: Emotion-regulation knowledge facilitates both prosocial and interpersonally deviant behavior. *Psychological science*, 22(8), 1073-1080.

CRAGUN, O. R., Olsen, K. J., & Wright, P. M. (2020). Making CEO narcissism research great: A review and meta-analysis of CEO narcissism. *Journal of management*, 46(6), 908-936.

CUDDY, A. *O poder da presença*. Rio de Janeiro: Sextante, 2016.

CUDDY, A. J., Schultz, S. J., & Fosse, N. E. (2018). P-curving a more comprehensive body of research on postural feedback reveals clear evidential value for power-posing effects: Reply to Simmons and Simonsohn (2017). *Psychological science,* 29(4), 656-666.

CUKIER, H. O. *Inteligência do carisma: Aprenda a ciência de conquistar e influenciar pessoas.* 1ª ed. São Paulo: Planeta, 2019.

DAMASIO, H., Grabowski, T., Frank, R., Galaburda, A. M., & Damasio, A. R. (1994). The return of Phineas Gage: Clues about the brain from the skull of a famous patient. *Science,* 264(5162), 1102-1105.

DAVID, S. *Agilidade emocional: Abra sua mente, aceite as mudanças e prospere no trabalho e na vida.* São Paulo: Cultrix, 2018, 294 p. Tradução de Claudia Gerpe Duarte, Eduardo Gerpe Duarte.

DEPAULO, B. How president Trump's lies are different from other people's. *Psychology today.* Disponível em: https://www.psychologytoday.com/us/blog/living-single/201712/how-president-trumps--lies-are-different-other-peoples. Acesso em: 2 nov. 2022.

DEPAULO, B. M., Kashy, D. A., Kirkendol, S. E., Wyer, M. M., & Epstein, J. A. (1996). Lying in everyday life. *Journal of personality and social psychology,* 70(5), 979-995.

EKMAN, P. (2009). Lie catching and microexpressions. *The philosophy of deception,* 1(2), 5.

EKMAN, P., & Friesen, W. V. (1971). Constants across cultures in the face and emotion. *Journal of personality and social psychology,* 17(2), 124.

EVA, N., Robin, M., Sendjaya, S., van Dierendonck, D., & Liden, R. C. (2019). Servant leadership: A systematic review and call for future research. *The leadership quarterly,* 30(1), 111-132.

FERNANDO, A. *Comunicação e persuasão: O poder do diálogo.* 1ª ed. [S.I.]: Sextante, 2019.

FREUD, S. (1921). Group psychology and the analysis of the ego. In: *The standard edition of the complete psychological works of Sigmund Freud,* Volume XVIII (1920-1922): Beyond the pleasure principle, group psychology and other works, 65-144.

GASPAR, M. *Tudo ou nada: Eike Batista e a verdadeira história do Grupo X.* 3ª ed. Rio de Janeiro: Record, 2014, 545 p.

GAZIRI, L. *A ciência da felicidade: Escolhas surpreendentes que garantem o seu sucesso.* São Paulo: Faro Editorial, 2019, 240 p.

GLADWELL, M. *Fora de série – Outliers: Descubra por que algumas pessoas têm sucesso e outras não.* 1ª ed. [S.I.]: Sextante, 2008.

GOLEMAN, D. (2017). *What makes a leader?* (Harvard Business Review Classics). Harvard Business Press.

GOLEMAN, D. *Trabalhando com a inteligência emocional.* 1ª ed. [S.I.]: Objetiva, 1999.

GREENLEAF, R. K. (1977). *Servant leadership: A journey into the nature of legitimate power and greatness.* Mahwah, NJ: Paulist Press.

GRIJALVA, E., Harms, P. D., Newman, D. A., Gaddis, B. H., & Fraley, R. C. (2015). Narcissism and leadership: A meta-analytic review of linear and nonlinear relationships. *Personnel psychology*, 68(1), 1-47.

HARARI, Y. N. *21 lições para o século 21.* Tradução de Paulo Geiger. São Paulo: Companhia das Letras, 2018.

HARARI, Y. N. *Homo Deus: Uma breve história do amanhã.* Tradução de Paulo Geiger. São Paulo: Companhia das Letras, 2016.

HARARI, Y. N. *Sapiens - Uma breve história da humanidade.* Tradução de Janaína Marcoantoni. Porto Alegre: L&PM Editores, 2018.

HOGG, M. A. (2007). Uncertainty-identity theory. *Advances in experimental social psychology*, 39, 69-126.

HOGG, M. A. (2020). Uncertain self in a changing world: A foundation for radicalisation, populism, and autocratic leadership. *European review of social psychology*, 1-34.

HILBERT, M., & López, P. The world's technological capacity to store, communicate, and compute information. *Science.* 332 vol., 6025 ed., pag. 7, fev/2011.

HWANG, H., & Matsumoto, D. (2015). Evidence for the universality of facial expressions of emotion. In: *Understanding facial expressions in communication* (pp. 41-56). Springer, New Delhi.

JACOB, C., Guéguen, N., Martin, A., & Boulbry, G. (2011). Retail salespeople's mimicry of customers: Effects on consumer behavior. *Journal of retailing and consumer services,* 18(5), 381-388.

JUNG, M. *Jornalismo de rádio.* São Paulo: Contexto, 2004.

KELLY, K. *Inevitável: As 12 forças tecnológicas que mudarão nosso mundo.* São Paulo: Alta Books, 2019.

KONG, D. T., Dirks, K. T., & Ferrin, D. L. (2014). Interpersonal trust within negotiations: Meta-analytic evidence, critical contingencies, and directions for future research. *Academy of management journal,* 57(5), 1235-1255.

KOPELMAN, S., Rosette, A. S., & Thompson, L. (2006). The three faces of Eve: Strategic displays of positive, negative, and neutral emotions in negotiations. *Organizational behavior and human decision processes,* 99(1), 81-101.

KOVALICK, R. et al. *Seja inesquecível: acabe com o medo, domine a linguagem corporal e verbal e use a neurociência para expressar ideias e encantar qualquer público.* São Paulo: Gente, 2021.

KULESZA, W., Szypowska, Z., Jarman, M. S., & Dolinski, D. (2014). Attractive chameleons sell: The mimicry-attractiveness link. *Psychology & marketing,* 31(7), 549-561.

KURZWEIL, R. *A singularidade está próxima: quando os humanos transcendem a biologia.* São Paulo: Iluminuras Itaú Cultural, 2018.

KYRILLOS, T., & Jung, M. *Comunicar para liderar: como usar a comunicação para liderar a sua empresa, sua equipe e sua carreira.* São Paulo: Contexto, 2016, 192 p.

KYRILLOS, L., & Sardenberg, C. *Comunicação e liderança.* São Paulo: Contexto, 2019.

LANDAY, K., Harms, P. D., & Credé, M. (2019). Shall we serve the dark lords? A meta-analytic review of psychopathy and leadership. *Journal of applied psychology,* 104(1), 183.

LARSON, E. *O esplêndido e o vil: Uma saga sobre Churchill, família e resistência.* 1ª ed. [S.I.]: Intrínseca, 2020.

LEVITIN, D. J. *A mente organizada: Como pensar com clareza na era da sobrecarga de informação.* Rio de Janeiro: Objetiva, 2015, 557 p. Tradução de Roberto Grey.

LIEBERMAN, D. Z., & Long, M. E. *Dopamina: a molécula do desejo.* Tradução de Paulo Afonso. Rio de Janeiro: Editora Sextante, 2023.

LILIENFELD, S. O., Widows, M. R., & Staff, P. A. R. (2005). Psychopathic personality inventory-revised. *Social Influence* (SOI), 61(65), 97.

LUSKIN, F. *O poder do perdão.* [S.I.]: Novo Paradigma, 2002.

MACHIAVELLI, N. (1532). *Il Principe* (English translation, 1979, *The Prince*). Penguin Books.

MADDUX, W. W., Mullen, E., & Galinsky, A. D. (2008). Chameleons bake bigger pies and take bigger pieces: Strategic behavioral mimicry facilitates negotiation outcomes. *Journal of experimental social psychology,* 44(2), 461-468.

MATSUMOTO, D., Frank, M. G., & Hwang, H. S. (2013). *Nonverbal communication: Science and applications*. Sage.

MEDINA, J. *Aumente o poder do seu cérebro*. Rio de Janeiro: Sextante, 2012.

MEHRABIAN, A. (1971). *Silent messages*. Wadsworth, California: Belmont.

MEHRABIAN, A. (1972). *Nonverbal communication*. Aldine-Atherton, Illinois: Chicago.

MEHRABIAN, A., & Ferris, S. R. (1967). Inference of attitudes from nonverbal communication in two channels. *Journal of consulting psychology*, 31, 3, 48-258.

MEHRABIAN, A., & Ferris, S. R. (1967). Inference of attitudes from nonverbal communication in two channels. *Journal of consulting psychology*. Personal Communication, 21 de setembro, 1995.

MEHRABIAN, A., & Wiener, M. (1967). Decoding of inconsistent communications. *Journal of personality and social psychology*, 6, 109-114.

MEIRA, L. A. *et al*. *A segunda simplicidade: Bem-estar e produtividade na era da sabedoria*. Goiânia: Caminhos, 2017, 217 p.

MIAO, C., Humphrey, R. H., & Qian, S. (2016). Leader emotional intelligence and subordinate job satisfaction: A meta-analysis of main, mediator, and moderator effects. *Personality and individual differences*, 102, 13-24.

MIAO, C., Humphrey, R. H., Qian, S., & Pollack, J. M. (2019). The relationship between emotional intelligence and the dark triad personality traits: A meta-analytic review. *Journal of research in personality*, 78, 189-197.

MILLER, G. A. (1956). The magical number seven, plus or minus two: Some limits on our capacity for processing information. *Psychological review*, 63(2), 81–97. Disponível em: https://psycnet.apa.org/doi Landing?doi=10.1037%2Fh0043158. Acesso em: 8 dez. 2022.

MILTONJUNG.COM.BR. Mundo Corporativo: Ruy Shiozawa, o CEO do GPTW que demitiu a sede para não perder os talentos. Disponível em: https://miltonjung.com.br/2021/08/27/mundo-corporativo-ruy-shiozawa-o-ceo-do-gptw-que-demitiu-a-sede-para-nao-perder-os-talentos/. Acesso em: 2 nov. 2022.

MILTONJUNG.COM.BR. Mundo Corporativo: ao deixar cargo de presidente da L'Oréal no Brasil, An Verhulst-Santos diz que legado é uma empresa mais diversa, digital e próxima das pessoas. Disponível em: https://miltonjung.com.br/2021/04/02/mundo-corporativo-ao-deixar-cargo-de-presidente-da-loreal-no-brasil-an-verhulst-santos-diz-que-legado-e-uma-empresa-mais-diversa-digital-e-proxima-das-pessoas/. Acesso em: 2 nov. 2022.

MILTONJUNG.COM.BR. Mundo Corporativo: Lídia Abdalla, do Grupo Sabin, destaca a riqueza da diversidade nas empresas. Disponível em: https://miltonjung.com.br/2022/03/12/mundo-corporativo-lidia-abdalla-do-grupo-sabin-destaca-a-riqueza-da-diversidade-nas-empresas/. Acesso em: 2 nov. 2022.

MURIS, P., Merckelbach, H., Otgaar, H., & Meijer, E. (2017). The malevolent side of human nature: A meta-analysis and critical review of the literature on the dark triad (narcissism, machiavellianism, and psychopathy). *Perspectives on psychological science,* 12(2), 183-204.

NAI, A., Martínez i Coma, F., & Maier, J. (2019). Donald Trump, populism, and the age of extremes: Comparing the personality traits and campaigning styles of Trump and other leaders worldwide. *Presidential studies quarterly,* 49(3), 609-643.

NAVARRO, J., & Karlins, M. (2008). *What every body is saying.* New York: NY, HarperCollins.

NIEBUHR, O., Brem, A., Michalsky, J. & Neitsch, J. (2020). What makes business speakers sound charismatic? – A contrastive acoustic-melodic analysis of Steve Jobs and Mark Zuckerberg. In: M. Oliveira, Jr. & O. Niebuhr (Eds.): *Cadernos de Linguística e Teoria da Literatura,* 1(1), 1-40. (versão em PDF)

O'BOYLE, E. H. Jr., Forsyth, D. R., Banks, G. C., & McDaniel, M. A. (2012). A meta-analysis of the dark triad and work behavior: A social exchange perspective. *Journal of applied psychology,* 97(3): 557-579.

ÖZSOY, E. (2018). Dark triad and counterproductive work behaviors: Which of the dark triad traits is more malevolent? *letme Ara tırmaları Dergisi,* 10(4), 742-756.

PACIFICO, J. P. *Seja líder como o mundo precisa: Impacte as pessoas, os negócios e o planeta.* 1ª ed. [S.I.]: HarperCollins, 2022.

PATRICK, C. J., Fowles, D. C., & Krueger, R. F. (2009). Triarchic conceptualization of psychopathy: Developmental origins of disinhibition, boldness, and meanness. *Development and psychopathology,* 21(3), 913-938.

POSTMAN, N. *Tecnopólio: A rendição da cultura à tecnologia*. São Paulo: Nobel, 1994.

QUEIRÓS, M. *Inteligência emocional: Aprenda a ser feliz*. Porto: Porto Editora, 2014.

REGNAULT, V., Lagrange, J., Pizard, A., Safar, M. E., Fay, R., Pitt, B., & Lacolley, P. (2014). Opposite predictive value of pulse pressure and aortic pulse wave velocity on heart failure with reduced left ventricular ejection fraction: Insights from an eplerenone post-acute myocardial infarction heart failure efficacy and survival study (EPHESUS) substudy. *Hypertension,* 63(1), 105-111.

RIJSENBILT, A., & Commandeur, H. (2013). Narcissus enters the courtroom: CEO narcissism and fraud. *Journal of business ethics,* 117(2), 413-429.

ROCK, D. (2008). SCARF: A brain-based model for collaboration with and influencing others. *Neuroleadership journal,* Issue 1; pp. 1-9. (versão em PDF)

ROSENBERG, M. B. *Comunicação não violenta: Técnicas para aprimorar relacionamentos pessoais e profissionais*. São Paulo: Ágora, 2006. Tradução de Mário Vilela.

SACAVÉM, A., Martinez, L. F., da Cunha, J. V., Abreu, A. M., & Johnson, S. K. (2017). Charismatic leadership: A study on delivery styles, mood, and performance. *Journal of leadership studies,* 11(3), 21-38.

SACAVÉM, A., Wezowski, K., & Wezowski, P. *A linguagem corporal revela o que as palavras escondem*. Lisboa: Topbooks, 2014.

SIEGLING, A. B., Nielsen, C., & Petrides, K. V. (2014). Trait emotional intelligence and leadership in a European multinational company. *Personality and individual differences,* 65, 65-68.

SIMMONS, J. P., & Simonsohn, U. (2017). Power posing: P-curving the evidence. *Psychological science*.

SINACEUR, M., & Tiedens, L. Z. (2006). Get mad and get more than even: When and why anger expression is effective in negotiations. *Journal of experimental social psychology,* 42(3), 314-322.

SINEK, S. *Líderes se servem por último: Como construir equipes seguras e confiantes*. 1ª ed. [S.I.]: Alta Books, 2019.

TROIANO, J. *BRANDINTELLIGENCE: construindo marcas que fortalecem empresas e movimentam a economia*. São Paulo: Estação das Letras e Cores, 2017.

TUUK, E. (2012). Transformational leadership in the coming decade: A response to three major workplace trends. *Cornell HR Review*, May 5, 1-6.

VASCONCELLOS, E.G., & Coelho, M.A.B.C (2002). *Medo de falar em público: Um estudo sobre alterações nas variáveis psicofisiológicas e vocais de estresse numa situação de teste seletivo*. Biblioteva Virtual da FAPESP.

WALTER, F., Humphrey, R. H., & Cole, M. S. (2012). Unleashing leadership potential: Toward an evidence-based management of emotional intelligence. *Organizational dynamics*, 41(3), 212-219.

WEINGART, L. R., Olekalns, M., & Smith, P. L. (2004). Quantitative coding of negotiation behavior. *International negotiation*, 9(3), 441-456.

ZETTLER, I., & Solga, M. (2013). Not enough of a "dark" trait? Linking machiavellianism to job performance. *European journal of personality*, 27(6), 545-554.

ZVI, L., & Elaad, E. (2018). Correlates of narcissism, self-reported lies, and self-assessed abilities to tell and detect lies, tell truths, and believe others. *Journal of investigative psychology and offender profiling*, 15(3), 271-286.

Impressão e Acabamento:
EDITORA JPA LTDA.